U0058815

華志文化

政府論

人對人就像是狼對狼一樣

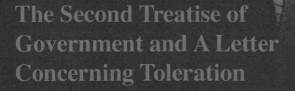

The Second Treatise of
Government and A Letter
Concerning Toleration

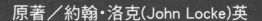

原版原味
最新譯著

原著／約翰·洛克(John Locke)英

《政府論》分為上下兩篇，上篇主要是針對英
國當時一位非常有名的作家菲爾默所持「君權
神授論」的論戰，帶有很強的針砭時弊之意
味，可歸之為「破」；洛克在下篇的重點是
「立」，闡釋了他主要的政治思想。歷來人們
在探討洛克政治思想時，主要是針對《政府
論》的下篇。

　　《政府論》分為上下兩篇，上篇主要是針對英國當時一位非常有名的作家菲爾默所持「君權神授論」的論戰，帶有很強的針砭時弊之意味，洛克在本書中，以自然法學說明國家的起源和本質問題。他從自然狀態出發　，批判封建極權制度，主張私有財產的不可侵犯、　家基於契約、立法權為最高權力、國家權力分立和人民有權反抗等。洛克的著作在政治思想上曾發生很大的影　。

◆前言：政府論

約翰·洛克（John Locke，1632~1704）天資聰穎、興趣廣泛，青年時期就讀於牛津大學，深入學習了哲學、自然科學、醫學等課程。

洛克34歲那年，為莎夫茲伯里伯爵（當時英國輝格黨的著名領袖）醫好了久治不癒的怪病，從而與伯爵結為好友，並以伯爵私人秘書的身份開始介入英國政壇的核心，親歷了英國資產階級革命的風雲變幻。《政府論》彙集了洛克的主要政治哲學思想，不僅使洛克成為古典自由主義思想的集大成者，而且對於後世的現實政治產生了深遠的影響。

《政府論》分為上下兩篇，上篇主要是針對英國當時一位非常有名的作家菲爾默所持「君權神授論」的論戰，帶有很強的針砭時弊之意味，可歸之為「破」；洛克在下篇的重點是「立」，闡釋了他主要的政治思想。歷來人們在探討洛克政治思想時，主要是針對《政府論》的下篇。

1689年，洛克開始撰寫《政府論》，1690年出版，旨在為1688年英國光榮革命的正當性辯護。

該書一經出版立即引起了轟動。圍繞其主題，洛克在《政府論》下篇提出統治者的權力應來自於被統治者的同意，建立國家的目的，乃是為了保障社會的安全以及人民的自然權利。當政府的所作所為與這一目的相違背的時候，人民就有權利採取行動甚至以暴力的方式將權力收回。

其實，和霍布斯一樣，洛克在試圖解決政治權力的產生以及來源這一問題的時候，也是從人的「自然狀態」出發，圍繞「自然法」、「自然權利」、「契約」等範疇展開論述的。因此從這個意

義上講，他和霍布斯並無二致。然而，洛克在論證伊始，即在對於「自然狀態」描述中，便和霍布斯產生了比較大的分歧。洛克所描述的自然狀態是一種「完備無缺的自由狀態」，在自然法的範圍內，人人都可以按照自己認為合適的辦法，決定他們的行動，處理與他人之間的關係，無需聽命於任何其他人的意志。

　　儘管這種狀態並非美好的世外桃源，但相對於霍布斯所描述的「人對人就像是狼對狼一樣」、「一切人對於一切人的戰爭」這一陰森恐怖的景象而言，卻是「一個和平、善意、互助和保全的狀態」。

◆目錄

★政府論上

★政府論下

◆政府論上

第一章　試述奴隸制和天生的自由

1. 與我們整個民族的渾厚個性和勇猛氣魄相比，奴隸制完全與之相反，甚至於無法想像，它在本質上是一種存在於人類之中的可憎而又不幸的制度，意料之外的是一個「英國人」——毋庸說是一位「紳士」——居然會因為它進行辯解而著書立說。原本我會將這篇論文視作是那個為尼祿編寫頌詞的人對其才智的再次炫耀，便如同對待其他意圖讓人們對自己的奴隸身份深信不疑的論文一般，然而羅伯特爵士作品的名稱、題詞與封面圖，以及他的作品在出版後所獲得的各種讚賞，卻不得不讓我堅信作者與出版人全都是一絲不苟的，正因如此它在我眼中才會是一部嚴謹的、一板一眼的作品。於是我滿懷期許地拿起羅伯特·菲爾麥爵士創作的那本《先祖論》，從頭至尾聚精會神地看了一遍。讀完這本打算為所有人套上枷鎖的作品後，我務必要對自己所感受到的驚訝坦誠公佈，這是由於我在書中僅僅看到一根由沙粒構成的繩子，或許它可以在那些擅長蠱惑人心的人手中發揮作用，將他們的雙眼遮擋起來，同時將他們引入歧途，然而對那些瞭解內幕以及見多識廣的人來說，卻絲毫無法讓他們坐以待斃，這是由於他們深知這種枷鎖無論歷經如何細緻的打磨，始終只不過是一種卑劣的物品。

2. 由於像我這樣的人，縱然是在看完羅伯特爵士的作品以後，也依然會自詡為一個不受法律控制的自由自在的人，因此倘若有人覺得我是在對一個知名的絕對權力的追捧者的榜樣妄加評述，那麼我便懇請他對我略施寬容；並且我覺得如此行事並無絲毫的不妥之處，除非存在比我更加熟知這部作品命運的人可以向我證明：一旦

這篇被淹沒許久的論文公之於眾，便可以憑藉其中的論據來將人世間的所有自由全部掠奪，而且自此以後，這位作者的大概形式就會變成如同基督登山訓眾似的楷模，同時會被當作完美無缺的政治標準而永垂不朽。他在一個非常狹小的範疇中確立了自己的體系，也就是說：

所有的政府全都是絕對的君主制；他所參照的依據是：毫無一人是生來就擁有自由的。

3.這世間存在一群為了博得君主們歡心的人，他們對人們生而就有的自由權進行了否定，無論君主是依據怎樣的法律來進行創建與管理，無論君主是透過怎樣的條件來獲取權力，也無論君主所承諾堅守的這類法律的莊重誓言是以怎樣的海枯石爛的方式得以確立的，在他們看來君主全都擁有神權所賜予的絕對權力，於是這群人不僅竭盡全力地對所有臣民施以暴政與欺壓，與此同時也對君主們的榮譽與寶座造成了威懾（這是由於依照這群人的理論，君主僅有一位，其餘的同樣都是生而為奴的，並且依照神權，他們同樣全是亞當繼承人的臣民），便如同他們決意要對所有的政府發起挑戰，妄圖推翻人類社會的本原一般。

4.然而當我們從他們口中得知，我們全都生而為奴，並且除了將這奴隸的身份延續下去而別無他法時，我們唯一能做的便是聽信他們。在我們誕生的那一刻便同時擁有了生命與奴隸的身份，在我們的生命還未逝去之前，絕對無法逃脫奴隸的宿命。儘管我無法從《聖經》或者理性之中找出諸如此類的言論，然而這群人卻非要讓我們相信自己早已因為神權的威嚴而處於他人無窮意識的控制之下：這實在是一種存在於人類之中的奇異形態，而對於這種形態，

以他們的聰穎智慧也只不過是在近些年才有所察覺。這是由於羅伯特·菲爾麥爵士雖也會對這類獨樹一幟的反對意見有所責備，然而我卻依然堅信，他無法在這個時期、這個國家之外，找出其他確信君主制來自神權的時期或者國家。並且他同樣認可，「諸如海華德、克拉克伍德、巴克萊等曾在許多領域勇敢地為君權進行辯解的人，並未預料到這一點，但卻不約而同地認為人類生來享有自由與平等」。

5. 到底是什麼人率先提倡這個學說，而且讓它在人群之中得以流傳開來，它到底造成了什麼樣的慘痛結局，我全都交由歷史學家去加以論述，抑或是讓那些與西托普以及曼惠靈處於同一時期的人去追憶罷了；如今我的任務僅僅是針對羅伯特·菲爾麥爵士（人們認可他將此種論點闡述得淋漓盡致，同時覺得他早已達到十全十美的境地）在這個領域所表述的觀點進行查證；這是由於他曾為每個渴望如同法國王宮人士一般時尚的人樹立了學習榜樣，這些人四處宣傳他所創立的疏淺的政治理論體系——具體內容便是人類並非是生來就擁有自由，所以必然無權對他們的統治者或者政府樣式進行選擇；君主擁有神所賜予的絕對權力，而奴隸卻根本無權進行立約或者表示贊同；由於亞當曾是一位專制君主，因此在他之後的所有君主同樣如此。

第二章　試述父親的權力與君王的權力

6. 羅伯特·菲爾麥爵士的絕對君主制的立足根基便是他所提倡的那個核心論點，也就是「人類並非是生來就擁有自由」，透過這

個立足根基，絕對君主制的地位得以提升，甚至於它的權力會淩駕於其他所有權力之上，可謂是「超出天際」了；它超越了人間的所有事物，達到人們無法想像的地步，以至於對無窮神祇產生束縛的誓約同樣無法約束它。然而，倘若這個根基被摧毀了，那麼他的所有體系便會隨之崩塌，於是那些利用自身理智而組成社會的人們，便會透過討論與贊成的方式組建政府。為了對自己的這個核心論點做出證實，他對我們說：「人們自從一生下來便歸屬於他們的雙親，」

　　正因如此，人們才無法擁有自由。父母所擁有的這種威嚴被他稱之為「王權」「父權」抑或是「父親身份所擁有的權利」。在這部對君主的威嚴與臣民的順從作出決斷的作品開頭，我們始終覺得他會非常清楚地向我們說明何為父權；始終覺得雖然他已經在本人的其他作品中向我們說明，「它是不被約束的，同時毫無被約束的可能」[1] 並因此不對其進行約束，但實際上依然有必要為它確立一個定義；起碼他理應作出相應的解釋，以便當我們在他的作品中發現「父親身份」或者「父權」之類的字詞時，能夠具備一個完整無缺的概念。原本我期望可以從他的那部《先祖論》的第一章裡發現這樣的解釋。然而[2]他並未這麼做，反倒先在附帶中表露了對帝王神秘性的尊敬之情；接著對那些他打算即將撤銷與毀壞的「本國或者其餘國家所擁有的權利與自由」加以頌揚，以及最後，朝那些在這個問題上並不像他如此高瞻遠矚的學者們施禮以後，他便開始攻擊貝拉民並獲得了勝利，如此一來他口中所謂的「父權」也便毋庸置疑地加以確立。由於貝拉民本人對自己的失敗供認不諱，自然也便無須大動干戈了；我發現他在結束此事之後，便再也沒有對這個問題有所解釋，同時再也沒有收集絲毫的論據來輔證自己的主張，反而是肆無忌憚地將他口中的那個「父親身份」的古怪而又專斷的

幽靈故事說給我們聽，說哪個人可以捕獲這個幽靈，便能馬上擁有帝國以及無窮的絕對權力。他竭盡全力想要讓我們相信，這種父權是如何在亞當那裡得以出現並傳承下去，從先祖所處的那個階段直至洪水時期，讓整個世界處於和平狀態；而後它追隨諾亞以及他的兒子們離開方舟，選定且扶持了人世間的所有君王，直至以色列人在埃及被約束；突然，不幸的父權遭受了抵制，他在自己的作品的第十五頁至十九頁進行了如下的表述，最終「上帝將諸王賞賜給以色列人，正因如此，這種久遠且不容忽視的權利再次於父權政治中得以創立，並世代傳承下去。」這之後「為了對王權的自然權利加以確認」，他以一種並不完善的藉口打消了某個與之相反的論點，同時解決了一兩個難題，於是第一章便告一段落了。我希望我沒有因此傷害到他，因為我將他那種望文生義的理由看作是不充分的，因為上帝告訴我們，「要對你的父母雙親都予以尊敬」，而我們的作者卻因為「你的母親」無益於他的目標，於是忽略了這一部分，只引用了一半。在其他地方，我們還會對這一點進行詳談。

7. 在我看來，對於寫作這一類的論著，我們的作者其實是很熟稔的，而且也非常關心所探討的問題，可是在他自己的作品《混合君主制的無政府狀態》一書中，他卻因為疏忽，而犯了質疑罕敦先生時所指明的那個錯誤，他說：「我首先要對作者提出批評的地方，在於他並沒有給君主制下一個一般性的概念或解釋，因為按照方法論的規則，他首先給出一個概念是理所應當的。同理，羅伯特爵士也應該先跟我們說明，所謂「父親身份」或「父親的威權」到底是什麼，先跟我們說父權掌握在誰的手裡，並因此爆發一場爭論是完全不必要的。可是，假如他交給我們的藍圖是他按照自己的設想，用宏大的形式描繪出來的整套理論的草圖，可能他會發現這個父親

13

和君王的權力和這個「父親的威權」——他沒有將兩者區別開——會看起來非常恐怖和怪異，完全不同於兒童們想像中的父母或臣民們想像中的君王，因此，他像一個如履薄冰的醫生一樣，當他給病人開了一些含有苦味的藥水或具有腐蝕作用的藥水，在病人服用那些藥物時，會先進行稀釋，這樣藥味就會得到減輕，也不會讓病人作嘔。

注

1「如同父權來源於上天或是自然的贈予與賞賜，人類所擁有的一切低級權力全都無法受到約束，或是擬定與之截然相反的任意法條。」詳見《評論》，第 158 頁。

2「《聖經》訓誡道，至高無上的權力在一開始是歸父親所有的，沒有絲毫的約束。」詳見《評論》，第 245 頁。

8. 現在讓我們盡力搜尋一下在他的著作中隨處可見的那些對於這個「父親的威權」所進行的說明，都意味著什麼。當他一開始提及亞當擁有父權時，他說：「不單單是亞當，包括後世的先祖們在內，根據父親的權利出發，他們也對其子孫擁有王權。」「根據神的旨意，亞當所獲得的這種主導權，還有其後的先祖們以傳承他們的權利為依據而享有的這種權力，和有史以來任何君主的絕對統治權相比，都一樣普遍。」「他手握生殺大權和宣戰媾和之權。」「亞當和先祖們擁有完全的生殺大權。」「君主們以親權傳承為依據，行使最高權。」「王權既然來源於上帝的法律，那麼不管什麼低級法律就都對它起不了約束作用，亞當是眾人的主人。」「一個家庭的父親在統治時，所依據的不會是任何法律，而只是單憑個人的意志。」「君主的地位比法律要高。」

「在《撒母耳書》中，君主的無限管轄權已經得到了完整的解

釋。」「君主的地位要高於法律。」基於以上目的考慮，我們的作者透過波丹之口發表了很多言論：「毋庸置疑，假如繼位的君主不明確聲明同意或隱忍地加以批示，君主的所有法律、特權和授與都只能在原君主在位時生效，特別是特權。」「君王之所以創立法律，其緣由包括以下幾個方面，忙於打仗、公務繁忙等等，如此一來，他就沒有機會面見每個人，來告訴他們應該怎麼做，這時創立法律就變成非常有必要的一件事了，這樣法律就會告訴臣民們，他的君主的意志是什麼樣的。」「在一個君主制的國家中，君王的地位一定高於法律。」「一個完善的王國，就是君王以自己的意志為依據，從而來對自己的王國進行統治。」「不管是習慣法還是成文法，君王們以父親的權利為依據對人民進行統治的普通權力都不會因此受到影響。」「在亞當的家族裡，他是父親、君王和主人。一開始，原來作為一個兒子、一個臣民和一個僕人或是一個奴隸是一碼事。父親有權對他的兒女或奴僕進行處理，

所以在《聖經》上，我們看到一開始在對貨物進行清點時，男女僕人和其他貨物一樣，計算的形式都是所有者的財物和資產。」「上帝也給父親賦予了一項權力和自由，使他有權讓他人擁有對自己子女的掌控權，所以我們發現，在剛剛有人類以來，非常風靡出賣和贈與兒女。那時，在人們眼裡，他們的奴僕就是他們的私有物和繼承品，和其他貨物沒有區別。我們也看到在古代，特別盛行閹割和讓人變成閹宦的權力。」「法律只是擁有最高父權者的意志。」「上帝規定亞當擁有無限的最高權力，包含和他的意志為基礎的所有行為，亞當是這樣，其他一切享有至高權力的人們也不例外。」

9. 我把我們的作者的原話在這裡引用出來，原因是在那裡，讀者可以看到分佈在他的著作中的他自己對於他的所謂「父親的威

權」的闡述，他覺得這種威權一開始由亞當享有，之後應由所有君主享有。在我們作者看來，這種「父親的威權」或「作為父親的權力」是一種永恆的、神聖的主權，一個父親或一個君主可以完全地不受約束地掌控他的兒女或臣民，進而讓他可以對他們的財產和人身進行肆意踐踏——因為他本身就是他們的主人，他主導一切，他們的法律就是他的意志。

10. 既然亞當被我們的作者賦予如此偉大的權力，還以這個為基礎成立了君主的所有統治和權力，我們就應該充分相信他會以清楚、明確而有力的證據來對他的觀點進行證實。既然人們什麼都沒有了，成了奴隸，他們也應該獲得奴隸制是確實需要存在的證據，這樣他們才能心甘情願地臣服於他們的統治者對他們的絕對主導權。否則的話，我們的作者建立這樣一種至高無上的權力，所帶來的益處就只有對人們與生俱來的虛榮心和企圖心予以奉承——而且隨著對權力的掌控，這種虛榮心和企圖心還極易增強——再沒有其他益處了。而假如對於那些因為獲得同族人的認可，盡己所能擁有了一定權力的人們加以遊說，讓他們相信因為他們得到了一部分，就有資格得到他們沒有得到的所有，所以就可以因為他們比別人擁有更多的權力而在行動方面無所顧忌，這就會誘惑他們去做一些於他們自己和他們所統治的人們都沒有好處的事情，最後只會讓更大的災難降臨。

11. 既然我們的作者將亞當的權力看作是他的偉大的絕對君主制建立的牢固根基，我猜想他一定會在他的《先祖論》一書中，提出這樣一種根本的教義所需要的所有論據來對他的這一主要假設進行證實，我還料想到在這件舉足輕重的事情上，他擁有足夠的信

心，提出足夠的理由來對這一假設予以支持。可是，直到我讀完了他的整篇論文，我都沒有找到這樣的東西，這時我才驚覺一個如此龐大的結構卻是以一個這麼簡單的假設為基礎，我太震驚了，他卻覺得事情原本就是這個樣子的。在他那篇自稱把人類的「天賦自由」這一「錯誤原則」駁倒了的論文中，他的立論基礎只是「亞當的威權」，而沒有用任何論據來對這個「威權」進行證實，這就會引起人們的質疑了。

他倒是信心滿滿地宣稱：「亞當當時享有王權」，「完完全全的統治權和掌控人們的命運」，「一個廣泛的君主制」，「對生殺有完全的主導權。」他經常會給出這些確切的觀點。可是讓人震驚的是，我把他的《先祖論》從頭讀到尾，都沒有找到一個在他看來可以支撐他建立他的政府的緣由，也沒有找到任何一種論據，只看到了這樣一些話，比如說：「為了對王權的這種天生的權利進行確認，在《十誡》中，我們發現其是這樣描述那教導人們要對君主予以遵從的法規的：『尊敬你的父親』，似乎父親天生就擁有所有權力。」那麼，我是不是也有理由一樣說，在《十誡》中，教導人要對王后進行遵從的法規的表達方式是「尊敬你的母親」，似乎母親天生就擁有所有權力呢？羅伯特爵士所採用的論證放在父母親身上都是適用的，可是有關這一點，我們找到合適的機會再加以詳細論述吧。

12. 我留意到，我們的作者只用這些在本書的所有章節中對他的主要原則「亞當的絕對權力」進行證實，可是他似乎覺得這件事已經得到了充分的論證一樣，緊接著在第二章的開頭部分就引用了「以《聖經》的權威為依據所得到的論據和理由」。而亞當的主權的「論據和理由」究竟在何處，我確實找不到在哪，只有上面所說

的「尊敬你的父親」，再不然就是將他所說的：——「在這些話中，我們看到一種再清楚不過的自我宣稱，（也就是貝拉民的自我宣稱），對人是由神創造的予以認可，讓他變成其後世的君主」——看作是來源於《聖經》的論據和緣由，或視為一種論據先放置在一邊，馬上又採用一種新的推論法，由此得出結論：「確實，亞當的王權」就真的由他來履行了。

13. 假如作者在那一章或論文的其他地方，除開那不斷重申（在某些人看來，這種做法就是論證）「亞當的王權」以外，還在其他地方進行過證明的話，不管是誰，我都希望你能把地方和頁碼告訴我，這樣我才能意識到自己的失誤，承認自己大意了。假如這樣的證明找不到的話，我就希望那些對這本書大加褒獎的人們思考一下，看看他們能不能舉出相關的論據來質疑他們支持絕對君主制的原因，是因為相關於利害的其他原因，而不是因為理性和論證的因素，因此對於著書支持這一學說的所有作者，他們都是給予大力褒獎的，而無論他的支持有沒有包含理性的因素在內。可是我期望，他們不能將希望全部放在那些公正的人身上，希望他們會因為他們的這個大學者在有意發表的一篇論文裡面，說了屈指可數的幾句話來驗證「亞當的絕對君權」和反對人類的「自然自由」，就倒戈對他們的意見表示認可，反之倒能夠自然而然引申出一個結論，那就是無話可說。

14. 可是，為了把我們的作者的意圖都摸透，我動用了所有力量，對他的《對亞里斯多德、霍布斯的評論》等著作進行了參閱，看看他在和別人針鋒相對時，有沒有使用過任何論證來對他的《亞當的主權》這一寶貴教義加以擁護，因為在論《君主的自然權》那

篇論文中，他惜字如金，而在我看來，他在他的《對霍布斯先生的〈利維坦〉的評論中》一文中，事無巨細地羅列出了他在所有著作中使用過的所有論證。這些話是：「假如上帝只把亞當創造出來了，並且再由他把女人造出來，假如所有人類的祖先都是他們，假如上帝還不僅讓亞當享有對這個女人和他們的子女的統治權，而且還允許他讓整個世界，以及這個世界上的所有生物都臣服在他的腳下，

那麼，只要亞當還活著，任何人都沒有資格得到或要求什麼東西，除非在亞當的許可下，」……在這兒，他提倡「亞當的主權」和駁斥「天賦自由」的所有論證都顯現出來了。在他以下論文中，我們可以看到這些論證：……《上帝創造亞當》、《上帝給予亞當對夏娃的統治權》和《亞當作為父親對於其兒女的統治權》，我會專門對這些進行論述。

第三章　試述亞當因被神創作而擁有的權力

15. 我們從羅伯特爵士的《對亞里斯多德（政治論）的評論》這本書的序言中知道：「假如我們承認神創造了亞當，那麼我們便無法想像人類的天賦自由」；但是我認為亞當是神的產物詮釋的是萬能的主和上帝的直接贈予，至於它如何賜予亞當那種掌控一切的主權我不得而知，更無法理解為何「天性自由的前提就是對亞當是神的產物予以否認。」若是有別人（由於我們的作者沒有給我這個權利）可以代替他解釋清楚，我也是很樂意的，就算我深信「亞當是神的產物」，可是我覺得對「人類自由」的假設也不會有太大的

難處。無需父母的加入，也不需要有任何一樣種屬的存在，是上帝的意願將亞當帶到這個世界，亞當即為上帝的直接權力或依靠這種權力而創生，不只是他，在這之前創生的俗稱百獸之王的獅子，也由上帝相同的創造力而創生。若僅僅因為此種創造力的存在，僅僅憑藉這樣的方式，就輕易將統治權給予亞當，那麼，就憑這樣的論證，我們的作者也能將亞當的權利賜予獅子，並理所當然的更為久遠。不過我們的作者在其他地方還說：「是因為上帝的選擇才讓亞當得到了這樣的榮譽。」這也表明，亞當的統治權僅靠是神的產物是不夠的，既然亞當成為君王是神的「選擇」，那麼我們就能夠在「認同亞當是神的產物」的前提之下，試想人類從一生下來就是自由的了。

16. 可是，讓我們來分析一下，他的「神造」理論和「選擇」理論是如何融合在一起的。羅伯特爵士曾說：「亞當從創生之初，就因為上帝的選擇變成這個世界的君王，儘管他還是一個光杆司令，也沒有什麼所謂的政府，但是，本著上帝的選擇，亞當肯定是他的後代們的統領者，就算實際上不是如此，但最碼在表像上，從創生那天開始，亞當就是一個君王。」此時我非常想問他「本著上帝的選擇」該怎麼解釋。我認為只要是神的旨意、自然法則所顯示的或準確的提示所申明的，都能定義為是「上帝的選擇」。可是，我想這裡的意思一定不是指神的旨意。若是這樣的話就是說「亞當從創生之日起就是真正意義上的君王，由於「本著天然的權利，亞當必定是他後代的統領者。」不過，在根本還沒有政府或臣民存於這個世界的時候，亞當如何能夠因為神的旨意而成為這個世界的主宰者，我們的作者在這裡是認可了的。還有我們的作者對於「世界的君王」一詞的用法也不太一樣，在上面闡述他的序言的同一頁

裡，指的是排除其他人類之外的整個世界的所有者，他說：「亞當接受使命，把人類創造出來，地上隨處可見，征服世界，得到了對所有生物的掌控權，所以他就成為全世界的君王。他的後代們僅能獲得他的贈予、同意或依照他的遺囑，是沒有權利侵佔任何東西的。」所以我們可以將「君王」理解為是這個世界的所有者，將「選擇」理解為是上帝對亞當的實際贈予和透過直接清楚的授命（《創世紀》第一章第二十八節），在相同的地方羅伯特爵士就是如此立論的。如此說來，他的論證觀點就是：「源於上帝的明確授命，亞當從創生之初就是這個世界的主人，因為源於天然的權利，亞當必定是他後代們的統領者。」但是如此的論證觀點，就出現了兩個很顯然的錯誤。首先，說上帝在亞當創生之初就對他授命是不正確的，因為在原文裡，儘管這句話與他的創造緊密相連，但是在夏娃沒有創生和賜予他之前，是不可能跟亞當說的。那麼他如何在「一創生就由於選擇變為君王」呢？特別是作者將上帝對夏娃說的話（《創世紀》第三章第十六節）──若是我理解無誤的話──當成是「政府的最初授命，」這件事必須等到「原罪」時才會產生，可是原罪產生之時，最起碼在時間上或者條件上，與亞當創生的時間差就很大了，所以我無法理解，我們的作者如何能夠在這個意義上說：「由於上帝的選擇，亞當從創生之初就是世界的君王。」還有，就算亞當在創生之初，上帝就切切實實賦予他為「世界的主宰者」這件事是真實的，可是這裡所闡述的證據卻不夠充分，不管怎樣，上帝以一種明確的恩賜挑選亞當為「世界的君王，因為源於天然的權利，亞當必是他後代們的統領者」，這種觀點是不正確的推論。因為既然是天賦將天然的統治權賦予他，那麼明確的賜予就是多餘的了，最起碼無法將這樣的說法視為是一種賜予的論據。

17. 在另一層面，若是我們將「上帝的挑選」視為自然法（儘管在這裡是一個很含糊的說法），而將「世界的君王」視為人類最具權威的主宰者來詮釋，也不一定會對這件事有什麼益處。正因為如此，我們所探討的文句應該是：「源於天然法則，亞當從創生之初就是人類的主宰者，由於天然的權利，亞當定是他後代們的統領者」；它所詮釋的就是：他是源於天然權利的主宰者，因為他是與生俱來的統領者。可若是如果我們認為一個人是他的孩子們的「自然的統領者」，亞當依然無法「從創生之初就變成君王」。這些天生的權利必須以他是他們的父親為前提，既然這種權利只有父親才能享有，那麼我覺得非常不可思議，在他還未成為一個父親之時如何又能擁有「主宰者」的「天然的權利」呢。我們的作者唯有讓亞當在還不是父親之時就讓他當一個父親，在還未獲得封號以前就給他一個封號。

18. 對於我們的質疑，作者給出了一個很有條理的回復：「他不是真正意義上的主宰者只是表像上的。」一個沒有臣民的君王、一個沒有孩子的父親、一個沒有政府的統領者，是不是會滑天下之大稽呀！如此說來，羅伯特爵士在還未撰寫書籍之前就是一個作家，是一個「表像上」的作家而非「真正意義上」的作家。「源於天然的權利」，他一有作品發表後就必須是一個作家，就像一有孩子，「亞當就肯定是孩子們的統領者」一樣。若是成為此種「世界的君王」──一個「虛有其表的」最高權力的掌控者──還有什麼意義的話，那麼，這個位置羅伯特德任何一個朋友都有權利獲得，我一點都不覺得這是一種榮耀。但是，就是這個「表像」和「實際」只能顯示我們的作者在語言上的巧辯，其他的什麼也詮釋不了，因為此時不是說亞當的實際統領權的問題，而是他是不是真正擁有真

實的統領許可權。我們的作者曾說：統領權「源於天然的權利歸於
亞當」。那何為天然的權利呢？是父親們因為孕育孩子而對他們所
擁有的一種權利，我們的作者借用了格老秀斯的一句話：「父母因
為生育而得到的對孩子們的權利。」那麼權利是伴隨孕育孩子的行
為而產生的。所以，遵循我們作者的邏輯思維或分辨的方式，亞當
從一創生，獲得的只是一種「表像上的而非真正意義上的」權利。
用最通俗易懂的英語來論述，就是沒有得到真正意義上的權力。

　　19. 站在學術層面和極易理解的層面來說，對於亞當能夠這樣
說：「既然他有可能孕育兒女，就有可能成為統領者，所以可以得
到那些以此繁衍而出的孩子們的天然的權利——無論這權利如何定
義。」不過這似乎和「亞當的創生」沒有絲毫關聯，為何我們的作
者會說「他從創生之初就是世界的主宰者」呢？若是如此，那麼諾
亞排除自己的後代之後，也擁有在全人類中單獨存活的力量（按我
們作者的意思，這就足以成為一個虛有其表的君王）我們也同樣能
夠說諾亞一出生也是世界的君王。究竟亞當的創生和他所統領的權
利間有何關聯，能夠說「若是肯定是神創造了亞當，人類的天性自
由就難以想像」呢？我不否認，站在我的立場上，沒有領會它們之
間的關聯，更無法領會「源於選擇……」等詞句。無論怎樣分析，
都無法將它們融為一體，讓它變為符合邏輯的話，最起碼能夠用來
對他們結論中的觀點予以支持，也就是「亞當從創生之初就是一個
君王」。我們的作者說過，這是一個「只有表像而不具有真正意義
的」君王，我們可以理解為事實上君王是子虛烏有的。

　　20. 或許我在這個觀點上糾結過多了，我想讀者們的耐心已經
磨沒了。可是，因為我們作者的寫作方式，我只能這樣做。他將很

多假想放在一處，而且還運用了一些不夠明瞭和含混的名詞，將意思表達得模棱兩可，如果不對他的名詞可能代表的含義加以認真地分析，若是不細細琢磨一下如何將這些意義繁雜的名詞融會貫通，還讓他們擁有實際意義，是無法將他們的失誤指出來的。因為從這段話中我們看到「從他創生之日起」等字眼，是在詮釋從他統領之時起（這樣的說法是可以的，由於之前說過「他一創生便是君王」就帶有這個寓意）呢，還是詮釋做君王的原由（記得他說過：「神的旨意讓人變為他的後代的君王」），要不然如何才能駁斥他的「亞當從創生之日起就是一個君王」這個觀點呢？還有若不仔細推敲一下，看所謂的君王到底是不是像文章開始期望人們所接受的那樣，確立在源於「天然」、遵循天然的權利對自己的後代擁有身為父親的權利的假定上，還是源於上帝的明確授命、「被挑選為世界的主宰者」的他的「個人掌控權」的假定之上，若不仔細研究君王是說上面兩種意思，還是只說了兩種之中的一種，或兩種都不算，只是指經過與另外兩種都不一樣的方式的神的創造，讓他變為君王，那亞當如此變為君王，可信度有多高，我們如何評判呢？由於說「亞當從創生之日起就是君王」的論斷，儘管不怎麼符合事實，可是卻是被視為從前面的論述中引發出來的確切結果而寫在此處的，其實它就是一種和別的相似性質的論點融合在一起的純粹的論點，這些東西被非常篤定地用某些意義不夠明確的字句拼湊起來，從表像上看是一種證據，事實上卻沒有關聯也不足以作為論據。我們的作者一貫喜歡運用這種方式，在這裡我將它指明，讀者們就知道其中的含義了，之後若是在論點充足的狀況之下，我是不會在談論這個問題的。事實上，若不是為了向世人展露那些沒有關聯的事件和假定，就算沒有任何證據，只用華麗的字眼和美妙的文字，完美地拼接起來，在還沒有人對它進行仔細的探究之前，我是不會在這兒指

出來，它會如何輕易地讓人視為最高明的藉口和最完善的傾向被敷衍過去。

第四章　試述亞當因神的賞賜而擁有的權力（《創世紀》第一章第二十八節）

21. 在前文中，我們做出了十分複雜的論述——之所以如此，僅僅是因為其敘述邏輯不清、意義含混，而並非是由於其論證清楚、論據有力。現在我們開始第二次論證亞當的統治權。作者轉述塞爾登先生的話：「上帝賜予亞當成為萬物之主（《創世紀》第一章第 28 節），亞當本身不具有這樣的統治權，正如未經亞當授權，其兒女也不享有統治權一樣」。對賽爾登先生的這個言論，作者認為「在歷史和自然的理性上是與《聖經》相統一的」。而作者為《對於亞里斯多德的評論》作序時，又這樣指出：「世界上最開始的政府形式，是人類之父的君主制，上帝授予亞當繁衍生息，使人類不斷壯大並能夠控制世界，從而統治世界上所有生物，因此亞當就成為了人類之主，而他的後代只有在他的授權許可和繼承下，才可以繼續擁有世界。《詩篇》的作者說：『他將世界賜予他的後代』，由此可見，君主的身份是由父親而得來的。」

22. 在深入討論其論點以及引發其論點的《聖經》原文前，我們必須要看到，作者又用了一貫的手法，開始時闡述了一種意思，而結論時卻出現了另一種意思。作者在開始時說：「因為神的賜予，亞當擁有所有權和統治權」，但結論時卻變成了：「君主的身份是

由父親而得來的。」

23. 下面讓我們來深入探討其論證。《聖經》的原文是：「上帝就賜福他們，並要求他們繁衍生息，遍佈地面，統治世界，也要統治水中之魚、空中之鳥以及世間各種生物（《創世紀》第一章第二十八節）。」於是我們的作者便得出了這樣的結論：「亞當獲得了對世間萬物的統治權，從而就成為了世界的君主。」按照作者的意思，因為上帝賜予了亞當對世間萬物，包括各種低級生物的所有權，也就是作者所言的個人統治權，所以亞當就是君主；或者上帝給予了亞當及其兒女對世間萬物的統治和支配權，所以亞當就是君主，只能有這兩種理解。塞爾登先生則正確地將其表述為：「亞當是萬物之主。」我們可以很清楚地從中理解到，上帝賜予亞當的僅僅只是所有權，並沒有任何關於君權的表述。然而我們的作者卻因此而斷言：「亞當是人類的君主。」而君主指的是對人類的統治權，所以如果亞當被授予這樣的權利，就是一個統治者。如果作者很清楚地理解了其中的含義，他應當說：「亞當是世間萬物的所有者。」當然，之所以作者如此含混不清，是因為太過清晰的表達會影響其表達的目的，所以他不會如同塞爾登先生或很多作者那樣做出清晰的闡述。

24. 所以，對作者「亞當是萬物的君主」的言論，我會有如下反駁意見：

第一、從《創世紀》第一章第二十八節中我們可以看出，上帝並沒有賜予亞當及其後代對人類和萬物的相關統治權利，並不存在因為上帝賜予而成為世界萬物的統治者和君主的任何相關言語。

第二、上帝這樣的賜予，並沒有給予任何人對任何低級生物的

統治權，而是所有人都享有同樣的權利。因此，他並不能因為其所有權而成為世界「君主」。

25. 如果我們對原文深入理解，就能明白，這裡的賜予（《創世紀》第一章第二十八節），並不包含他對人類擁有的權利。我們明白，所有的授權文書，其授權內容都不能超出文字範圍。我們來分析原文中有哪些字句可以理解成為人類或亞當的子女。仔細研究就會發現，如果一定說有，那也只能有這一句——「所有走動之物」，也就是拉丁文 bestiam reptantem，這句話，《聖經》就做出了最好的解釋。第五日上帝創造了鳥和魚，第六日開始上帝創造了世界上所有無理性生物，《聖經》中是這樣記載的：「讓大地出現生物，各從其類，大地上的牲畜、爬蟲、野獸，各從其類；」又記載：「上帝創造世間的野獸，各從其類，以及所有在地上爬行之物，各從其類。」這裡可以看出，上帝在創造世間獸類時，先用一個總體名詞「生物」來表示，然後再將其分為三種：（一）牲畜，可以被人們馴化飼養的動物，因此也就成為某些人的私有之物；（二），通常《聖經》中將其翻譯為「獸」，希臘文《舊約·聖經》七十人譯本則將其翻譯為「野獸」，也就是現在我們所討論的給予亞當特權的文章中所謂的「生物」相同的詞語，在上帝對諾亞的賜予中，也是同樣地賜予，（《創世紀》第九章第二節），也將其翻譯為「獸」；（三），指所有爬行生物。原文中這個詞語被翻譯做「走動」，在前文有些章節中也將其翻譯作「爬行」，希臘文《舊約·聖經》七十人譯本則將其譯作，也就是「爬行生物」。所以，我們可以看出，上帝賜予時所謂的「走動的生物」僅僅包含了兩種生物——野獸和爬蟲。希臘文《舊約·聖經》七十人譯本也可以如此理解。

26. 在世間所有非理性生物被上帝創造出來之後，上帝依據他們的棲身之所將它們分為三種——也就是「水中之魚」「空中之鳥」「陸上生物」，而「陸上生物」，又被分為「牲畜、野獸和爬蟲」。在這之後，上帝才開始創造人類，並且讓人類來統治世界。他在考慮之初，卻沒有提到，陸地上的第二種生物或野獸，而在具體給予人類這種統治權的敘述中，《聖經》原文涉及了「水中之魚，空中之鳥」，並且包括野獸和爬蟲，原文中將其譯作「走動之物」，卻沒有牲畜。儘管在兩處表達中，前一處沒有「野獸」，後一處沒有「牲畜」，但是，既然上帝把運用在其他地方的設計計畫在此外實施，所以我們可以理解為兩處運算式相同的。之所以我們在這裡引述聖經中這樣一段文字，只是為了說明上帝在創造「牲畜」「野獸」「爬蟲」這三種不同等級的陸地上生活的非理性生物時，就已經事先有了怎樣的預想，而讓它們被人類統治。在這些文字中，我們看不出任何線索，可以被當作上帝賜予任何人以人類統治權，亞當統治其兒女之權的依據。

27. 在《創世紀》第九章第二節中，上帝又用了這些語言來賜予諾亞和其兒子們以特權，上帝賜予他們擁有對「水中之魚」「空中之鳥」「陸上生物」的統治權，「陸上生物」是透過文字（「野獸」和「爬蟲」）來表達的，而這與《創世紀》第一章第二十八節中「在陸地上的走動之物」是同樣的。這句話完全不能夠理解為其中包含人類，因為這種賜予的物件，就是當時生存在世界上的所有人類，也就是諾亞和他的兒子們，這並不是賜予其中部分人的特權，讓他們去統治支配其他人。從接下來的言語中，我們可以看得更加清晰，上帝把，「走動之物」——這是在第一章第二十八節中出現的原句——賜給他們作為食物。透過上面的論述，我們能夠明

白，上帝賜給（《創世紀》第一章第二十八節）亞當的，以及後來給予諾亞和其子女們的，所有包含的東西，僅僅是上帝在第五日和第六日開始時創造的生物，就像在第一章第二十到二十六節中所說的，就如同世界水中和陸上所有、非理性生物，儘管在創造過程中出現了它們，但卻沒有全部被用來賜予，有些東西只存在於某處，而在他處則沒有。所以我認為毋庸置疑，人類也不包含在任何詞語之中，上帝並沒有給予亞當對人類的統治權。當上帝創造了所有陸上非理性生物時，將它們命名為「地上之獸」「牲畜和爬蟲」；然而，此時人類還未被創造，所以當然也不涵蓋在上述名詞之中。因此，無論我們是否真正理解了希伯來文這段話的含義，但其中不包括人類是毋庸置疑的，無論是在創世史還是其他經文中都是如此，特別是希伯來文的。如果我們認為上帝對亞當的詞語中包含人類，這與《創世紀》第六章第二十七節，第七章第十四節，第二十一節，第二十三節，第八章第十七節，和第十九節中人類相關的描述是相抵觸的。按照作者所說的，上帝賜予亞當統治大地上所有生物的權利，並且讓人類作為亞當和其子女們的奴隸（第一章第二十八節）。那麼在我看來，羅伯特爵士將會擁有更高的君主權力，他擁有把他的臣民當作食物的權利，因為上帝在對諾亞和他的兒子們的賜予中，將所有走動之物賜給他們作為食物，如同上帝對亞當的賜予相同，因為這兩個地方，希伯來文的詞語是完全相同的。

28. 我們可以這樣說，聖經中這段文字中對於上帝的賜予和統治權之間的關係，相比作者的理解來說，大衛的理解或許更加可取——才學廣博、賢明練達的恩斯衛斯這樣說——，在《詩篇》第八篇裡根本無法找到對君主權力的賜予。他的語言是：「爾把他」——也就是全人類，以及人類的後裔——「創造的低於天使一

點,爾派他統治管理所有爾手所造之物,包括所有的牛羊、田野的野獸、空中之鳥、水中之魚、以及所有在海道中通行之物。」如果在這樣的話語中,還能夠發現任何線索證明人類除了擁有對低級生物的統治權,還包含了一個人對其他人的統治權,那就匪夷所思了。或許僅僅只是依靠這樣一個難得的發現,他就可以稱得上羅伯特爵士口中的「外表上的君主」了。透過前文的論述,問題已經逐漸清晰,上帝賜予亞當「對所有大地上的走動生物的統治權」,並不是給予他對人類的君主權,接下來在我第二點中,我將更進一步闡述。

29. 第二、就算我們不去深入考察上帝在這裡(《創世紀》第一章第二十八節)究竟賜予了什麼,但無論是什麼他絕不是單獨賜予亞當,而將其他人排除在外的。所以,不管亞當得到了什麼特權,都絕對不會是他擁有對人的個人統治權,而是一種所有人類共同擁有的權利。之所以說這這種詞語不是給予亞當一人的,原文中的用詞已經可以清楚看出,——因為這裡使用的是複數——上帝賜福給「他們」並賜予「他們」統治權。上帝對亞當和夏娃說,讓他們統治世界;我們的作者就根據這句話認定亞當是世界之主,但既然是對亞當和夏娃說的,那麼同樣的詞語,亞當擁有夏娃也一定擁有,—— 一些注釋者認為是亞當有了妻子之後才這樣對他們說的,所以認為甚是合理,——那麼如果是這樣的話,亞當是世界的君主,夏娃也理所應當是世界的女王。或許有人會說夏娃必須服從亞當,但在我看來即使夏娃服從亞當,他依然享有對世間萬物的統治權。否則,上帝對兩人共同的賜予,豈不是被其中一個獨享了嗎?

30. 或許有人還會說,後來才創造了夏娃。但即使是這樣,作

者又能從中得到什麼好處呢？經文中的語言更是顯而易見地與他相反，上帝的這項賜予，不是給亞當一人，而是給全體人類。原文中使用的「你們」，必然不僅僅只有亞當一人。在第二十六節的敘述中，上帝闡述了他想給予統治權的目的，顯而易見，他是希望創造一種對大地上其他生物擁有統治權的另一種生物。原文如下：「上帝說，我們來模仿我們的外表和樣貌造人吧，讓他們對魚……享有統治權。」由此可以看出，是「他們」擁有統治權。而這個他們是誰呢？就是那些上帝模仿自己的形象創造出來的人的所有人。如果我們將這個「他們」僅僅理解為亞當，而不包括同時在世界上生存的其他人類，那就顯然違背了《聖經》的理性。並且，如果在這一節中，我們將前面所說的「人」和後面所說的「他們」理解為不同之物，這是無法解釋的，只能夠將「人」理解為人類，而把「他們」理解為所有的人類。其實，就用這段文字，我們也可以找到原因，上帝「模仿他的外表和樣貌」，創造出人類，並且賦予其智力，讓其能夠統治其他生物。不管上帝的外表是什麼樣的，擁有智力也是其中一點，所以這也是全人類共同擁有的，這也是人類能夠統治其他無理性生物的原因所在。因此大衛引用《詩篇》第八篇，「爾把他創造地低於天使一點，爾派他統治管理所有爾手所造之物。」大衛王這裡絕對不是指的亞當個人，而是全人類，所有人以及人的子孫。

31. 從作者引用的《詩篇》的文字中，也能夠看出這裡上帝賜予亞當的，實際上是賜予亞當和全人類的。「《詩篇》作者說，『上帝給予人類的子孫以地上的一切』，這就可以看出統治權是由父親的身份而來的。」這是序言中羅伯特爵士的原話，他做出了一個怪異的推論——上帝賜予人類的子孫以地上的一切，所以這個權利

是由父親的身份得來的。然而，在希伯來文中，對人類的表達，使用的是人類的子孫，而不是人類的父親。我在想作者之所以會解釋為人類的父親，很有可能是受到語音的影響。作者用其特有的論證方法，來解釋了上帝賜予人類的子孫以地上一切，從而說明這個權利是由父親的身份得到的。或許讀者要不僅從語句的聲音更要從語句的含義來深入理解，才能更加明白。這樣就會發現，與作者所論述的目標漸行漸遠。作者在序言中竭力想要證明亞當是人類的君主，他的推理是這樣得來的：上帝賜予人類的子孫以地上的世界，所以亞當是世界的君主。在我看來，除非人類的子孫就是亞當，就是那個沒有父親的亞當，否則沒有任何一個人會做出比這個結論更加荒謬、不可原諒的推論來。但是遺憾的是，《聖經》中是不會有這樣荒謬的言語的。

32. 作者為了更好地維護亞當擁有世界的統治權這一觀點，在下一頁對於上帝賜予亞當和其兒子們的共同擁有的東西（《創世紀》第九章第一、二、三節），又作出了兩方面的論述：

第一、羅伯特爵士告訴我們，上帝賜予諾亞之物，只是給予諾亞而不包括他的兒子們：他所闡述的原文是：「塞爾登先生想要說的上帝給予諾亞和他兒子們共同擁有的東西（《創世紀》第九章第二節），在《聖經》中是找不到相關依據的。」我想說，如果已經明確到無法找到第二種解釋的聖經文字，還不能夠讓這位完全自詡以《聖經》作為全部依據的人認可，真的不敢相信，他究竟想要看到怎樣的依據。原文中是這樣說的：「上帝祝福諾亞和他的兒子們，並且對他們說」，在作者看來，這裡應當是「對他說」，作者認為：「即使這種祝福的對象包括了諾亞和他的兒子們，但是這裡理解成為從屬地位更好，也可以理解成為對祝福的繼承權。」在作

者看來，最好的解釋就是最利於其目的的解釋；而在我們看來，最符合語句明顯意思的解釋就是最好的解釋。所以，在這段文字中，上帝的表達並沒有包含明顯的從屬或繼承的意思，因為那樣的解釋自然不算好的。當然，作者之所以要那樣說，是有其目的的。接下來，他還進行了闡述：「當他們的父親許可下或者死後，當然可以享有這種祝福，擁有統治權。」也就是說，本來是明文給予的共同權利——原文中的語句：「都交到爾們的手中」，——最好被解釋為從屬或者繼承，因為從屬和繼承下可以擁有這樣的東西。這就好比說，一個人被賜予任何東西，最好都理解為繼承，因為另外一個人或許可以在將來繼承享用。當然，如果我們說因為父親仁慈，可以馬上就讓自己的兒子們享有這樣的權利，那麼二者之間似乎沒有什麼區別。然而，如果我們把共同被賜予的東西理解為單獨擁有，其他人只有繼承權，則是絕對荒謬的。在他的這種推論下，上帝僅僅將世界賜予諾亞，而沒有給予諾亞的兒子們，只是讓他們在父親許可或者死後擁有——這真是一個與《聖經》原文完全相悖的漂亮論證啊！然而，如果這真是上帝自己所說的話，如果他知道羅伯特爵士的解釋與他想做之事完全相反的時候，上帝或許也會感到驚訝吧。

33. 顯然，無論作者如何竭盡全力地論述，將諾亞的兒子們排除在外，但是羅伯特爵士試圖解釋為繼承權的那些東西則一定是給予他兒子們的，而不是給予諾亞自己的。上帝在祝福中說了這樣的話：「爾們要繁衍生息，讓後代佈滿大地」。事實上，從上下文都可以發現，這段祝福與諾亞的關係不大。因為我們沒有在任何經文中發現諾亞在洪水過後還生育過孩子，在下一章對其後裔的計算中，也沒有提到這件事。那麼，這種祝福的繼承要在三百五十年之

後才有可能出現，作者為了要維護其心目中的君主制，人類的繁衍不得不因此而推遲三百五十年，這些祝福也無法將其理解為從屬，因為諾亞的兒子們要與妻子同居，似乎並非一定要得到他們父親的許可，除非作者是這麼認為的。然而，在這件事情上，我們的作者始終關注的都是世界上的君主，而對於人民則漠不關心，這在他所有的論述中都是完全一致的。作者所推崇的這種統治方法，絕對不是有利於人類繁衍生息的方法。絕對的君主制，究竟對於上帝要求的「爾們要繁衍生息，讓後代佈滿大地」——也包括藝術、科學以及生活的改進等——有怎樣的影響，從現在土耳其政府統治下的那片富饒廣闊的土地就能夠明顯的看出來了。如果有心去翻閱一下歷史，就會發現，那裡現在的人口甚至還不到古代的三分之一，有些地方甚至還不到三十分之一，甚至有的地方都不到百分之一。這一點我在下文中還會談到。

34. 這個祝福很顯然一定是屬於諾亞的兒子們的，沒有絲毫的從屬或者繼承含義，並且從某種意義上說也是屬於諾亞的，對他們來說是完全平等、公平的。上帝說：「我要讓所有的野獸都懼怕你們。……」這樣的話語，不知道作者做何想法，應該沒有人認為那些野獸只懼怕諾亞，除非諾亞許可或者死後，才會懼怕他的後裔吧。上帝說：「我把他們都交付到你們手中」，這樣的話，難道也要如同作者的理解那樣，等到父親高興或者死後，才能夠交付給諾亞的後代嗎？如果這樣的結論也是透過《聖經》來得出的，我真的不知道《聖經》不能夠證明什麼事情。這種荒謬的論證在我看來和虛妄的想像沒有任何區別，在我看來，作者在序言中大加貶斥的那些詩人和哲學家們的觀點，似乎比起作者的觀點來說更具有可靠的依據。

35. 可是我們的作者接著驗證說「理解成包括從屬的意思是最好的，或理解成繼承的祝願，因為（他聲稱）亞當所享有的、而且亞當轉讓給他的兒子們的個人統治權是永久的，不可能把所有東西都贈送給諾亞和他的兒子們享有。殘存的人類的僅有的一個繼承人就是諾亞了，為什麼還會有人覺得他天生就有的繼承權會被奪走呢，還讓他變成在世界所有人中和他的後代們處於同樣地位的唯一業主呢？」

36. 我們自己從局限的偏見出發，不管我們如何覺得它多麼有可能，我們都不能因此享有權利，和原文清楚明確的意義唱反調，去對《聖經》進行理解。我不否認，在這裡，是不可能取消亞當的個人統治權的，原因是它比不可能的事還要不可能，我們不可能去對亞當曾經有過任何這種個人統治權進行驗證。由於我們可以在《聖經》上找到類似之處，最會告訴我們最好的理解方式是什麼，因此只要對比這裡經過洪澇以後祝福諾亞和他的兒子們的語言和創世以後祝福亞當的語言（《創世記》第一章第二十八節），所有人都會相信，亞當並沒有享有這種個人統治權。我不否認，在經歷過洪澇以後，諾亞依然有可能享有亞當在洪澇以前所享有的相同稱號、所有權和統治權。可是，因為個人統治權並不同於上帝賦予諾亞和他的兒子們共用的祝福和賜予，所以，我們便有足夠的理由得出結論，亞當不享有這種個人統治權，尤其在從給他的贈與中沒有把這種意思表達出來的話，或者最起碼對這種意思表示認可的話。那麼，既然在《聖經》中找不到一個肯定的地方——更別提前文已經證明，原文原本證明和它背道而馳——在另一個地方，不管是文字，還是意思，和它都是截然不同的。基於這樣的境況，我就讓讀者自行去判斷最好的理解辦法是什麼了。

37. 可是，我們的作者說：「人類僅有的一個繼承人就是諾亞，為什麼還會有人覺得上帝會把他天生就擁有的繼承權奪走呢？」儘管在英國，繼承人是指以英國的法律為依據，理應享有他的父親的所有地產的長子。可是，上帝曾經在哪裡指派過任何這種「世界的繼承人」，上帝又是如何「把他天生就擁有的繼承權給剝奪了的」，抑或說假如諾亞的兒子們被賜予了一種權利，可以對地上的一部分加以使用，以維持他們自己和家庭的生存，這會如何傷害到諾亞，因為所有世界不僅供養諾亞自身綽綽有餘，即便他的所有兒子們都用，都用不完。一方的使用不會對另一方的使用造成任何妨害，假如我們的作者可以針對上面的問題給我們提供一些線索，那就太好了！

38. 可能我們的作者料想到了，他這種勸導別人，讓他們神智不清的陰謀一定會以失敗告終，而且不管他如何說，對於《聖經》上那些通俗易懂的話，人們總是傾向於相信，並以他們所看到的情況為依據，而將上帝的贈予看作是對諾亞和他的兒子們一塊說的——於是他也隱諱地表示，好像對諾亞所說的贈予將所有權和統治權排除在外了。因為在那裡，忽略了對地上世界的征服和對生物的統治，根本都沒有提及過地上世界。他說，「所以這兩處原文有異。第一次祝福讓亞當擁有統治地上世界和所有生物的權力，第二次祝福則讓諾亞可以隨意享用生物。在這裡，只是擴大了他的食物範圍，他對萬物的所有權還是不變的。」那麼，在我們的作者看來，這兒講給諾亞和他的兒子們聽的所有話，只是把他們的食物擴大了，並沒有讓他們享有統治權或所有權——應該說「他們的」食物範圍，因為上帝是這樣說的：「我把這一切都贈予你們」，可是我們的作者用「他的」取代了「他們的」，於是諾亞的兒子們，在

他們的父親還活著時，因為羅伯特爵士的規定，就必須禁食。

39. 拋開我們的作者不說，其他所有人，在祝福諾亞和他的兒子們的語言中，如果只看到擴大了糧食範圍，那麼就會被質疑受到了成見的蠱惑。原因是，單從我們的作者覺得是把統治權排除了的這一觀點來說，在我看來，上帝所說的「我讓所有獸類都對你們忌憚三分」一個語就對統治權昭然若揭了，或者，就因此確定了相比其他生物，人類具有很明顯的優勢。因為在這種「忌憚」中，好像主要蘊含的意思是，亞當享有的權力要比其他低級動物高，不管亞當這個絕對君主如何，他也沒有勇氣為了填飽肚子而去和一隻雲雀或兔子發起鬥爭，而只是和獸類一樣，去吃點草，在《創世紀》第一章第二節、第九節和第十三節，可以很明顯看出這一點。

其次，顯而易見，在這一次祝福諾亞和他的兒子們的語言中，不僅用清楚的文字表達出了所有權，而且其範圍還超過亞當所賜予的。上帝只是對諾亞和他的兒子們說「這些將由你們來享用」，再找不出其他更實在、更天然的方式來說明一個人對一件東西的佔有權了。為了表示他們已經擁有人類的最高所有權，也就是說，他們對於所有東西都享有使用的權利，上帝說：「只要是有生命的動物，你們都可以拿來食用」，而在賜予亞當的特權中，是不存在這一點的。我們的作者將這個叫作「把它們作為食物的自由派上用場，它只是擴大了的糧食範圍，而不是改變了所有權。」除了「可以任意使用它們」以外，人類還有什麼其他所有權可以在動物身上使用，這真的讓人匪夷所思。所以，就像我們的作者所說，假如第一次祝福「把統治生物的權力交給亞當了」，而賜予諾亞和他的兒子們的祝福則是他們特有的「可以隨意使用它們」，那麼，他們所擁有的一定是亞當所沒有的那種東西，儘管亞當享有所有主權，而這種東

西在人們眼裡極易被看作是一種更大的所有權。原因是，亞當根本不具備完全的所有權，哪怕對像是野獸，而且他不能像上帝賜予別人的權利那樣肆意使用它們，他只是局限性地擁有對它們的所有權。假如有一個國家的絕對君主，指派我們的作者去把「這地上世界征服」，並賜予他統治世界生物的權力，可是他如果想拿一隻小山羊或小綿羊來填飽肚子卻是不被允許的。那麼我想，他不會認為自己擁有那個地方或那個地方的畜群，而只是明顯發現和作為一個所有者所享有的絕對所有權相比，作為一個牧羊人也許擁有的支配權有什麼不同。所以，假如這事是羅伯特爵士份內的，我篤定他肯定會覺得這裡擴大了所有權，還會覺得諾亞和他的兒子們以這個賞賜為基礎，不但擁有了所有權，而且就連亞當都不擁有的統治所有生物的權力，他們也得到了。原因是，從互相之間的關係來說，儘管人類享有生物的某些部分，可是因為上帝是天地的創世者，是全世界獨一無二的主人，對世界上的所有生物都享有統治權，所以，人類對生物所享有的「可以任意它們」只能是得到上帝同意的，因此，就像我們在這裡所看到的，經過洪潦以後，人類的所有權得到了改變，被放大了，之前不被同意的作用現也得到了同意。從上面的敘述可以看出，我覺得顯而易見，亞當和諾亞在「個人統治權」方面都是欠缺的，對於任何不涵蓋他的後代在內的生物的所有權，他們也是欠缺的。只有當他們持續上升而對它們產生需求，並可以把它們派上用場時，這種權利才會由他們享有。

40. 如此一來，對於我們的作者以上帝的祝福語（《創世紀》第一章第二十八節）為依據而提出的亞當擁有君權的論據，我們就已經進行了查看。在那裡，我覺得但凡是理智的讀者，都只可能看到在適合我們生存的這個地球上，人類的地位遠高於其他種類的生

物。這只是讓人類享有統治其他生物的權力而已。這個意思可以很明顯從經文通俗易懂的文字中看出來，只有我們的作者覺得需要去驗證這些看上去意思截然不同的文字是怎麼賦予亞當完全統治其他人類的君權的，或者對所有生物僅有的一種所有權。我覺得在這件基礎性的重大事情上，他不僅要簡單引用一些明顯和他的意思背道而馳的文字，還應該再做一些事情。我不否認，我在這些文字中根本發現不了任何偏向於「亞當的君權或個人統治權」的東西，而是完全反過來了。對於自己的反應遲緩，我不會表示遺憾，因為我發現使徒也和我一樣，對於亞當所擁有的這種個人統治權，他好像也全然不理解。他說，「上帝賜予了我們非常豐厚的東西，讓我們享受」，假如由君主亞當和其他君主們以及他的子孫後代們掌握這些東西，那麼，使徒們這樣說就有問題了。總的來說，這段經文不僅無法對亞當是僅有的一個所有者進行證明，而且還反過來證明瞭所有東西一開始都屬於人類，從上帝的這個給予和《聖經》的其他地方都可以明顯看出這一點，以個人統治權為基礎成立的亞當的主權，既然所有基礎都不復存在了，那麼它也難以成立。

41. 可是，說到最後，假如有人非要這樣說，覺得在上帝的贈予下，全世界僅有的一個所有者就是亞當，那麼，這也無關於他的主權吧！對於土地的所有權，甚至是對全世界的土地所有權，怎麼能讓一個人享有完全掌控別人人身的獨斷權呢？身為全世界主宰的那個人，可以無所顧忌地對待那些否認他的主權、和他的意志唱反調的其他人類，讓他們餓肚子，這應該是更可笑、更張冠李戴的說法了。假如果真如此的話，倒不失為一個好依據，證明這樣的所有權從來沒有出現過，沒有人享有過這樣的個人統治權。反之，這種想法還更具有合理性。既然上帝命令人類繁育，他就應該賜予所有

人類生存權，可以使用食物、衣物和其他生活必需品——上帝已經給他們提供了充足的這些東西的原料——而不應該讓一個人的意志主導他們的生存，這個人有權肆意摧毀他們，而他因為和別人境況差不多，以後的生存都很艱難，強制性要求他們去從事苦差事的可能性很大，而不會非常大度地給他們提供生活必需品，從而幫助上帝實現人類「積極繁育」的宏偉藍圖。誰如果對這一點表示質疑，就請他去考察一下世界上的絕對君主國，看看那裡的生活必需品和廣大民眾是什麼樣的。

42. 可是我們非常清楚，上帝從來沒有授意讓一個人完全聽從他人支配，以致他人可以肆無忌憚地對待他，即便是不給他食物吃。上帝作為所有人類之主和父親，從來沒有讓他的任何一個子女享有對世界上特定一部分東西的所有權，倒是讓他那些貧窮的兄弟有權享受他餘下的財物，以致只要他的兄弟出現緊急情況，不會被無理的駁回。因此一個人不能以享有土地所有權或財產權為基礎，而擁有合理使用他人生命的權力，因為不管是哪個擁有財富的人，只要他不願意用自己的財物資助他的兄弟，導致他餓死，他將永生背負這個罪名，就好像在正義的指引下，對於自己辛苦掙來的成果，所有人都可以享受一樣，也好像他繼承的祖先的正當所有物的權利一樣。在「仁愛」的指引下，所有人在生命維持不下去的情況下，也有權從他人的豐厚財物中分得一部分，進而讓自己擺脫貧困。假如一個人落井下石，不採用上帝要求他給貧窮兄弟給予資助的辦法，強制性要求他變成自己的部下的不義行為，絲毫不遜色於一個更具有力量的人對一個相對弱勢的人發動進攻，要求他就範，用匕首抵著他咽喉，恐嚇他要麼做奴隸，要麼就不去死。

43. 哪怕上帝大度地給予他的祝福被他隨意使用，哪怕有人無情到極點，都不能對土地的所有權進行證明。就算在這個案例中，只有契約才可以讓人擁有對他人人身進行掌控的權力。那是因為富有所有者的威權和貧窮乞丐的附屬地位，是來源於窮人甘願同意做主人的臣僕，而不願意餓肚子，而不是來源於主人的所有權。對於臣服於他的那個人，他只能在契約規定的範圍內對他擁有權力，依據如下：在物資非常貧乏時，如果一個人擁有的財富很豐厚、在海上坐著船、可以泅水等，這些都可以變成掌控和統治權的根基，就像身為世界上所有土地的主人一樣，因為這眾多條件中的任意一個，對於另一個人來說，無異於救命稻草，而只要我不願意資助他，他必定會走向死亡。以這條規則為依據，不管什麼東西，只要可以讓別人生存下去或可以讓他的珍愛之物生存下去而變成一個條件，讓他甘願犧牲自由來交換的人，就都可以變成主權和所有權的根基。透過上述種種，我們知道了，即便上帝曾讓亞當享有個人統治權，他也不能因此享有主權。可是我們已經對此進行了驗證：他並沒有獲得上帝的授權——擁有這種個人統治權。

第五章　試述亞當因夏娃歸他所有而擁有的權力

44. 我們看到，作者用來支持亞當君主說的另外一個來自於《聖經》的根據就在《創世紀》第三章第十六節：「你必須始終愛慕你的丈夫，你的丈夫始終管轄你。」作者對這句話的解讀是，「這是政府的最初授予形式」，所以作者隨之給出了結論：「最高權力來源於父親身份，並且僅限於君主制這一種政府形式。」無論有著

怎樣的前提，都可以得出相同的結論；不管在經文的什麼地方，只要一出現「治理」這樣的詞語，作者馬上就基於神權建立起了他的「絕對君主制」。事實上，任何人只要對作者的推理過程稍加研究，對作者「亞當的支派和後裔」這句話稍加思索，就能夠意識到做出這樣的推論是很艱難的。接下來，我們姑且不去討論作者怪異的寫作方式，只是來深入考察經文本身的內容。這句話本身只是對女人的一種詛咒，因為在違反上帝意志的過程中，她是最為積極也是最為激進的。讓我們嘗試思考一下上帝在同我們的最早始祖說這些話的場合，因為他們違反了上帝意志，因此上帝十分憤怒並且要對他們的行為進行宣判，那麼我們就不可能認為此時此刻上帝會給予亞當某種特權或特許，並且授予他權威和尊嚴，甚至將他放到統治者和君主的地位上。亞當和夏娃共同違反了上帝的指示，只是因為夏娃是受誘惑的一方，因此受到了更重的處罰，亞當則因為受較輕的處罰而獲得了相比夏娃來說更高的地位，但他在原罪「墮落」中也是不能免除的，我們可以透過以下的經文看出他也受到了貶斥。很難想像上帝一方面讓他成為人類的統治者，另一方面又讓他成為終身的勞動者；一方面給予他完全和絕對的權威，讓他享受舒適的生活，另一方面又將他趕出樂園，去自行「耕種土地」，這樣的事情難道不是匪夷所思嗎？

45. 因此說，此時此刻面對被激怒的上帝，絕對不是亞當可以希望獲得任何恩寵和特權的時候。就算如同作者所說，上帝在此時給予了「政府的最初授予」，從而使亞當成為了羅伯特爵士一直在說的「君主」，那麼顯而易見的是，亞當這樣的君主絕不是羅伯特爵士想像中的那樣的君主，只能說是一個可憐的君主，其可憐程度甚至於連我們的作者自己都不會認為是一種特權。上帝只是命令他

自己做工維持自己的生存，上帝交給亞當的是一把用來耕地的鋤頭，而不是一個治理臣民的王笏。上帝告訴他：「你必須滿頭大汗才能夠勉強維持生存。」或許有人也會這樣說，剛開始這是無法避免的，因為那時大地上還沒有臣民，沒有人去幫他做工；等到他九百多歲以後，大地上應該就會有很多人服從他的命令來為他做工。然而上帝還這樣說了：「否則的話，除了你的妻子以外你不會得到任何人的幫助，只要你在世上一天，都要依靠自己的勞動來生活。」「你必須滿頭大汗才能勉強維持生存，直到你死後入土為止，因為你從泥土中來，本就是泥土，所以最終也必須歸於泥土。」或許還會有人替作者辯解說，這些話並不是針對亞當一個人的，而是把他作為一個代表說給全人類聽的，這是上帝基於原罪墮落而對人類做出的詛咒。

46. 我相信上帝的說話方式與人類完全不同，因為他的語言總是絕對真理，但是我也相信當他願意跟人類講話之時，依然會遵循人類的語言規則，而不會使用不同於人類的方式。當他屈尊使用人類的方式與人類講話時，不會是他自身的理解能力降低到人類水準，僅僅是因為如果他不採取這樣的方式，人類將無法理解，也使得上帝的目的無法達成。然而，如果一定要為了支持作者的學說，做出的任何解釋都要被我們當做真理來接受的話，我將不得不理解成上帝採用這樣的方式來說話：他用單數來說給亞當的話，必須要被當成是說給全人類的；他用複數說的話（《創世紀》第一章第二十六節和第二十八節）必須要看成是說給亞當一個人的，而不包括其他任何人；上帝對諾亞和他兒子們說的話，那也只能看成是說給諾亞一個人的（《創世紀》第九章），這樣的話要想理解上帝的意思可真是難啊。

47. 還有一點需要指出，我們引用的《創世紀》第三章第十六節的這些文字，也就是用來證明「政府的最初授予」的這些話，不僅沒有授予亞當任何形式的權力，甚至都不是說給亞當的，而只是作為一種懲罰說給夏娃的。如果我們按照文字的原意，將這段話理解成為說給夏娃的，或者是說給夏娃代表的所有女人的，那最多只與人類中所有女性相關，其真實意思無非就是通常狀況下，女性應當保持對丈夫的服從，當然基於某些特殊條件或與丈夫定義某種契約這種服從可以免去，那也不能認為這裡存在著一種強迫女性服從丈夫的法律，就好像如果女性能夠免受生兒育女之苦，他也不會觸犯任何法律一樣，而這也是原文中詛咒的一部分。原文全節如下：「又對女人說，我必讓你懷胎的痛苦倍增，讓你生兒育女備受折磨，你必須愛慕你的丈夫，你的丈夫始終管轄你。」在我看來，除了我們的作者以外，任何一個人想要從這段話中找出上帝授予「亞當以君主制政府」的依據都是絕無可能的，因為這些話本身既不是說給亞當的，甚至都不是與他相關的。我想也不會有人認為這句話的詛咒包含了一項法律一樣的約束，讓他們必須去承受這種詛咒，並且不得以任何方式來免除。會不會有人認為，夏娃或其他女性在分娩之時遭受的痛苦沒有達到上帝所恐嚇的程度，就是一種犯罪呢？會不會有人認為，如果我們的瑪麗女王或伊莉莎白女王和她們的臣民結婚，按照這段《聖經》的表述，她在政治地位上也應當從屬於她的丈夫，或者她的丈夫可以因此擁有「君主的統治權」呢？在我看來，上帝說的這段話，並沒有賜予亞當對夏娃的威視和權利，也沒有賜予丈夫對妻子擁有任何威視和權利，僅僅是對女人在家庭中的命運做出了一種預言，也就是上帝按照他的意志做出的某項安排，就如同世間的法律和各地的習俗一樣，都具有一種自然的基礎。

48. 再舉個例子來說，上帝說到雅各和以掃的時候，即便說了「將來大的要服事小的」（《創世紀》第二十五章第二十三節），但是沒有認為上帝用這句話讓以掃臣服於雅各，雅各享有統治權，上帝僅僅是對未來做出預言而已。

然而，就算我們將上帝對夏娃講的這段話，當作是對她和其他女性的一種束縛，並且具有法律效應的話，那麼，這裡所說的服從也僅僅只是一個妻子對丈夫的服從，而絕不包含其他性質的服從，如果以此就認為是「政府的最初授予」，將其看作是「君權的基礎」，那麼世間有多少丈夫就有多少君主。換句話說，如果一定認為這句話授予了亞當某種權利，也僅僅只是一種婚姻上的權利，而絕非政治權力——這種婚姻上的權利使得丈夫在家庭中作為財富、土地的所有者，擁有對私人財產的處理權利，以及在處理共同家庭事務中，丈夫的意志優於妻子的權利，這種權利絕不是對妻子擁有生殺予奪的政治之權，更遑論涉及其他人了。

49. 上述就是我對這個問題的看法。如果作者一定要說這代表了「政府的最初授予」，而且這裡的政府具有政治性質，那麼必然需要更加強有力的依據來支撐，而不能僅憑一句「你必愛慕你的丈夫」就認為是法律，並且據此為基礎認為夏娃以及她所生的所有子女都應完全臣服於亞當和其繼承人的君權之下。「你必愛慕你的丈夫」這句話本身含義並不清楚，那些《聖經》的注釋者們也給出了不同的解釋，無法作為是很可靠的依據，更無法用來支撐這樣一個意義重大包含全面的論點。然而，在我們作者的獨特寫作手法下，只要提出了原文，他就可以毫不猶豫地得出自己想要的結論；無論在經文中的什麼地方，正文或頁邊，只要出現「治理」「臣民」這樣的字眼，作者馬上就可以得出臣民對於王權的服從，關係也就隨

之轉變；上帝明明說的是「丈夫」，羅伯特爵士卻一定將其認為是
「君主」。儘管《聖經》中絲毫沒有提到，作者也沒有有效的論
據，但是亞當卻馬上擁有了對夏娃的「絕對君權」，並且對「由他
生出的所有人」都擁有絕對君權。不管什麼情況下，亞當都必須是
一個絕對的君主，從作者原文中開頭到結束一直都在如此強調。聖
經原文中從未涉及「君主」，也未涉及「人民」，僅僅提到了夏娃
作為妻子對丈夫的服從，絲毫沒有流露出半點的「絕對的」或「君
主的」權力，所以，沒有提供任何的理論依據來支撐我們的看法，
經文中並沒有如同我們的作者所說的那樣給予亞當「絕對君主權」
的依據，我可以讓讀者自己來判斷，我這樣的簡單論述是否就足以
駁斥作者一直肯定的那種權力。就算有人對作者提出的大部分根據
想去做簡短的解答，並且認為單純的否定就足以駁倒對方，其實這
樣的方法也同樣可以用來反駁作者。對於那些沒有證據的論點，無
需任何論據只要加以否定就已經足夠充分了。所以我也不願再多說
什麼，只要對《聖經》中上帝將授予「最高權利」建立在父親身份
的基礎上，並且將其認定為君權，並將其賜予亞當和其繼承人這樣
的觀點表示反對就足夠了。這些都是我們的作者根據一頁書中的文
字所作出的推論，任何一個擁有清醒頭腦的人，只要對原文稍加閱
讀，充分考慮到上帝說這些話時的場合和物件，就一定會對這樣的
結論感到詫異。只能說作者具有超人的能力，從別人無法看到他自
己也無法指出的地方發現了他的理論，否則還能有其他辦法嗎？這
樣一來，我們將我能夠想起來的，作者用來證明「亞當的主權」的
「最高地位」的《聖經》原文就進行了仔細的分析。作者認為這樣
的權利「應當讓亞當無限制地擁有和運用，並且這種權利可以擴
大到使自己的意志等同於上帝的意志」，（《創世紀》第一章第
二十八節，第三章第十六節）而事實上，這兩處原文中，一處指的

是無理性低級動物對於人類的從屬，另一處則是妻子對於丈夫在婚姻上應有的從屬，二者與作者所說的在政治中對於統治者的從屬都是有著本質區別的。

第六章　試述亞當因父親身份而擁有的權力

50. 接下來我們將就最後一個論點展開闡述，在此之後，我已經將作者證明亞當享有主權的所有依據全部進行了分析並且展示給大家了。最後一個論點就是，因為一個人具有父親的身份，就擁有對其子女的絕對統治權。看上去我們的作者非常熱衷於「父親身份」這一權利，幾乎在他的論述中每頁都會涉及，並且特別指出：「不僅僅只是亞當，包括以後的所有祖輩，因為具有父親的身份就擁有對其子女的所有主權。」 並且又同時提到「子女對父親的絕對服從是所有君權的根源」。他如此熱衷於這項權利，幾乎就讓我們以為這也是他所有名望的根基，並且我們強烈期待他會拿出更多依據，將其持有的「任何人一出生就是其父親的屬下，而不是自由的。」這樣的觀點加以肯定。然而，除了亞當是神創造出來的人以外，其他人都是生出來的，所以任何人從一生下來就是不自由的。那麼我想問的是，亞當對其兒女的統治權又是怎樣獲得的呢？他會用這樣的答案來回答，因為是亞當生了其兒女，並且他還引用了格老秀斯的話來證明亞當擁有絕對統治權，格老秀斯說：「父母透過生育獲得對子女的權利」。沒錯，生育的行為能夠讓一個人獲得父親的身份，那麼他作為父親，所擁有的權利，必然是由父親身份而獲得的。

51. 可是，格老秀斯的話並沒有清楚地闡述父母對其兒女擁有多大的權利範圍，但是我們的作者卻有很明確的表述，他確定是「最高權力」，如同君主擁有的對其奴隸的權利一樣，是生殺予奪的大權。如果有人有這樣的問題，生一個孩子如何就能夠獲得生殺予奪的大權，或許就不會得到任何回應了。似乎我們只能這樣來理解，他在這裡所說之話和在很多地方說的話一樣，所有的自然法則和政府法條都必須依靠他的言論來確定、改變或取消。如果他作為一個絕對的君主，或許這樣的話還略微合適，因為這種情況下「根據意志的理由」是能被接受的。但這僅僅是絕對君主制的一種辯護之詞，羅伯特爵士也僅僅只能在口頭上予以表達，卻不能真正建立這樣的制度。一個奴隸信口胡謅的言論當然不足以影響人類對於自由和幸福的看法。儘管世界上所有的人並不都是生而平等的，但至少在我看來，所有奴隸是生而平等的。於是我可以非常平靜地來闡述我的意見，生兒育女並不能夠讓父親具有對其兒女的統治權，而會給予所有人以自由，我對這樣的一種充滿信心如同我們的作者對他的言論——所有人都生而成為奴隸——也充滿信心一樣。然而，既然這一觀點是所有君權神授學說的根基，我們為了做到更加公平，儘管我們的作者沒有舉出有效的依據和做出充分的論證，那我們來研究一下別人是怎樣闡述的。

52. 我所聽過的所有關於父親因為對子女的生育而擁有絕對權力的所有論證中，最有力的是這一條：「因為父親給予了子女生命和存在，所以父親擁有對其子女生命的權利。」這似乎是最有效的論證。因為，一個人對於本不屬於自己之物，也不是由自己創造的，而是由於他人的贈予而獲得的東西，當然不能提出權利主張。對此我的解釋是，首先，一個人給予別人東西並不代表他擁有收回

的權利；其次，那些認為是父親賜予兒女生命的人，或許是被君權沖昏了頭腦，以至於他們忽視了最不該被忽視的事實，那就是上帝才是「生命的創造者和授予者」；只有依靠上帝，人才能夠生存、生活、行動。一個人，如果連自己的生命構造都沒有弄清楚，又如何可以賜予他人生命呢？哲學家們世世代代苦苦追尋這樣的答案，但也茫然不知所措；解剖學家們終其一生來研究人體，卻也只能承認對於人體某些構造和功能，以及這些構造如何協同來維持生命幾乎一無所知。然而，難道那些毫無文化的莊稼人或者更加愚昧無知的紈？子弟到更加瞭解人體生命的構造，更加瞭解如何去設計創造人這樣一個精密的儀器並且賦予靈魂和意識嗎？或許有人會這樣說，是他構造了他的兒女的生命所必須的部分，或者說他儘管不知道那些構造的功能，但依然是他給予了子女生命。

53. 我們所說的將生命賦予一個主體，而這個主體本身還不存在，就是首先需要將這個主體的各部分組裝起來，讓其各部分發揮其應發揮的作用，最後再在其中放置一個活的靈魂。如果真的擁有這樣的技能，或許他有理由來毀滅自己創造的工藝品。然而，應該不會有人狂妄大膽至此，竟然認為自己可以做與萬能的主——只有萬能的主才能創造靈魂——同樣的不可思議的事情。上帝是生命氣息的來源。如果有人自詡自己也有這樣的能力，那麼能否請他告訴我們自己的孩子身上各個部分的功能和用處，告訴我們生命和靈魂是如何進入這個身體之中的，告訴我們由他所製造的這個機器是如何思想和推理的。如果真是由他所製造，那麼出現故障時，他應當可以去維修，至少也應當知道，故障發生在哪裡。《詩篇》的作者說（《詩篇》第九十四章第九節）「造眼睛的難道自己看不見嗎？」這樣的虛榮心何其明顯。只是一部分簡單的構造就足以讓我們沉醉

於上帝的無邊智力中。所以，如同他精心創造的工藝品一樣，他也有同樣的理由享有《聖經》中對於上帝的稱呼：「我們的創造者，我們的造物主」。所以，即使作者總是沉醉在「父親身份」之中，認為「上帝之所以對人類享有權利，也是因為他父親的身份」，可是這種父親身份與人間所有的父親身份則是完全不同的：上帝是所有人的創造者，而人間的父母卻沒有這樣的資格。

54. 然而，就算人類擁有設計創造自己子女的能力和技術，這也絕對不是一件信手拈來的簡單技術，可以讓他們不需要經過任何設想就能創造出來。人們在生育的過程中，一千個父親，或許全部想的更多的都是滿足當時的欲望而不是長遠的設計。上帝用他無邊的智慧，將性交欲望置於人的思維之中，以此來實現人類的綿延不絕，可是人來在滿足這項欲望的時候，大多數卻都不是沖著這個目的，甚至有時候生育就違背了生育者自身的意願。我們可以說，希望並且努力想要子女只是後代來到這個世界上的一個偶然因素，而且，他們在希望或者設計子女的時候，所付出的努力事實上比起希臘神話中雕卡力昂和他的妻子向身後拋石子來創造人類並不多一點點。

55. 然而，即使我們承認因為兒女是由父母創造的，他們的生命和存在是父母給予的，所以，他們沒有自由，這樣也只能說父親和母親擁有平等的對兒女的支配權力。因為，沒有人能夠不承認，母親長期在自己的肚子裡以血肉養育自己的孩子，縱然相比父親來說沒有更大的權力，至少也應當獲得平等的權利。一個孩子在母親的身體裡長大成形，從母親的身上取得那是生存所必需的物質和生命根源。我們很難相信，父親在做完生育行為之後，立刻就將靈魂

注入了那個當時尚未成型的胚胎。如果我們一定說是父母創造了子女的一切，那麼毫無疑問的說母親給予的更多。不管怎樣都無法否認父母至少擁有平等的功勞，那麼父親的權利也就不能夠透過生育來產生。在我們的作者看來又有另外的說法，他說：「上帝在創造人類之時，就決定了男人對女人所擁有的主權，因為在生育過程中，男人是更加高貴和主動的參與者。」這樣的話我不記得《聖經》中出現過，如果有人能夠將這些話——也就是上帝在創造人類之時，就決定了男人對女人所擁有的主權，因為在生育過程中，男人是更加高貴和主動的參與者——指給我看，我會深入思考，並且作出答覆。但是我們作者常常把虛幻的想像當作言之鑿鑿的神聖真理，已經不是一次兩次了，儘管他虛幻的妄言與上帝的真理之間有著完全相反的差異，《聖經》中上帝說：「生育他的是他的父親和母親」。

56. 或許有人認為人類對其子女的權利可以用「遺棄或售賣」自己的子女來得到證實，我想說，這些人如同羅伯特爵士一樣，都僅僅只是絕妙的辯才，他們竟然用人類最無恥的行為和謀殺來為他們的論點辯護。這樣殘忍的事情不管是在獅子洞裡，還是在豺狼窩裡都不曾看到。那些在原野上生存的野獸，他們也保持對上帝和自然的完全服從，對自己的後代報與慈愛關心。為了保護幼兒，他們掠奪、警戒、廝殺、忍饑挨餓；在幼兒獲得獨立生存能力之前，他們不離不棄。難道更加高貴的人會擁有這樣的特權，違反上帝和自然的特權？對於這樣的行為上帝不是用死刑來加以懲罰，我們被教導即使在受到欺辱之時也不得傷害他人——陌生人——的生命，對於那些被上帝交給我們照料撫育，要求我們按照上帝的訓誡和自然的理性加以保存的人，又怎能毀滅其生命呢？上帝在創造世界的過

程中，對於一些生物的繁衍尤其重視，也使得這些生物往往為了這一目的而不惜一切，甚至有時會完全放棄自身利益，似乎在此刻他們已經忘記了「自然」賦予生物的本能——自我保存，而保護幼兒成為此刻最神聖的目標。因此在保護幼兒的時候，我們常常會看到懦弱者變得強大，殘忍者變得仁慈，貪婪者變得寬大。

57. 然而，如果曾經出現過的事情，都被認為是一種理所當然發生的事情，那麼歷史會向我們的作者提供用來支援「絕對的父權」最完美的例子，他盡可以將秘魯人將孩子養肥來吃的事情講給我們聽。這個故事實在是太過匪夷所思，我必須將原文引述過來：「在一些地方，他們（秘魯的印卡人）酷愛人肉，甚至在殺死一個人之後都沒有耐心等到它徹底斷氣，就開始吮吸傷口中汩汩流出的鮮血。那裡有公開的人肉屠宰場，更為瘋狂的是，他們與戰爭中俘獲的女人所生的孩子，也不能免此厄運。他們將戰爭中俘獲的女人納為妾，並且生下孩子小心撫養，等到十三歲以後，就將這些孩子殺死吃掉，而那些已經超過生育年齡的女人，因為不能再為他們提供肉食，也會被同樣對待。」——加西拉索·德·拉·維加著《秘魯印卡族歷史》第一卷第十二頁。

58. 理性能夠讓一個人將自身提升到與天使同等的地位，然而當一個人失去了理性，其紛繁蕪雜的心靈也會讓他墮落到比野獸還殘忍的地步。人的思想比恒河中的黃沙還要多，比浩瀚的大海還要寬闊，如果沒有理性作為在人生航行中的羅盤和星辰來指引方向，思想和情感便會帶人走向無窮的歧路。人大腦中的想像總是在不停跳躍，從而迸發出各種奇奇怪怪的思想，失去了理性的約束，人便會做出各種匪夷所思無法無天的事情。這時，那些最為極端者往往

被看作是最理想的領袖，並且擁有眾多的擁躉。當愚昧和狡黠變成社會流行的風尚，人們就會習慣性的將之神聖化，任何違背和懷疑他的必然被視為是瘋狂和悖逆。如果一個人用公平無私的態度來看待世事，就會發現世界上很多國家的宗教、政府以及習俗就是依靠這樣的方式延續下來，所以在他看來，這些在社會廣為盛行的習俗不需要得到任何重視，反而是那些順應自然，生活在山林之中，看似沒有理性和教養的棲居者比起那些居住在城市和宮殿中的，自稱文明理性而常常做出違背常理之事的人更加值得我們學習。

59. 那麼，就算如同羅伯特爵士所說，「古時候」人們「時常」「出賣和閹割他們的孩子」；就算他們遺棄或變賣自己的兒女。如果你願意，也可以說——這樣可以證明更大的權力——他們生育子女只是為了養肥來吃。如果因為存在這樣的事情，就可以用來證明權力的話，那麼我們可以做出同樣的論證，姦淫、亂倫、雞奸也都是合理合法的，因為這樣的事情在任何時候都能找到例子。在我看來，其罪惡的來源就在於他們阻礙了「自然」的重要目的，「自然」要求人類在不斷完善自身的同時繁衍生息，而保持婚姻關係下的家庭界限則是實現這一目的的必要條件。

60. 作者為了證明父親具有這種天然權利，又從《聖經》中的上帝的訓諭中找到了一條拙劣的論證。他說「王權是一種自然權利，在十誡中要求人們對於君主的服從使用了『孝敬你的父親』這一語言也充分說明瞭這一點。儘管在有的人看來，上帝的命令只存在於抽象的政府中，然而除了父權之外，他們卻無法拿出其他任何理由來維護《聖經》中這樣的要求。所以，我們在十誡中看到上帝要求人們用『孝敬你的父親』一樣來服從君主。如此，上帝規定的

不僅僅是政府的權利，而且也包括對統治者個人享有這樣的權利。最初之時父親所擁有的就不是單獨的權利，而是君權，這也是從上帝的父親那裡得到的。」在其他的若干地方，作者也用同樣地語言來維護其同樣的目的，並且運用了相同的手法——也就是將「和母親」三個字有意刪除了。作者真是充分發揮了其天才的智商，做出了獨特的論斷，在他的主張下，認同他的人必然需要有歪曲上帝的神聖準則，從而使得與其需要的熱情想吻合。這種方式，對於那些不是以追求真理和理性為目標，而是僅僅為了支援某種教義的人來說，是常常會用到的。在這樣的理念支持下，他們無視作家們想要表達的真實意圖，不顧一切地為他們的觀點辯護。就像普羅庫斯特對其客人所做之事一樣，為了讓他們更加符合自己心目中的尺寸，而將他們去頂或者拉長，用那種方式得出的觀點也就和這些被改造後的人一樣，畸形而毫無價值。

61. 之所以作者會如此，那是因為，如果作者不去篡改上帝的這一句原話，而是將「母親」和父親連起來一起出現，則任何讀者都會發現，他的主張是與這句話想違背的。不僅僅會動搖其所謂的「父親享有君主權利」，還會讓母親和父親居於同等地位，因為所有的訓誡中，指出的都是對於父母雙方共同應當盡到的職責。《聖經》中原文有：「孝敬你的父親和母親」（《出埃及記》第二十章）；「處死那些毆打父母之人」（《出埃及記》第二十一章第十五節），「處死那些咒？父母的人」《利未記》第二十章第九節以及我們的救世主都有這樣的話（《馬太福音》第十五章第四節）；「每個人都應道敬重自己的父親和母親」（《利未記》第十九章第三節）；「如果任何人違背自己的母親和母親，不聽他們的話，我們就要懲罰他，如果還是未有改變，父母應到抓住他……稟告長老，我們

的孩子悖逆不尊父母之命」（《申命記》第二十一章第十八至第二十一節）；「輕慢父母之人，必然受到詛咒」（《申命記》第二十八章第十六節）；「我的兒女們，你們要遵守你父親的誡命，不得違背你母親的準則」，這是所羅門所說的，他絕不是對於父親和君主應當享有什麼權利一無所知的人，但是在他著述的《箴言》一書中，所有對於子女的教誨都是將父親和母親放在平等地位的，「那些對自己的父親說出『你生了什麼』或者對自己的母親說出『你養育了什麼』的人，都應當賜予災禍」。（《以賽亞書》第十一章第五節第十節），「他們在主裡怠慢自己的父母（《以西結書》第二十八章第二節）」；「如果有人敢妄論預言，生他之父母要對他說，你妄托耶和華之名假說預言，不得存活，在他說出預言是要將其刺透」（《撒迦利亞書》第十三章第三節）。從這些地方都可以看出，擁有這些權利的不僅僅只有父親，母親也擁有同等的權利，並且我們看到，包括生殺之大權也完全一樣。不僅《舊約》中是這樣規定的，在《新約》中，對於要求子女的服從，父母也總是結合在一起出現的。《以弗所人書》就有這樣的固定「作為兒女，要保持對父母的服從」。我從來沒有讀過任何一本典籍中有「作為兒女還保持對父親的服從」而不提到母親這樣的話。《聖經》中任何涉及兒女孝順的地方，也都是將母親和父親並列的，如果說真的《聖經》中有這樣一個地方，只提到兒女孝敬父親一人，那麼那位總是自詡所有依據來源於《聖經》的羅伯特爵士是絕對不會忽略的。並且，《聖經》中不僅僅沒有任何地方提到父親和母親可以獨自擁有兒女的孝敬，甚至在一些地方卻將「母親」放在「父親」之前，這與人們通常認識下的母親屬於父親的從屬地位反而是相悖的。《利未記》第十九章第三節中就有這樣的描述。《聖經》中父親與母親總是連在一起，處於平等地位，所以我們理所應當的認為父親和母

親從兒女那裡獲得孝敬，是一種平等的共同權利，既不能將一個人排除在外，也不能夠由一人獨享。

62. 那麼，對於作者從第五誡中推論出所有最初權利都是由父親享有的這一論斷，我們感到不可思議，更不可思議的是，他從「孝敬你的父親」和母親居然能夠推論出享有的是政府的君主權。我們假定，十誡中所規定的人的孝敬，因為我們作者所陳述的原因，父親「在生育過程中是較為高貴和主動的參與者」，所以這樣的孝敬只是父親一人享有的權利，那麼為什麼上帝總是在提到這件事情的時候，讓母親獲得平等的地位，從而分享這樣的孝敬呢？那麼父親又是否有權力來剝奪子女對於母親的孝敬呢？《聖經》並沒有給任何人許以這樣的權力。當然，夫妻之間可能會出現感情破裂，甚至分居或者離婚。但是就算如此，即使父親命令他那樣做，我想也沒有人說子女應當對其母親不予孝敬吧，或者就是如同《聖經》所說的，「輕慢母親」。正如母親不具備剝奪子女對父親的孝敬一樣，顯而易見，上帝也同樣沒有給予父親這樣的權力和地位。

63. 作者說，父母享有這樣被「孝敬」的資格是自然賦予的，這句話我是贊同的。這也是他們因為生兒育女而正當獲得的權利，上帝也很多次明白告知，確認他們擁有這樣的權利。對於作者所說的另一條準則，我也贊同，「對於父親（在我看來應當加上母親，因為上帝也總是將父親和母親連接在一起）擁有的這樣的神聖權利，是上帝和自然所賜予的，人類不可以用任何低級的權利做出限制，也不能夠制定與此相違背的法律」。所以，根據上面的論述，我們可以看出，母親享有其子女「孝敬」的權利，不受他丈夫的任何制約，由此，我們可以說，「父親的絕對君權」是不可能從這裡

出來的，也是與之不相容的。任何一個父親之外的人，享有和父親同樣的權力並且具有同樣的資格，卻屬於其從屬地位，那麼他所擁有的權利，一定不是「君主的」，與作者所說的那種絕對的權利也相差十萬八千里。因此，就連作者都不得不說，「他想不到有任何的子女可以不用遵從他們的雙親」，「雙親」正常情況下都是指的「父親」和「母親」吧。如果作者一定說這裡的「雙親」僅僅只是指父親，那我可真是破天荒頭一遭遇到這樣的用法了，不過如果真的是這樣的說法，那麼人們說話就會無所顧忌了。

64. 作者所持的理論告訴我們，因為父親的身份，對於子女擁有絕對控制權，所以，對於自己子女所生的孩子，也同樣擁有絕對的控制權，如果這樣的推論是建立在父親對子女擁有絕對控制權是真實存在的基礎上，那麼該推論尚且可以被接受，可是對此我還有一個疑問需要作者為我解釋，一個人成為祖父的人，是否可以基於他享有的這種絕對控制權，而將他孫子應盡的第五誡中對於父親的孝敬取消呢？按照作者的理論，祖父「基於父親的身份」從而擁有最高權利，而且「孝敬你的父親」是一種如同對於君主的服從，祖父當然有權力取消孫子對於他父親的孝敬。但是，根據常識我們知道，他這樣做是不可能的，這也說明「孝敬你的父親和母親」這樣的一句話，不可能如同服從一種絕對權力一樣來服從自己的父母，必然是另外的一種意思。所以，第五誡中規定的父母擁有的權利，與作者在學說中竭力證明的政治統治權必然是不同的，因為政治統治權是一種絕對權利，在公民社會中居於最高的位置，這樣的權力能夠改變和取消任何一個人對於另外一個人的政治上的服從。然而，哪個統治者能夠制定出這樣的法律讓一個孩子擁有完全自由，可以不用盡「孝敬他的父親和母親」的義務呢？這是自然的永恆準

則，僅僅是因為父母和子女之間的關係而存在，其中不包含任何的統治權力，也並不需要臣服於任何一種統治權力。

65. 作者這樣說：「上帝給予父親這樣的權利和自由，可以將他將享有的兒女的權利轉讓給別人」。對於他是否能夠完全轉讓這種享受兒女孝敬的權利，我表示懷疑。但無論如何，一種權利不可能被轉讓出去而同時自己又保留一部分，這是毫無疑問的。所以，如果按照作者所說，統治者的主權「是一個至高無上的父親享有的權利」，而統治者擁有這樣的父權的一切，——按照作者所說「父親身份」是所有權力的根源，統治者必然擁有這樣的權力——這就必然會出現一種情況，他的臣民中做了父親的人，也不能擁有他對於自己兒女的權利，不能夠享受來自兒女的孝敬。因為所有的權力都掌握在統治者手中，自己不可能有所保留。因此按照我們作者的學說，「孝敬你的父親和母親」也不能作為政治上的從屬或服從來被理解，因為不管是在《舊約》還是在《新約》中，要求人們「孝敬和服從他的雙親」，這句話是針對所有人來說的，包括那些和他們的父母親一樣，處在同一政府體制下，同一社會環境中，並且和他們一起作為臣民的人，這樣，如果他們依然「孝敬和服從他們的雙親」，按照作者的學說，就意味著他們要臣服於本不具有這種權力讓他們臣服的人，因為這種權利已經被全部轉讓到最高統治者手中；所以這種說法本身，不僅僅只是讓人服從，而且還會因為在本無權力的地方強行樹立權力而導致社會混亂。所以說，如果「孝敬你的父親和母親」這一戒律意味著政治上的服從和支配，必然會讓作者所支持的君權被推翻。為什麼這樣說呢？因為既然每個人都應當孝敬和服從他的父親，父親對於子女有政治支配權，那就意味著有多少父親，就有多少統治者。而且，母親與父親享有平等的權

利，這也從一定程度上破壞了單一的最高君權。然而，如果說「孝敬你的父親和母親」這一戒律指的不是與政治權力相關，而是其他某種意思——這應當才是事實——那對於作者也就沒有任何意義了。

66. 作者這樣說：「用『孝敬你的父親』來表達對於君主的絕對服從，就表現出了父親就是一切權力的來源。」那麼我也可以說，「孝敬你的母親」這樣一句話，也表現出母親就是一切權力的來源一樣。讀者可以仔細考慮我這個說法是否和作者的說法具有相同的道理。——在《新約》和《舊約》中，所有涉及子女孝敬物件的地方，「父親」和「母親」都是具有平等地位的。而且，作者還跟我們說，「孝敬你的父親」這樣的一條誡命，使得父親擁有了治理權力，並且最終形成了君主政體的政府形式。」針對這句話，我想說的是，如果「孝敬你的父親」意味著一種對於上級的政治權利的服從，這就與我們本身應當對父親盡到的義務毫無關係，因為按照作者的說法，我們的父親所擁有的權利，已經被君主全部剝奪了，父親和兒女一樣，都是君主的臣民和奴隸，所以，儘管是親身父親，但是依然無法享有那種具有政治意味的「孝敬和服從」的權利。我們來看一看救世主的說法（《馬太福音》第十五章第四節以及上訴的所有地方），「孝敬你的父親和母親」指的是我們對於自己的父親和母親應盡之責任，這明顯是正確的，但是這無關於任何的政治服從，只是一種個人應盡的義務，不管這種義務的物件是否具有統治者的資格，是否擁有支配臣民的權利，只要他是我們的父親。父親身份享有的這種權利，與君主享有的服從是完全不同的兩種東西。所以說，這條誡命中所提到的父親，指的就是我們的親身父親，提到的孝敬就是一種對於自己父親應盡的義務，這不同於對

君主的服從，而且即使是最極端的君主專制也無法解除這樣的一種出於義務的服從。這種義務究竟是什麼，我們會在更加合適的地方詳細闡述。

67. 作者做出了這樣的假設：亞當擁有「無限的絕對統治權」，所以，每個人生下來就不擁有絲毫自由權利，生而為奴，現在我們已經將他提出的可以支援這一假設的所有論證全部分析完了。然而，如果上帝創造的世界，只是將人類作為一種存在而出現，也沒有賜予亞當成為他子孫後代的君主的權利。如果亞當（《創世紀》第一章第二十八節）沒有被賜予成為人類之主，也不擁有除了對其子女以外其他人的「個人支配權」，而是僅僅擁有和所有人類一樣的對土地和下級動物的支配權力。如果上帝（《創世紀》第三章第十六節）沒有賜予亞當對其妻子和子女的支配權，而讓夏娃服從亞當僅僅是出於一種懲罰的考慮，或者只是預言了在人類家庭交易處理過程中妻子所處的從屬地位，但是丈夫對於妻子並沒有那種生殺予奪的大全，那種大權通常是行政長官所有的。如果父親並不能夠因為生兒育女而享有對子女的絕對支配權；如果「孝敬你的父親和母親」這一誡命不存在賦予政治支配權的含義，而只是表明了子女對於父母應盡同樣的責任，不管他們的父母是統治者還是臣民，而且父親和母親平等地享有這一權利；如果上面提到的假設都是正確的——在我看來，前文中的論述已經充分證明瞭上述假設的正確性——那麼，無論作者會多麼堅決地表示反對，事實上人類本身就是具有「天賦的自由」。因為每個具有共同天性、能力和力量的人，在本質上就是絕對平等的，應當擁有平等的權力，除非萬能的主，被人所共同敬仰的上帝有明確指示出的例外，來告訴世人他們所擁有的天生優越性，或者就需要拿出一個人對於另外一個人表示服從

而做出的承諾。這一點顯而易見，就是我們的作者也不得不承認：「約翰·黑沃德爵士（Sir John Heyward）、布萊克伍德（Blackwood）和巴克利（Barclay），這三位王權的絕對擁護者，也不約而同地表示人類具有天賦的自由和平等」，這是不容辯駁的真理。作者總是提出了很多論據，但是卻不能用來證明他的偉大觀點──「亞當是絕對的君主」，所以「人不是生而自由」──他自己的論據也與他的觀點自相矛盾。因此，就像他自己的論證方法所說的那樣：「一開始的原則就是失敗的謬誤，隨之而來的就是這個絕對權力和專制制度轟然崩塌」，所以對於在這些謬論基礎上所建立起的學說和言論，也就沒有太多答覆的必要了。

68. 然而，為了不給別人帶去太多的麻煩，作者還總是在需要的時候用這樣的一些自相矛盾的說法來彰顯自己論點的薄弱。作者一直在不厭其煩地說亞當具有唯一的絕對的支配權，並且以此作為論點的支撐依據，然而他又跟我們說：「對於亞當的兒子來說，亞當是君主，對於亞當兒子的兒子來說，亞當的兒子也擁有這樣的支配權。」按照作者這樣的說法，亞當作為父親身份享有的這種絕對的、無限的、唯一的、不可分割的支配權，只能夠在很短的一段時間內予以維持，一旦他的子女有了自己的孩子，羅伯特爵士就無法自圓其說了。他說，因為亞當是他兒子們的父親，所以他「對他們擁有無限的絕對王權」，並且，對於後續的下一代，乃至世世代代都擁有這樣的絕對權利，然而亞當的兒子們──也就是該隱和賽特──也因為同樣的原因對他們自己的子女擁有這種無限的權利。這樣就出現了一個矛盾，亞當因為生兒育女所以對他的後裔擁有無限的絕對權力，而他的孩子們也因為生兒育女，對他們自己的後裔也擁有無限的絕對權力。對此，我們的作者說，不是這樣的，亞當

的兒子們在亞當之下可以擁有對於自己後裔的無限權力，但是又必須服從於自己的父母親。這樣的言論聽起來似乎有點道理，然而卻沒有實際意義，而且與作者自己的言論也並不相符合：我們可以這樣說，如果亞當對其後裔擁有無限的絕對權力，他可以委託他的子女中的一人來分享他的權利，從而管理其餘全部或者一部分人，這也就成為一種「從屬」權利。然而，這就不是作者言論中描述的那種權利了。這種權利不是因為授予或者委託而產生的，而是在他看來父親對子女天然具有的一種父權，因為首先，他說，「亞當主宰他自己的兒子們，在亞當之下，亞當的兒子們也可以完全支配他們自己的兒女」。如此一來，亞當的兒子們，根據與亞當具有的同樣的資格——繁衍後嗣的資格，父親的身份——成為他們自己兒子們的主宰。其次，顯然作者想要表達的意思是，父母擁有的這種自然權利，其範圍僅限於「對他們自己的兒女」；而委託的權利是不會有這樣的範圍限制的，不僅僅可以支配自己的兒女，也可以用來支配他人。還有，如果這種權利真的是因為委託產生的，《聖經》上一定可以找到相關依據，然而我們在《聖經》找不到任何證據，用來證明亞當的兒子們除了擁有天然的父權，還擁有其自己子女的任何其他權力。

69. 然而，作者這裡想要表達的也僅僅只是父權，而不涉及其他權力，這從他後面的推論中可以清晰地看出來。他說，「無論是亞當的兒子們，還是其他任何兒子們，我不知道有什麼辦法能夠消除他們對於自己父母的從屬」，這就可以看出，作者在這裡指出的這個「權利」和與之相關的「從屬」，僅僅是父親和兒子之間的那種「自然權利」和「從屬」；作為一個人的子女，他所忠於的權利，只能是這種被作者認為絕對的、無限的權利，而絕不可能是其他。

作者說，對於亞當的後裔，亞當都擁有父母所應當擁有的絕對無限的自然權利。作者又說，即使在亞當在世的時候，他的兒子對於他們自己的兒子也擁有這樣的絕對無限的自然權利。這樣就又出現一個矛盾，亞當因為其父親的身份擁有對後裔無限的權利，同時，亞當的兒子因為同樣的理由對他自己的後裔也擁有無限的權利。於是，兩個絕對無限的權利就同時存在了。我不知道是不是有人能夠讓這兩種無限權力得以協調，或者讓他們的存在更加符合常識，作者用「從屬」這樣的語言來試圖達到這樣的目的，然而卻只會讓他的話更加不合邏輯。讓一種絕對的、無限的甚至不能夠被限制的權力去從屬於另外的一種權力，這顯然是無比荒謬的。「亞當是人類的君主，擁有如同父權一樣的絕對無限權力，對他的後裔享有完全支配權。」也就是說，他的所有後裔，同時也都是他的臣民，甚至如同作者所說，都是「他的奴隸」，並且「兒子和孫子一起其他所有後裔一樣，都是同樣地處於從屬和奴隸地位」，然而作者又說，「亞當的兒子對於他自己的後裔享有父權（這父權同樣是絕對的、無限的）」，直白來說，這就告訴我們，在同一種政府形勢下，亞當的兒子一方面是奴隸，另一方面又是絕對的君主，換句話說，一部分人因為父親的身份因此對另外一部分人享有絕對無限的權力。

70. 或許有一些作者的支持者，認為作者在這裡想要表達的意思是，父母對自己擁有絕對的權利，只是自己依然保有一部分對自己兒女的權利，我必須得承認，這樣的說法更加具有正確性，然而對於作者的觀點卻絲毫沒有提供任何幫助，因為作者每次說到父權的時候，都說這是一種絕對的無限的權利，除非作者自己來為這樣的權利加上一定的限制條件，或者明確其所能夠涉及的範圍，否則沒有任何的解釋能夠幫他自圓其說。他口中的廣泛的無限的父權，

在他的這些言論中也可以清晰地看出：「一切兒子們對於父親的從屬，都是所有王權的源泉」。所以說，「兒子對於父親的從屬」，也就必然包括了亞當的孫子對於他們自己父親的從屬，這是所有「王權」——作者所說的，這是絕對的無限的權力——的源泉，所以亞當的兒子們對於他們自己的兒子，也享有這樣的「王權」，而同時，他們又是亞當的臣民，從這個角度上來說，他們和自己的兒子們同樣都是自己父親的臣民。好吧，作者喜歡怎樣說，就讓他怎樣說吧，他說「亞當的兒子們，因為他們父親的身份，所以和所有擁有父權的父親一樣擁有父權」。這樣，必然會出現下麵兩種情況：亞當在世的時候，亞當的兒子們就可以因為父親的身份，對自己的子女擁有王權；或者亞當因為父親身份本身就不具備王權。因為具有父權的人，父權並不等於王權，所以他們也就沒有被給予王權。如果是這樣的話，亞當自己也就沒有了王權，並不能成為統治者，其他人也同樣不能這樣。如此一來，作者的政治學說就馬上被全部推翻了。可是如果確實父權就等於給予王權的話，那麼所有擁有「父權」的人也同樣擁有「王權」，按照作者的父權制政府論學說，每一個父權都是君主。

71.如果是這樣的話，他想要建立的究竟是怎樣的一種君主制，還是讓他和他的擁蠆們自己去思考吧。當然，對於這樣的政治學說，君主們肯定表示歡迎，因為一個國家中有多少父親，就可以擁有多少君主。在我們作者的政治學說支持下，這是必然的情況，又會有誰來責備作者呢？既然，這樣的一種「絕對權力」，因為父親生兒育女的原因就被交給了他們，當他們的兒子們又有了自己的兒子時，他們對於自己的兒子擁有的絕對權力應該有多大實在是很難決定的。就像作者描述的那樣，所有的權利都給予了亞當，當亞當

的孫子出生以後，亞當的兒子又要擁有一部分這樣的作者也無法否認的權利，這就變得很難以調和了。正是因為存在了這樣的矛盾，作者在安置這種絕對父權的時候，也總是難以下決定，不能自圓其說。

有時：這種絕對權力只有亞當一人擁有。

有時：「雙親」都享有這樣的權利，但是「雙親」這個詞語幾乎不會只用來指父親一人。

有時：父親還在世的「兒子們」也享有這樣的權力。

有時：「家族的父親們」享有這樣的權利。

有時：又會被用到所有泛指的「父親」上。

有時：「亞當的兒子」。

有時：「亞當的所有後裔」。

有時：「元祖，諾亞的兒子以及所有後裔」。

有時：「年齡最大的父母親」。

有時：所有的王

有時：所有擁有最高權力的人。

有時：人類的始祖——他們是人類最早的親身父親和母親——的子嗣。

有時：一個選王也擁有這樣的權利。

有時：這種權利屬於治理國家的人，無論是一個人，還是一群人。

有時：那些能夠攫取這樣的權利的篡位者也具有這樣的權利。

72. 就像這樣，這個擁有絕對無限的權力的「新的烏有先生」——用這個來指代那些人們必須服從的具有「父親身份」的君主或君位——在羅伯特爵士的安排下，可以用任何一種形式，被賦

予任何一個人，即使按照他的政治學說，這樣的權利既可以被賦予民主制度，也可以讓篡位者成為合法的統治者。如果這樣的政治學說真的具有如此神奇的功效的話，作者以及他的擁躉大可以依照他們的「父親身份」，為世界做出卓越的貢獻。這樣的「父親身份」除了能夠顛覆世界上所有的合法政府，從而使世界陷入混亂、動盪、專制之中，再沒有其他任何作用了。

第七章　試述作為統治權的父權和財產權的統一根源

73. 我們已經在前面幾章看到了我們的作者是如何理解亞當的君主政治的，他所建立的君主政治的依據又是什麼權利。他覺得最能夠給未來的君主們推導出君主專制的那些基礎，也就是他最為重視的理論基礎，包括兩個方面的內容，一是「父權」，二是「財產權」。所以，他建議「對亞當的自然的和個人的掌控權予以支持」，這樣才能將「天賦自由說中的各種錯誤和阻礙排除掉」。從這一點出發，從他口中我們得知，「財產權的起源一定是統治的依據和原則的基礎」。「所有王權的源頭在於兒子從屬於他們的父親」；「世界上的所有權力要麼來源於父權，要麼是剝奪了父權，除此以外，沒有其他的起源。」而為什麼又說「財產權的起源一定是統治的依據和原則的基礎」，又說「只有父權才是所有權力的來源」而不處於相互衝突的境地。在這裡，我暫且不分析。為什麼說所有權力的來源只有「父權」，又說「財產權的起源一定是統治的依據和原則的基礎」。原因是，「財產權」和「父權」是截然不同的兩碼事，

就像領地的主人和兒子們的父親完全不同一樣。這兩個觀點中有哪一個類似於我們作者所說的有關上帝處罰夏娃的話（《創世紀》第三章第十六節）「那就是把給予治理權的最初的承諾」，我是一點都沒有看出來。假如治理權就起源於那的話，那麼在我們的作者看來，治理權的起源就不是來自於「財產權」或「父權」，於是這句被他援引過來對亞當有權支配夏娃進行證明的經文，一定會和他所說的「父權」是所有權力僅有的一個源泉「相互衝突。原因是，假如真的像我們的作者所說，亞當確實對夏娃有那樣的王權，那麼它絕對不是以生兒育女的資格為依據，而是以其他的什麼資格為依據。

74. 可是，包括這些在內的很多相互衝突的地方，我就留待他自己去處理吧。可是任何一個讀者，只要對他的著作稍微留點心，就可以輕而易舉地找出很多來。現在讓我們接著研究一下，看看「亞當的自然的和個人的掌控權」這兩種統治權的起源要如何才能相互融合，以及如何對後世君主的資格進行說明和確定，按照我們作者的說法，這些君主所享有的權利只能來源於這些源頭。那麼，我們可以假設，因為上帝的賜予，所有地上世界的主人和僅有的一個領導者都是亞當，就像羅伯特爵士所預想的那樣，其擁有非常廣泛的權力。我們還可以假設；透過父親的權利，亞當可以完全統治他的兒女們，享有至高無上的權力。我想問一下，在亞當離開人世以後，他「自然的」和「個人的支配權」都成了什麼樣呢？我相信我們的作者肯定會給出這樣的答案：它們要由第二代子孫繼承，在他的著作中，他也曾經幾次這樣說過。可是，採取這個辦法，也許很難由同一個人享受他的「自然的」和「個人的支配權」。原因是，假如我們對父親的所有權力都予以認可，長子可以繼承所有財產，

（還需要補充一些證據才能對這一點加以確認），於是，長子以這一資格為依據，把父親的所有「個人的支配權」都繼承過來了，可是，父親的「自然的支配權」，父權，他卻繼承不了。因為這種權利只有透過「生育」兒女才能得到。對於非自己生育的人，這種自然支配權任何人都不能享有，只有當我們假設一個人能夠在某種權利達不到成立的條件的情況下，依然有權利享有所有東西。原因是，假如一個父親只是因為「生育」兒子這一個原因，可以「自然支配」他的兒子們，反之，那些沒有生育兒子們的人，就必然享受不了這種「自然的支配權」，所以，我們的作者告訴我們，「只要一個人出生了，生育他的人就因為生出了他而變成他的主人」，這話且不論對錯，都一定會得出這樣的結論，那就是一個人從他的出生出發，只能變成生育過他的人的部下，只有當我們可以假設一個人能夠以同一理由為依據而同時被兩個不同的人所支配，或者假設這種說法是合情合理的，也就是一個人只是由於被他父親生出來，所以從一開始就應該在他父親天然的支配下，而且，儘管一個人的兄長不會把他生出來，可是因為出生，他的兄長也可以對他進行「自然的支配」。

75. 那麼，假如亞當對萬物的所有權，其所掌握的「個人的支配權」，當他辭世以後，由他的長子、後代們完全繼承的話（原因是，如果不是如此，那麼羅伯特爵士的君主制和「自然支配權」很快就土崩瓦解了），父親因生育後代所獲得的對兒女的支配權，在亞當辭世以後，他的後代們的所有兒子們便和他們的父親一樣，也同樣得到這種資格，馬上對這種統治權進行平均分配，如此一來，以「財產權」為基礎的統治權和以「父權」為基礎的統治權就不再融為一體了，該隱因為是後代，單獨獲得了以「財產權」為基礎的

統治權，而塞特和其他的兒子們則和他一起把以「父權」為基礎的統治權給平均分配了。這最好地說明瞭我們作者的學說，在他給亞當設置的兩種統治權利中，如果其中一個不是全然失效，那麼兩種權利就必須並駕齊驅，就只會對君主權利進行攪擾的作用，並在他的後代中讓政府不成其為政府。原因是，他的理論基礎就是這兩種統治權利，這兩種權利不能同時傳承下去，他也不否認是可以分開的，因為對於「亞當的兒子們以個人的支配權為依據，可以分別享有不同的領土」，他也是默認過的，他讓人一直質疑他的原則，不知道統治權到底在哪裡，或者我們到底應該把誰當作主人，「父權」和「財產權」這兩種權利既然不一樣，而在亞當辭世以後，就立刻由不同的人來繼承。在這兩種權利中，應該以哪種權利為主導呢？

76. 對於這一點，讓我們來考察一下他自己給我們作出的解釋。他把格老秀斯的話引用過來說：「亞當的兒子們在他還活著時，在亞當的恩賜、指派或某種轉讓下，已經透過個人支配權獲得了屬於自己的權利範圍。亞伯得有屬於自己的牧地和羊群，該隱得有屬於他自己的田地，可種穀物，可轉移，一座城在那裡拔地而起」。講到這，固然要提出一個問題，當亞當辭世以後，統治者到底是他們當中的誰。我們的作者告訴我們是「該隱」。可是他到底是因為什麼呢？我們的作者是這樣答覆的：「在元祖們的眾多繼承者中，他是其中之一。同族人們自然的父母就是這些元祖！不僅他們自己的子孫們奉他們為君主，而且他們的兄弟們也奉他們為君主。」可是傳承到該隱這的有什麼呢？他沒有把全部所有物都繼承過來，也沒有把亞當的全部「個人支配權」繼承過來。因為我們的作者說，亞伯的權利來自於他的父親，「透過個人的支配權，自己有了屬於自己的土地」。那麼，亞伯以「個人支配權」為依據，所得到的東西，

就不歸該隱支配，因為如果一樣東西已經歸屬於別人支配，他不能再擁有「個人的支配權」，因此隨著這種「個人的支配權」的消失，該隱有權支配他的兄弟的權利也一併消失了。於是便在短時間內出現了兩個統治者並存的局面，而我們的作者捏造的「父權」資格便沒有了意義，他的兄弟也不會奉該隱為君主。否則的話，假如亞伯在擁有「個人支配權」時，該隱依然有權統治亞伯，那麼無論我們的作者如何反駁，「治理權的首個依據和原理」都和財產權不相關。當然，在他的父親亞當還活著時，亞伯就已經死了，可是這無關於論點，因為這一論點可以用來對羅伯特爵士提出反對意見，不管是針對亞伯，還是塞特，還是針對任何一個亞當的後代（非該隱所生）。

77. 當他提到「諾亞的三個兒子，他們在父親的分配下瓜分了這個世界」時，他也遇到了一樣的難題。我想請問一下，在諾亞離開人世以後，在他的三個兒子中，在哪個身上，我們可以找到「王權建立」的影子呢？假如三個兒子都擁有王權——我們的作者好像秉承的是這個觀點——那麼，王權是以土地的所有權為基礎建立的，其依據是「個人的支配權」，而不是以「父權」或「自然的支配權」為基礎。於是父權為王權的根源之說就站不住腳了，那無限誇張的「父親身份」也就不復存在了。假如由諾亞的長子和繼承人——閃（Shem）來繼承「王權」，那麼，我們的作者所宣稱的「諾亞用抓鬮的方式，把世界分給三個兒子」一事，或「他在地中海環遊了上十年光陰，指定了每個兒子可以獲得的土地」一事，都是徒勞的。而且他讓三個兒子共用這世界，是一點好處都沒有的或無法實現目的的，因為不管諾亞生前許下了什麼樣的諾言，他死後，都應該是他的兄弟們的君主，那麼，諾亞給含和雅弗許下的土地承諾

就完全沒有意義了。否則，假如這個承諾他們擁有對分得的土地的「個人支配權」並不是空口白話的話，於是就有互不相關的兩種權力誕生了，進而給他們帶來了用來對「人民權力」進行駁斥的難題。我想用他自己的話來對這一點進行說明，只用「財產權」來取代「人民」兩字。「地上世界的所有權利，或是衍生於父權，或是來源於對父權的剝奪，此外，所有權利都只有這些起源。原因是，假如對兩種權力進行認可，雙方互相不存在從屬關係，那麼，就會一直出現爭端，到底哪種權力才是最高的，兩個最高權力會水火不容。假如最高的是父權，那麼，以個人的支配權為基礎的權力就必須依附於它，相反，假如以財產權為基礎的權力是最高的，那麼父權就必須處於從屬地位，必須得到財產所有者的同意才能行使，可是這事一定會對自然的進程造成損害。」這是他自己對兩種截然不同的獨立權力予以反對的爭辯，引用他自己的話來說，只是摒棄了「人民的權力，」而轉而用衍生於財產的權力取代了而已。當他在這裡回答了他自己一心反對的兩種不同權力的論據以後，我們可以更明顯看出他是如何可以從「亞當的自然的和個人的支配權」，從會分散到不同人身上的兩種不同權力「父權」和「財產權」中，在所有可以得到認可的層面上，找尋所有王權的源頭。從作者的自說自話中，明顯可以看出，亞當和諾亞離開人世以後，產生繼承糾紛時，這兩種權力就迅速分離了。可是在他的著作中，我們的作者經常將二者合二為一，當他發現它們和他的目的相吻合時，就一定會對它們加以利用，在下一章裡，這種荒誕的理論會顯現得更加徹底。在下一章中，我們將考察亞當把統治權教授給後世君主的方法。

第八章　試述亞當的至高王權的轉移

78. 那些被羅伯特爵士當作亞當統治權的那些論據不僅很拙劣，而且他有關轉移統治權給後世君主的學說，所經歷的也差不多。假如他的政治學說沒問題的話，那麼亞當就必須賜予後世君主們權利。在他的著作中，我們可以找到他所制定的對權利進行轉移的方法，我會用自己的語言表述出來。他在序言中跟我們說，「既然亞當是全世界之主，那麼他的後代只有得到他的授意或同意，或對他進行繼承，才能獲得權利。」從這句話中我們可以看出，他提出了兩種有關亞當把所有東西進行轉移的方法，分別是「授意」和「繼承」，「所有的王都被看作是或將被看作是一開始的祖先——他們一開始生育了全人類——的逐代最近的繼承人」，「不管一個人群包括多少人，從其自身來說，其中一定存在一個亞當的最近繼承人，而自然有權做其他人們的君主。」在這兩個地方，他覺得將君權轉移給後世的君主的僅有的一個辦法就是「承襲」。「地上世界的所有權利要麼來源於父權，要麼來源於剝奪父權。」「現在和之前的所有君主要麼曾經是他們的人民的父親，要麼是可以繼承這些父親的人，要麼是一些對這些父親的權利進行剝奪的人。」在這句話中，他覺得君主們得到這種基本權力的辦法就只有兩種，分別是「承襲」或「剝奪」，之後他又跟我們說：「這個父的帝國，由於其原本就是世襲的，因此也可以透過特許而轉移，也可以因為剝奪而奪取。」從這裡可以看出，君主的權力可以透過承襲、授意和剝奪進行轉移。最後，他說了這樣的話才是最讓人驚訝萬分的，那就是：「不管君主們採取什麼辦法——是選舉、授意，還是承襲，或者其他什麼辦法——獲得他們的權力都不是最重要的，因為真正

讓他們變成君主的，並不是得到王位的方式，而是如何用最高權力進行統治。」我覺得這句話很好地答覆了他用有關亞當的王權當作所有君主的王權之源的所有「假設」和議論。一個人假如想變成「真正的君主」，無關於他用何種方式得到權力，而只以他用最高權力予以統治有關。那麼，他確實可以免掉不少棘手的事情，不需要像他所做的那樣，在全書毫無節制地宣講繼承人和承襲人。

79. 透過這種引人注意的方法，我們的作者可以讓任何一個人變成「真正的君主」，不管他是倭利佛還是其他什麼人。如果他有幸生於馬桑尼祿的政府，從他自己的這個原則出發，他必然會竭誠效忠於馬桑尼祿，衷心地祝願他「吾王萬歲！」因為盡管在前一天，馬桑尼祿還是一個名副其實的漁夫，可是他的統治方式是採用的最高權力，所以他就變成了一個「真正的」君主。更何況，如果唐·吉訶德曾經對他的僕從們進行教育，在統治時要採用最高權力的形式，毋庸置疑，我們的作者必定會變成桑喬·潘薩所在的島上一個最忠心耿耿的居民，而且在這個政府的統治下，他必然會獲得一些優待，因為我覺得這樣的政治家，他是首當其衝的。他不僅自稱政府在真正的基礎上建立起來，還成立了被人所接納的君主王位，而且他還向全世界宣告，「只要是透過最高權力進行統治的人，不管其是透過什麼方法得到權力的，都是一個真正的君主，」用英語來說就是，不管誰，只要他可以得到王權和最高權力，不論採取什麼方式，他就真正擁有了王權和最高權力。假如只需要如此就可以變成「一個名副其實的君主」的話，他為什麼還會想到「篡奪者」，還會想到搜索一個「篡奪者」出來，我就覺得匪夷所思了。

80. 這個學說太奇怪了，讓我驚訝得合不攏嘴，甚至忽略了很

多讓他自我衝突的地方，沒有進行深入思考，其中就存在這樣的衝突：在他看來，亞當的君主「威權」──最高統治權──有時僅僅依靠「承襲」就可以獲得，有時需要「授意」和「承襲」的雙重方式，有時又只需要透過「承襲」或者「剝奪」的方式，有時這三種方式都要派上用場。最後，還包括透過「選舉」或「任何其他方式」來讓後世的君主和統治者傳承，讓他們有資格讓臣民歸順和附屬於他們。這些衝突太明顯了，只要稍微會思考的人都可以看出來。我把他的話引用過來──相比他之前的話，就已經通順了不少──儘管可以作為充分的理由，不需要再在這種論證中大費周章，可是，既然我有義務對他的主要學說進行考察，就算已經有了非常強大的證明，證明亞當過去是全世界的絕對君主和主人，我還是要比較詳盡地進行一下考察，剖析一下「承襲」「授意」「剝奪」或「選舉」是如何以他的原理為依據在世界上透過什麼樣的方式把政府建立起來的，或如何在亞當的這種王權下，受到人們臣服的合法地位。

第九章　試述由亞當傳承下來的君主制

81. 即便世界上應該存在政府是再清楚不過的一件事，即便所有人都對我們作者的意見表示認同，覺得政府已經將神的旨意規定為「君主制」，可是，因為對於那些無法指揮的人，人們無法去順從，而理想中的政府概念儘管無比完滿、無比正確，可是它不僅無法出臺法律，也無法制訂規章，所以，沒辦法用它在人們中間維持秩序、成立政府，進而行使政權，只有讓人們同時明白如何去認識誰手裡掌握有這種權力，誰有權利去支配他人。在和我們談服從和

順從的基礎上，還告訴我們應該服從誰，才是有意義的。因為即便我百分百相信世界上存在統治機構和法規是理所應當的，可是，在有權讓我服從的人還沒有出現時，我的行動還是不受限制的。假如他沒有顯而易見的標誌讓人一眼看到，並區分開有統治權的他和別人，那麼任何人，包括我自己在內，都可以是這樣的人。所以，儘管每個人都有義務服從政府，可是，這種服從只是指對那種有下命令的許可權的人的指導和法律予以服從，而不是其他的，因此，如果只是讓一個人相信世界上確實有「王權」存在，讓他變成一個臣民的條件還不足夠，必須找到方法去和這個有「王權」的人進行認識。除非一個人對於有權力讓他服從的人特別瞭解，要不然，他不會發自內心地覺得有一種約束力量。否則，海盜和合法的君主就可以等而視之了；一個強大的人可以非常輕鬆地讓人服從他，皇冠和王笏會變成強取豪奪的遺產；假如人們不知道自己要服從誰的指揮，自己有責任要聽從誰的命令，那麼人們就可以隨意地對他們的統治者進行改變，就好像換一個醫生一樣。所以，為了讓人們心甘情願地表示服從，他們不僅要知道世界上存在一種權力，而且還要知道有權支配他們的人是誰。

82. 透過上面的話，讀者就可以判斷出我們的作者在亞當身上成立一個「君主的絕對權力」的野心取得了何種程度的成功。可是即便像我們的作者所想像的那樣，這個「絕對君主制」一目了然，——我的觀點是相反的——只有當他同時對下面這兩件事進行證明，才會有益於世界上現存的人類政府：

首先，「亞當這種權力」不會因為他的死亡就消失，而會傳承給其他某一人，世世代代都不變。

其次，如今世上的君主和統治者獲得「亞當的權力」的方式是

一種合理的轉移方式。

83. 假如第一個條件站不住腳，那麼即便「亞當的權力」再大、再真實，也無益於現在的政府和社會。我們必須在亞當的權力以外，再給一些國家的政府找到其他的權力來源，要不然世界上就不會存在政府。假如後一個條件站不住腳的話，就會對現有統治者的權威進行毀壞，讓人們不再服從於他們。因為相比其他人，對於作為所有權威的僅有的一個源泉的那種權力，他們沒有要求更多，自然也就不配統治人民。

84. 我們的作者曾經讓亞當擁有完全的統治權，提出了幾種方法，將它轉移給他的後世君主們，可是，他對「承襲」這種方法進行了著重的說明，在他的幾篇論文中，時常可以看到這一點，我在上章又引用了其中幾段，在這裡，就不再贅述了。前面我們已經提到過，這種統治權的建立是以「財產權」和「父權」為雙重基礎，前者被理解成是特指萬物的權力，也就是土地和地上的生物都歸自己所有，只由自己一個人享用，其他所有人都沒有資格享用；後者被理解成是他所擁有的管理人們，也就是不包括他在內的其他所有人類的權力。

85. 既然這兩種權利被認為是亞當一個人獨有的，那麼亞當一人一定有非常特別的理由擁有這兩項權利。

我們的作者假設，亞當的「財產權」是從上帝的直接「饋贈」而來（《創世紀》第一章第二十八節），而「父權」的權利則是來源於「繁衍後代」的行為。從所有種類的承襲的角度來說，假如繼承人不能將他父親的權利所憑藉的緣由繼承過來，那麼他就沒辦法

把這個當作憑藉的權利繼承過來。打比方說，亞當在萬物的主人和所有者——上帝的「賜予」和「授意」下，普天之下所有生物都歸他所有。即便如同我們作者所說，可是當亞當辭世以後，只有基於相同的原因——也就是上帝的「賜予」——也讓亞當的繼承人擁有了這項權利，他的繼承人才有權力支配萬物、擁有萬物。原因是，只有當上帝鄭重地「賜予」亞當權利，他才有權利使用萬物和擁有萬物。而這種「賜予」又是亞當所獨有的，那麼，亞當的「繼承人」就無權承襲它，而在亞當離開人世以後，這種權利又會物歸原主——上帝——主人和所有者。因為明文記載了正式的授意和所賜予的權利的範圍，這種權利也只能以明文記載的為依據才能保持下去。那麼，像我們的作者所秉持的觀點，假如那種「賜予」只是針對亞當一個人，他對萬物的所有權就不能承襲給他的繼承人，而假如這種權利是授予除亞當以外的其他人，那麼就應該明確指出這種權利具體是傳給哪個兒子的，而其他兒子就被排除出去了。

86. 可是，我們不要太被作者帶偏了，顯而易見，事情的本來面貌是這樣的：上帝既然把人類創造出來，就把一種特別強烈的自我保護的意識紮根在他的身上，就好像在其他所有動物身上一樣，也給人類準備了很多適合人類生存所必需的東西，人類便能因此在上帝的授意下，在地面上生存得很久，而不會讓一件這麼精湛的工藝品因為其本身的疏忽和必需品的不足，而很快死亡。在我看來，上帝把人類和世界創造出來以後，就對人類說過這樣的話——那就是，告訴人們把感性和理性都運用起來（就好像上帝透過在低級動物身上所根植的感覺和本能來實現同一個目標一樣），來將那些可以用來維持生存的東西都派上用場，並把「自我保存」的方式都賜予他，所以我深信，在上帝將這些話公佈出來以前，（即便假如這

些話非要被認為是採用文字的形式說出來的），或者還沒有採用這種文字的方式「贈予」時，依據上帝的授意和特許，人類就已經有權使用萬物了。因為上帝既然已經在人的身上根植了把自己生命延續下去的強烈願望，那麼，「作為人類心中的上帝之聲的理性」就必須教育他，並讓他堅信，只要是以自我保護的天然趨向為導向辦事，就是對他這個創造主的旨意予以遵從，所以他就有權使用那些經由他的感覺或理性找到並可以維持生活的東西。如此說來，人類對萬物的「財產權」是以他所擁有的可以為他生存所用的權利為基礎的。

87. 亞當的「財產權」所根據的緣由和基礎就是這個，鑒於同一個依據，不管在他還活著時，還是在他死後，他的所有兒子也可以擁有相同的權利。所以，亞當的後代所擁有的特權不會比他的其他兒女們擁有的多，讓他可以把他們剔除出去，不讓他們有權同樣享受利用低級生物來維持自己的美好生活。這種權利就是人類享有的財產權。如此說來，以「財產權」或——如同我們的作者所說——以「個人支配權」為基礎建立的亞當的統治權就沒有實際意義了。不管是誰，因為都以和亞當同等的權利為依據——也就是以所有人都擁有的自我保護和自力更生為依據的權利——擁有主導萬物的權利。這種權利變成全民共有，亞當的兒子們也是如此。可是，假如一個人已經開始把某種東西據為己有（他或任何其他的人為什麼可以這麼做，在其他地方，我將作出闡述），像這樣的財產，假如他沒有透過鄭重的授意而額外採取了措施的話，理所應當地由他的兒子們繼承，他們有權繼承和持有它。

88. 這裡，我們完全可以發出這樣的疑問，在父母離世以後，

兒子們如何才能搶先一步對父母的財產進行繼承？父母在離開人世時，事實上根本沒有對這種權利進行轉移，為什麼它不再重新變成人類的共同財產呢？或者你可以這樣回答，公眾同意由死者的兒子們繼承它。我們很清楚，公眾的確是這樣做的。可是我們據此還不能作出結論，這就是公眾的許可，因為從來沒有人要求過這種許可，事實上也從來沒有被表示過，可是假如公眾的許可已經對兒子們的承襲權進行了確定，那麼兒子們對父親的遺產進行繼承的權利也只是一種人為的權利，而不是天然的。可是在廣泛採取這種做法的地方，視這種事情是再正常不過的一件事，也是有理由的。我覺得，其應該是採用了這樣的依據，上帝在人類心中根植的和在他的天性上鐫刻的最基本和最強烈的要求，就是對自己的要求進行保存，而所有人為了保證自我生存所具有的的支配萬物的權利的基礎就是這個。可是，此外，上帝又讓人類擁有了繁育後代的強烈訴求，這種訴求就賜予了兒子們有權分享父母的「財產權」和繼承他的財產。人類對財產進行保護，不僅僅只是為了自己考慮，他們的兒子也有權享受財產的一部分，當父母離世，無法再對財產進行使用，不再和財產緊密相關時，父母的這種權利就會和兒子們自己的這種權利相互融合，他們將擁有所有財產，我們用繼承遺產來命名這種情況。類似於保存自己，人們以同樣的責任為依據，有義務對他們自己的後代進行保存，於是他們的後代就有權享受他們的所有財產。根據上帝的法則，兒子們顯然擁有這種權利，而從國家的法律來看，很顯然，人類也相信其子女擁有這樣的權利，這兩種法律都要求父母要對子女們進行撫養。

89. 因為自然趨勢，兒童天生柔弱，無法自我保存。既然上帝對自然的程式進行了這樣的規定，他就親自把這種權利賜予他們，

要父母對他們進行撫養，這權利不單單只指維持生存，還包括在父母力所能力的範圍內過上更好的生活。所以，當他們的父母死去，父母不再撫養兒子時，這種撫養的效果應該盡可能綿延下去，就像自然所要求的那樣，父母活著時準備好的東西，應該被理解成是給兒子們準備的。父母在死後，依然有義務照顧撫養兒子們。就算父母在離開時沒有明確說明，自然的意旨卻對兒子繼承父母的財產進行了規定。於是，兒子便具備天然的權利，來對他們父親的財富進行繼承，其他的人想都不要想。

90. 如果不是因為上帝和自然賜予兒子有權享受父母照顧，並讓父母把這個當作責任，必須去履行，那麼，說父親應該對兒子的財產進行繼承，而且相比他的孫子，他的承襲權還排在前面，都是說得通的。因為祖父要消耗不少精力來撫養兒子，從正義的原則來講，可以理解成是應有的回報。可是，祖父這樣做，也是和自己的父母遵從同樣的原則，以這個原則為依據，他自己的父母撫養他長大。而一個人的父親對他所進行的培育，他要透過培育自己的子女來回報（我是說，只有當父母當前需要，要求歸還財物，進而來對他們的生活進行維持，就應該運用置換財產權的辦法，對等交換。因為我們這裡所講的不是兒子應該尊敬、感謝父母，而是用金錢來衡量的財物和生活用品）。可是，這種對兒子的債務也不能把對父親應該負的責任給徹底抵消了，而只是出於自然之理的考慮而讓前者優先於後者而已。原因是，假如一個人欠父親債務，當兒子沒有子嗣時，父親就具有承襲兒子財產的權利。在這種情況下，兒子的權利就必須把父親的承襲權包括在內。所以當情況需要時，一個人有權被兒子照顧，而且當他給兒子和孫子提供生存必需以外還有盈餘時，他也有權從兒子那裡過上快樂生活。假如兒子去世以後沒有

留下子嗣，那麼父親當然有權力來對他的財產進行繼承（儘管有些國家的民法違背常理，作出了其他規定），然後，再由他的其他兒子和後者的後代來對他的財產進行承襲，假如還沒有兒子，那麼承襲人就是他的父親和父親的後代。可是，假如這些統統不存在的話——就是說沒有親族的話——我們發現私有財產就會歸於公有，在政治社會中，由公共官長擁有這些財物，而在自然狀態中，這種財產則再次歸於社會，沒有人有資格來承襲它，也沒有人可以採取和其他自然共有物不同的方式來擁有這些東西，在合適的地方，我會對這一點進行詳細說明。

91. 我之所以花大量的筆墨，來將兒子有權承襲父親的財產的理由進行指明，不僅僅是因為從這種理由中，我們不難發現即便亞當擁有所有地面和其產物（一種表面上的、沒有實際意義的、沒有用途的所有權，因為他有撫養和照顧他的子孫的義務，這種所有權就僅限於此），可是他所有的兒子以自然的法則和承襲的權利為依據，擁有一起享受的權利，並在他離開人世以後，擁有其財產，這種所有權不能讓他後代中的某一人有權對其他的人進行統治，這是因為既然所有人都有權利承襲屬於他自己的那一部分，他們可以一起來享受他們所繼承的所有或一部分財產，或分開享用，由他們自己選擇最合適的辦法，可是沒有人有權利要求他們把所有財產都承襲過來，或任何與之密切相關的統治權。因為承襲的權利，讓所有人享有的權利都是一樣的，進而來對他們的父親的財產進行分配，不存在輕重之分。我說，不僅僅是由於這一原因，我才詳細考察兒子承襲父親財產的依據，還是因為他可以把「統治權」和「權利」的承襲問題說得更清楚。在有些國家裡，他們的民法規定，由長子繼承土地的所有權，人們也是依照這種風俗一代代繼承這種權力，

這種現象極易蒙蔽有些人的眼睛，進而覺得不管是「財產」也好，還是「權力」也好，兩者都存在一種自然或神授的長子繼承權，覺得對人的「統治權」或對物的所有權的淵源都是一樣的，也應該按照相同的法則往下發展。

92. 一開始之所以出現財產權，是因為一個人可以把低級生物為自己所用，它是專門給財產所有者提供的福利和利益。所以，當有需要時，他甚至可以因為要將它派上用場，而摧毀所有他所擁有的東西，可是，統治權卻不同，它的存在，是為了給個人的權利和財產提供保障，其設置的目的就是讓其不受他人的侵害，是為了保障被統治者的利益。統治的目的是要讓行惡之人心生畏懼，以此來讓人們自覺對社會的明文法律進行遵守，這種法律的制定是以自然的法則為依據的，目的是為了給公眾得利。即，在公共法規所允許的範圍內，讓社會的特定成員獲利。這項權利並不單單只是為了給統治者自身謀利的。

93. 所以，從前面的解釋看來，兒子們因為要在父母的庇護下生活，所以有承襲父親財產的權利。他們之所以擁有這種財產，是因為他們自身生存需要，因此將財產命名為物資（goods）是得體的。不管是依據什麼上帝，還是什麼自然的法則，長子都無權獨享這種權利，和他一樣，他的兄弟們的權利也一樣來自於父母養活、照顧和提供美好生活的那種權利，除此以外，再也找不到其他依據。可是政府的成立，不是基於統治者自身的利益（只是因為他們屬於那個政治團體，他們才會和其他人一起，作為這個團體的一分子而被政府照顧，並以社會的法律為根據，各盡其責，給所有人謀福利），而是考慮到被統治者的利益，所以政府不能像兒子承襲

父親財產一樣，用同樣的權利來承襲。兒子具有從父親的財力範圍內獲得生活必需品的權利，這種權利讓他具有出於自身利益考慮而將他父親的財產繼承過來的權利，可是父親「統治」他人的權利他也不能因此繼承過來。兒子具有向父親要求教育、撫養，以及維持生存的東西的權利，可是他無權要求父親給予他「統治權」或「支配權」。他的生活不需要具備出於為他人謀利的需要而讓他的父親擁有「帝國」和「支配權」（假如他的父親擁有這個的話），並從他的父親那裡得到他理應得到的那部分賴以生存的用品和福利。所以，兒子不能單憑一種完全是出於他個人的好處的權利來對統治權或承襲統治權提出要求。

94. 我們首先要弄清楚一點，別人請他把承襲權傳承下去的第一個統治者是如何坐上那個位置的，一個人是透過什麼來獲得「最高統治權」的，他有何德何能，可以享受這種權力，之後我們才能知道誰有權利對他進行繼承，從他那裡把這種權力承襲過來。假如一開始是得到了人們的認可，才將一根王芴交到一個人或把王冕戴到他頭上，那麼這也一定是指示其承襲的辦法，因為只要讓第一個人擁有合法統治的權力，那麼第二個人也必然如此，這樣王位繼承權也因此被確立了下來。在這樣的情況下，傳統的繼承風俗或長子繼承權原本都不能因此有權繼承王位，只有成立政府的人民公意在解決王位繼承問題時，採用的是這種方法。因此，我們會發現不同的國家，王位是由不同的的人來繼承的，在某個地方透過繼承權利來當上君主的人，換一個地方也許就變成了一個臣民。

95. 假如上帝透過鄭重的給予和宣告，一開始讓某個人擁有「統治權」和「支配權」，那麼，一個宣稱具有這種權利的人也必

須透過上帝鄭重賜予他繼承權。原因是，假如上帝沒有對這種權力的轉移的管道進行規定，那麼一開始的統治者的權利就沒有人可以繼承，包括他的兒女在內，只有一個可能，那就是創立這種制度的人——上帝，發佈了命令，要不然也不能依據長子繼承制來繼承。打比方說我們看到透過上帝的直接指派，掃羅坐上了王位，在他過世以後，他的家族也不具備對王位的要求權。大衛王在上帝的指示下，對他的王位進行了繼承，而讓掃羅的兒子約拿單和所有對父權進行繼承的要求泡了湯。而所羅門之所以有權繼承他的父親，也一定不是因為長子繼承制，而是因為其他的什麼資格。假如弟弟或姊妹之子也擁有和第一個登上王位的人擁有相同的資格，在繼承王位時，勢必會排在其他人的前列。在只有上帝透過指示才能獲利支配權時，只要上帝發佈命令，最年幼的兒子便雅憫就勢必和同族中一開始具備這種資格的人一樣，要對王位進行繼承。

96. 假如「父權」「生育後代」的行為可以讓一個人具有「統治權」和「支配權」，兒子就不能因為繼承和長子繼承權獲得這種權利。因為不能對他父親生育後代這種資格進行繼承 的人，也無法像他的父親那樣，以父權為依據，而對自己的兄弟擁有支配的權力。可是，在後面，我還要對這一點進行更多的闡述。而且，有一點是顯而易見的，那就是，無論一個政府一開始是在什麼基礎上建立的，是「父權」「人民的公意」，還是「上帝自己的鄭重指派」，其中任何一種都可以把其他一種取代，而以一個新基礎成立一個新政府——我是說，不管以上述哪一個基礎建立起來的政府，以繼承的權利為依據，繼承權只能由那些和被繼承人享有同樣資格的人享有。以「社會契約」為基礎的權力，只能由那些透過該契約獲得權利的人繼承；以「兒女生育」為基礎的權利，只能由那些「生育兒

子」的人才能對這種權利進行繼承；以上帝的鄭重「賜予」為基礎的權力，只有那些根據繼承權利規定享有賜予的人才具有這種資格。

97. 透過上面的描述，我覺得有一點是毋庸置疑的了，那就是，對萬物進行使用的權利，原本是以人類擁有的賴以生存的權利為基礎的，兒子之所以享有對父母的財產進行承襲的權利，是以他們擁有從父母的財產累積中得到一樣生活必需品的權利為基礎的，而他們的父母因為受到了慈悲的教育，認為他們是和自己不可分割的一部分來對他們進行培養，這所有一切都是考慮到財產所有者或繼承者的利益，兒子們對「統治權」和「支配權」進行繼承，不能把這個當作藉口，這些權力的源頭和目的都是不一樣的。長子繼承權也不能借由這個憑據來對「財產」或「權力」進行單獨承襲，在後面相應的地方，我們會更清楚地看清這一點。在這裡，我們只需要對一件事情進行說明，那就是，亞當的後代無法從他的「財產權」或「個人的支配權」那時獲得任何統治權或支配權，他的子孫因為沒有對他的父親的所有物進行繼承的權利，所以無法獲得對他的兄弟們進行統治的權力。因此，即使亞當因為他的「財產權」而得到了所有統治權──事實上根本不是這樣──這統治權也會因為他的死去而結束。

98. 假如亞當因為是全世界的主宰而可以支配人類的話，那麼他的某一個兒子就不能繼承他的統治權，而對其他的兒子進行統治，因為大家都有權利分得他的遺產，每個兒子都有資格得到他父親一部分所有物，所以，假如亞當具有以「父權」為依據而得到的統治權的話，他的任何一個兒子都不能予以繼承，原因就像我們的的作者說的，這種權利是透過「生育後代」才獲得的，不是一種能

夠繼承的權力，因為這種權利是建立在單純私人關係的行為上的，因此來源於它的那種權力也是如此，是無法繼承的。既然父權是一種自然的權利，只是以父子關係為源頭，所以就好像這種關係本身是無法繼承一樣，它也無法繼承。假如一個人可以對父親對兒子們進行統治的父權進行繼承的話，那麼，作為繼承人，對於丈夫對妻子的夫婦之權，他一樣可以宣稱進行繼承。因為丈夫的權力是以契約為基礎的，而父親的權力是以「生育後代」為基礎的，假如他可以對「生育後代」的權力進行繼承的話（除非一個沒有生育後代的人也可以因為生育行為而得到權力，這種權力只能由生育後代者本人享有，而不能由他人享有）他就可以對那具有個人屬性的婚姻契約所獲得的權力進行繼承了。

99. 這就讓人找到藉口提出一個問題，既然亞當在夏娃前面死了，他的子孫後代（打比方說該隱和塞特）以承襲亞當的父權為依據的權利，是不是也可以統治他的母親夏娃呢？因為亞當的父權取得只是因為生育後代，才具有對兒女進行統治的權利，因此，就算根據我們作者的理解，對亞當的父權進行承襲的人，只有承襲亞當因為生育後代而獲得的對兒女進行統治的權利。所以，後代的君權不會將夏娃包括在內，假如把夏娃也包括進去的話，那麼這種君權既然只是亞當傳承下來的「父權」，那麼其後代一定是因為夏娃由亞當所生育，所以才具有對她進行統治的權利，因為「父權」只是和生育後代相關的事情，不是其他的。

100. 可能我們的作者會說，一個人可以把他對他兒子的支配權轉讓出去，只要是透過契約可以轉移的東西，透過承襲也可以獲得。我說，一個父親對他的兒子的支配權是不能轉讓出去的。可能

他能夠一定程度上把這種權力放棄掉，可是卻不能轉移，假如這種權力落到了別人手裡，那也不是因為得到了父親的同意，而是因為那人自己的所作所為。打比方說一個父親違反天性，不愛護自己的孩子，將他賣掉，或送給其他人，而這個人把他丟棄了，以至於第三個人發現了他，並將他當作親生兒子一樣培育，給予關懷。在這樣的情況下，我覺得所有人都會一致肯定地說，兒子應該最大程度上孝順和遵從自己的義務，或者對義父進行一定的回報。假如其他兩個人向他提出要求，那只有他的親身父親有權提出。可能他已經不再擁有「孝敬你的父母親」這條誡命中所包含的大部分對他應盡的義務，可是他無權轉移給他人。將他的兒子買過去並不予以照顧的那個人，透過他的購買行為和親身父親的同意，無權得到兒子的孝敬，只有那個透過自己的權力，對那個奄奄一息的棄兒盡到了父親責任的人，因為父母對自己的照顧，才讓自己享受到了對應的父權的權利。在對父權的屬性進行考察時，這點被人認可的程度更高，讀者可以參考本書第二卷對這一點的解讀。

101. 我們再將眼光放到現在的論證上面，有一點是毋庸置疑的：父權只是來源於「生育後代」（我們的作者認為父權僅有的一個依據就是它），不能轉移，也不能「承襲」。沒有生育過後代的人不能因此得到以「生育」為基礎的父權，就好像一個人因為沒有達到某種權利所憑藉的僅有的一個條件時，就不能享有某種權利一樣。假如有人發出這樣的疑問：父親對他的兒子進行支配的權力是以什麼法律為依據的，我可以告訴他，毫無疑問，那是以「自然的」法則為依據的，自然讓他擁有對他所生的兒子的支配權。假如還有人發出這樣的疑問：我們作者所說的後代擁有承襲的權利又是以什麼法律為依據的，我覺得也可以像上述那樣回答，因為我們的作

者根本沒有把《聖經》上的文字引用過來，用來對他所聲稱的這種後代的權利予以證明。那麼，就是因為父親確實「生育」了後代，所以「自然」的法則讓父親擁有可以對兒子進行支配的父權。假如以同樣的「自然」法則為依據，給後代賜予同樣的父權，讓他對他的兄弟們進行統治，如此一來，要麼是父親因為沒有生育後代而得到父權，要麼就是後代不具備這種權利，二者必有一個成立。要不然「自然」的法則，也就是理性的法則很難被人接納，既然父親之所以有權支配兒子，就是因為「生育後代」這僅有的一個理由，那為什麼借助這僅有的一個理由（也就是說，沒有任何理由）又不能讓長子有權支配他的兄弟呢。假如長子以自然的法則為依據，就可以對這個父權進行繼承，而可以忽略這種權力所依據的僅有的一個理由，那麼，即便最年幼的兒子，甚至於外人，也可以得到這種權力。因為，既然父權只有生育後代的人才享有，那麼，在所有人都達不到這種條件的地方，所有人就享有同等的權利了。我相信，我們的作者沒有充分的論據，假如有人可以提出來的話，我們接下來會進行探討，看看它是否成立。

102. 一樣的道理，假如說以自然的法則為依據，一個生育過後代的人有權對他所生的後代進行支配，所以以自然的法則為依據，對他們沒有生育之恩的嗣子也有權利支配他們就不是沒有道理的，那麼我們也可以說，以自然的法則為依據，一個人因為和另一個人是親戚，而且大家都知道他們來源於同一血統，有權承襲這人的財產，所以，以同一自然法則為依據，一個根本和他不在一個血統的陌生人也有權承襲他的家產也一樣是有道理的。我們換一個場景來說，如果國家的法律只讓那些撫育自己後代的人有權對他們進行支配，能有人強行聲稱這種法律給予了那些沒有做這種事的人擁有絕

對的權力支配不是他兒子的那些人嗎？

103.所以，假如不是丈夫的人也可以擁有夫權，那麼，我相信，我們的作者所說的源於生育的父權可以傳承給一個兒子，對父權進行繼承的嗣子也可以擁有對他的兄弟們進行支配的父權，而且以同一原則為依據也擁有夫權，這些就會被論證了。可是，在沒有對這一點進行驗證之前，我覺得我們可以大膽地相信，亞當的父權，這種「父的身份」的統治權──假如確實存在這種權力的話──不能由他第二代的嗣子來繼承，他也不能繼承。「父的權力」（假如對於我們的作者來說，這個名詞有價值的話，我很願意對它予以承認）將一直存在，只要世界上依然存在父親，父權就不會消失。可是，所有父親中，擁有亞當的父權的人卻沒有，或者由亞當賜予的父權也沒有，各個父親只是以和亞當享有一樣的資格為依據而擁有各自的父權，也就是以「生育」為依據，而不是以承襲或繼承為依據，其情況就好像丈夫們的夫權不是來自於對亞當的繼承一樣。如此一來，我們就可以發現，就好像亞當根本不具有「財產權」和「父權」，無法對人類進行統治一樣，他那以兩種資格為基礎建立的任何一種統治權（假如他確實擁有這項權利的話）一樣也不能由他的嗣子繼承，而一定會隨著其死亡而宣告終結。所以，就像上面所驗證的，既然亞當不是君主，他那不真實的君位也無法傳承，因此如今世界上的權力和亞當的權力不相關。因為，亞當在「財產權」或「父權」方面所擁有的所有東西，以我們作者給出的緣由為依據，一定會因為其死亡而宣告結束，而不能由他的後代繼承。我們將在下一章中考察亞當是否曾經有過像我們的作者所說的那樣的嗣子，來對他的權力進行繼承。

第十章　試述亞當王權的繼承人

104. 作者這樣說，「無論是來自於哪裡的群體，或不同的民族，或多或少，團體中總有一個人，因為是亞當的嫡嗣，從一生下來就有統治其他所有人的權利，並且其他所有人必須聽從於他；一個人降生於這世上，要麼是統治者要麼是普通的臣民，這是大家無法改變的事實。」，作者又補充道，「如果亞當現在依然還健在，在他將要離世的時候，那麼毋庸置疑的是，這世界上必定有一個——也只能有一個——他的嫡嗣。」假如我們的作者願意，假設這個團體中的每個人都是世界上真實存在的「君主」，按照我們作者的學說，「在這群人中就有一個人天生擁有統治其他所有人的王權，僅僅因為他是亞當的嫡嗣。」這確實是一個高明的主意，在世界上設立數以千計的君主資格（如果世界上可以存在那麼多君主），並且獲得其臣民的服從，從而與現實中居於統治地位的君主對立。並且，這些人所擁有的君主資格與正居於統治地位的君主擁有相等的效應。如果如同我們作者所說的那樣，「嫡嗣」擁有的權利能夠讓他成為一群人的君主，並且這是來自於「上帝的意旨」，那不就是說，無論高低貴賤，都有人要臣服於他的腳下嗎？可是那些真正享有君主地位，卻不具備「亞當嫡嗣」資格的人，能夠因為君主地位而要求別人臣服於自己，而在同一法則下又去臣服他人嗎？所以說，只有兩種可能性，要麼亞當的嫡嗣這樣的資格並不能夠成為得到統治權的依據，如此的話，這一話題也就失去了討論的意義，因為是否具有嫡嗣的資格與是否擁有統治支配權全然沒有關係；要麼如同我們作者所說的，亞當的嫡嗣能夠成為其擁有統治權的充分條件，如此一來，最需要做的事情，就是找出那個真正的亞當的嫡嗣，為他加冕稱王，同時讓世間的所有君主，都將他們的王

冠和王笏還回來，這些東西以及他們的臣民一起，都不再是他們所擁有的了。

105. 原因就是亞當的嫡嗣擁有作為世間所有人（所有人聚在一起就形成了一個群體）之王的權利，同成為一個合法的君主二者之間沒有必然的聯繫，所以，即使不是亞當的嫡嗣，即使不具備這樣的資格，也一樣擁有合法的君主地位，君主、君權並不需要依靠它；要麼世界上所有的君主最多只有一位是合法的，其他的君主都不合法，所以也就不具備讓人臣服的權利。要麼亞當的嫡嗣有資格成為君主，以及讓人民服從的依據，這樣的情況下，只有一個人擁有君主地位，其他所有人都只能作為他的臣民，因此也就不能夠服從其他與自己擁有相同臣民身份的人；要麼這樣的資格並不是成為君主以及讓人民服從的依據，就算沒有這樣的資格，君主依然擁有合法的君主地位。這兩種情況必然有一種是正確的。亞當的嫡嗣擁有的自然統治權，對於獲得統治地位、支配臣民其實沒有直接的意義；假如君主們都不具備亞當的嫡嗣這樣的資格，也沒有擁有這樣資格的可能，但是卻依然享有統治臣民並且讓臣民保持服從的權利，如此，這樣的資格就沒有任何作用和意義，因為不具備這樣的資格一樣有權力要求我們服從。如果他沒有這樣的資格，我們就不需要對他服從，因為對於一個無權要求我們服從的人，我們不需要受其約束。如此說來，我們就變成不受約束的自由之身了，除非作者或者其他任何人，能夠為我們指出那個真正的亞當嫡嗣究竟是何人。如果這樣的嫡嗣世界上只有一個人，那麼世界上就只存在一個合法的君主，在這個真正的嫡嗣被找到並且經過有效證實之前，所有人都不會心甘情願地服從任何人，因為或許那個最不起眼的年輕人才是真正的亞當的嫡嗣，而其他所有人的地位都是完全平等的。

如果說亞當的嫡嗣不止一個人，那麼也就意味著每個人都是他的嫡嗣，每個人都擁有平等的王權；因為如果有兩個同時存在的嫡嗣，那麼由於世界上所有的人都是亞當的後代，是他的兒子，或者兒子的兒子，那便都擁有嫡嗣的資格，所以這兩種情況一定只能出現其中一種，嫡嗣的資格和權利不可能處在兩者之間的任何中間狀態。在這種情況下，要麼只有一位合法的君主，要麼所有人都是君主，但是無論是哪一種狀況，社會統治和服從的紐帶就會因此而崩潰。因為，如果所有人都是嫡嗣，那麼他們就不需要服從於其他人；如果嫡嗣只有一個人，在他還沒有被世人知道的時候，他的地位和身份也不能夠被真正確立，因此別人也不需要對他服從。

第十一章　繼承者是何人？

106. 在人類歷史中，城市被毀滅，人口被滅絕，和平被破壞，社會陷入動盪等各種災難時常發生，在導致這些災難的原因之中，最大的原因，不是因為世界上究竟有無權利存在，不是這樣的權利究竟存在於何處，而是誰應當享有這樣的權利。相比這個問題，任何一位君主的安全問題，國家的領土問題、和平問題以及國民福利問題似乎都不及它重要。根據我們的理解，那些政治學的學者對於這個問題應該給予最大的關注，並且有足夠清楚的論斷，因為這實在不是一個可以容忍爭議的問題，哪怕只是一點點爭議，也會讓其餘所有事情失去價值。極權主義總是在極力渲染權利散發的誘惑和光芒，然而卻不能夠清楚地說出這種權利應當屬於誰，這樣只會讓

人們的野心不斷膨脹（這樣的野心，本身就很容易陷入極端），更加醉心於爭權奪勢，從而帶來永不休止的鬥爭和戰亂，甚至埋下永久的隱患，永遠無法實現政府與社會本來應該達成的目的，實現和平和安寧。

107. 相對於普通人來說，我們的作者似乎更有責任來告訴我們這個問題的答案，因為作者說「國家權力的授予是神的規定」，這樣的話也給權力的轉移和繼承加上了一道神聖的光環。因此不存在任何一種權力，也沒有任何一種意志，將這種來自於神授予的權利從他人手中剝奪，不可能也不需要讓任何人來取代他。因為，如果「國家權力的授予是神的規定」，透過這種方式，亞當的繼承人就擁有了這樣的權利（前一章所敘述的）。在我們的作者看來，如果佔據了王位的不是亞當的繼承人，則其對於神聖的褻瀆程度，就像在猶太人中，「祭司」位置被一個不是亞倫後裔的人佔據了一樣。神有這樣的規定，「祭司的職權」只能夠由亞倫的後裔來擔任，所以對於亞倫後裔的繼承者，人們都一直恪守十分謹慎的原則來確定，只有這樣，誰能夠擔任「祭司」一職才能夠被人們確定地知道以避免產生爭議。

108. 接下來，我們看一看作者在這個問題上，究竟做出了怎樣的論證，來告訴我們究竟誰才是那個「根據神的意志成為人類君主的繼承人」的人。我們可以看到，針對這個問題作者第一次是這樣論述的：「所有王權的根源都是基於這種子孫的從屬，並且來自於上帝的意旨，因此國家的統治權不獨一般出自神的規定，這種權利將會被特別指定授予最年長的雙親。」我認為，對於這種重大問題，應當使用具有清楚明顯含義的詞彙來解釋，從而盡可能消除誤解避

免懷疑。要想對這個問題進行更加清晰的闡述，從親緣或血統的角度無疑能夠闡述得更加清晰。所以，原本我們還抱有希望作者可以在此處用十分清楚明瞭的話語，來讓我們明白誰才是那個「按照神的意志擁有國家權力」的人。最起碼按照作者的描述，對於「最年長的雙親」也應該給予更清楚的解釋。因為在我看來，如果上帝把土地和財富都賞賜給作者和他族中「最年長的雙親」，只怕他也需要有人對他明白無誤的闡述何謂最年長的雙親，並且這些土地和財富在他身後應當歸誰所有依然是個未知的問題。

109. 在嚴謹的語言中——我們所寫的這樣的論文，必然需要使用嚴謹的語言——「最年長的雙親」，要麼就是指那些已經成為父母的年齡最大的男女，要麼就是最早成為父母的男女，因此根據作者的說法，年齡最大的父母或最早擁有子女的父母就是那個「神規定的」具有「國家權力」的人。如果我這樣的推論有任何錯誤，主要責任也應當由作者來承擔；如果我這樣的推論和作者想說的話有所不同，那也只能是因為作者沒有把他想講的話說清楚。我確定，「雙親」這一詞語，絕不僅僅只是男性的嗣續，並且「最年長的雙親」也絕無可能是一個嬰兒——然而，如果這樣的統治者只能有一個，這個嬰兒反而是最有可能的繼承者。儘管作者一直說有「神的規定」，對於國家權力究竟應當交給誰這個問題，我們依然感到不知無措，似乎這種神的授予根本就不曾存在，又或者作者根本沒有說過任何與之有關的言論。他的這種描述，「最年長的雙親」讓我們在思考誰是神規定的應當享有國家權力的人的問題上，比起那些從來沒有聽說過亞當的嗣子或繼承（作者的論述中到處都是這樣的詞語）的人更加困惑。作者的論述總是在不停地教導我們要對那些擁有權力的人保持絕對的服從，而他說這種權利是透過世襲而來

的。然而，究竟誰才是合法的世襲者呢，這一點，在作者的論述中卻看不出任何的端倪，就好像是政治學說中「煉金術者的點金石」一樣，永遠觸碰不到。

110. 像羅伯特爵士這樣一位語言大師，如果他想要表達什麼，絕不會因為言語匱乏而言不及義，之所以在這裡說了如此模糊不清的話，我也只能理解成為在他看來用神的規定來確定權力的繼承規則是一件十分艱難的事情，或者說就算可以確定這種繼承規則，對於達到作者的目的來確定君主地位起到的作用十分有限。所以作者寧願使用這些模糊不清、頗顯籠統的詞語，讓人聽起來不會認為太過絕對而難以接受，也不願意將這種繼承規則明白無誤地講出，讓人們獲得這個問題的答案，知道誰才是王權的合法擁有者，誰才是我們應該服從之人。

111. 除此之外，我想不到還有什麼原因，讓羅伯特爵士這樣一位總在不停地強調「傳襲」「繼承人」「真正的繼承人」的人，卻不願告訴我們如何來確定這位「真正的繼承人」。對於這一問題作者從來沒有做出過明白無誤的表達，每當在這種時候他總是小心翼翼地一帶而過。當然他必須得這樣做，否則建立在這些基礎上的他所一直推崇的政府、服從就變成了空中樓閣，那個被作者強調的無限絕對的「父權」也就毫無意義了。所以，作者跟我們說，「上帝下達了三道法令，決定了權利的一般結構，並且將這種結構限定為唯一的類型就是君主制，君主地位必須交給亞當和他的後裔。不管是夏娃還是他們的後代對亞當的權力都不能有絲毫的限制，並且任何人也不能同亞當相連，所有權力都會先給予亞當，然後再由他傳襲給他的後裔。」這裡，作者對於亞當的權力傳襲給誰，又有了說

法，亞當的君權應當傳襲給「亞當的世系和後裔」，這個限制實在是太特別了，因為將限制範圍縮小到了整個人類。如果作者能夠在世人中找到一個不屬於亞當的「世系」和「後裔」之人，那麼也許這個人倒真的可以告訴作者，誰才是那個「真正的繼承人」。但是對我們來說，把亞當的權力繼承人的範圍縮小到他的世系和後裔，對於想要找到那個真正繼承人的人來說無疑是失望的，這樣的說法只能幫到那些想在獸類中尋找這個真正繼承人的人減少無謂的工作，對於在人類中尋找「真正繼承人」的人沒有絲毫的幫助。當然，如果說這樣的繼承人存在於亞當的世系和後裔之中，勉強也算是簡單告訴了我們答案，不過這就相當於告訴我們，每一個人都擁有這樣的權利。因為在世間之人，每一個都是亞當的世系或後裔，這完全符合上帝所規定的限制範圍。對了，作者還說：「繼承人不僅僅統治自己的子孫，也統治自己的兄弟。」這句話還有後面的一些話（很快就會涉及到）似乎透露出一種意思，繼承者應當是長兄，可是，我卻沒有發現作者在任何地方有明白的表述，然而根據他在後面列舉的該隱和雅各的例子，我們應當可以將這點認為是作者的看法，也就是說，如果有眾多兒子，長子就是嗣子。但是，我們討論過，長子繼承無法擁有父權資格，儘管我們可以承認父親擁有一定程度支配自己子女的權利，但是長兄擁有支配自己兄弟的權利，似乎還需要論證。在我看來，長子從來沒有被上帝或「自然」賜予某種天生優越感，而理性也無法在長子身上找到這種優越感。儘管摩西的法律規定，長子可以享有兩倍的財富和物品，但是沒有任何一個地方可以看出他擁有上帝賦予的優越地位或者支配權力。而作者拿來談論的例子，對於長子享有國家權力和支配權力最多也只有微弱的證明，甚至常常只能表達相反的意思。

政府論：上編

112. 前文引用的話下面還有這樣的敘述：「所以，我們可以看到上帝對該隱這樣說到他的兄弟亞伯：『他必仰慕於你，你必使他服從』。」對於這樣的話語，我是這樣理解的：首先，上帝對該隱說的這番話，很多的注釋家有著完全不同的解釋方法，都很有理有據，但是與作者的理解大不相同；其次，不管這這句話要怎樣理解，都無法將其理解成為上帝認為該隱因為長兄身份擁有對亞伯的支配權，因為這句話有一個前提，就是「倘若你做的好」，而且這句話只是對該隱說的，所以不管其做何理解，都應當透過該隱的行為來反映，而不是取決於他的天賦權利，所以，這句話無法被理解成為長子具有支配權。在上帝說了這句話之前，按照作者所說的，亞伯「具有個人支配權擁有他自己的土地」。如果按照「神的意旨」，給予了該隱繼承人的頭銜，那麼他就繼承了其父親的所有支配權，亞伯自然就不再擁有「個人支配權」，並且對於嗣子的地位不能有任何侵害；再次，如果上帝在這裡的確實確定了長子繼承制，從而將繼承權和支配權賜予長兄，則必然包含了他所有的兄弟，我們可以想像，此時人類已經經過亞當一定的繁衍，亞當的兒子很多已經長大，數量上肯定已經超過該隱和亞伯的兒子，可是《聖經》原文中對於亞伯也僅僅只是一帶而過，這樣的一些話語，很難真正用在亞伯的身上；最後，這樣重大且重要的論點，其作為基礎的卻是《聖經》上如此模糊的一點文字，實在很難讓人信服，這些話有太多的解釋方法，相比來說其他解釋倒要顯得更加準確了，如果作者一定說是這就是證明，那只能說這證據和作者的觀點一樣拙劣了，尤其是這樣的觀點無論是在《聖經》還是在其他典籍中都找不到更多的支持和依據了。

113. 我們的作者又說：所以，雅各買了其兄長的名分之後，以

撒給予了這樣的祝福：「願你成為你所有兄弟的主，你的所有兄弟都要向你臣服」，這可能又是作者拿來證明長子可以繼承支配權的例證吧，並且似乎有很強的支撐。因為，一個總是在維護君主的自然權利，而對契約說不屑一顧的人，作為證據拿出來的一個例子，按照作者自己所說，其中的一項權利，卻完全是基於契約精神將帝位給予幼弟，除非作者認為交易不算契約，否則他的推理就讓人匪夷所思了。作者明明白白跟我們說：「雅各買了其兄長以掃的長子名分」。我們姑且不去糾纏這個問題，先來分析事件本身，瞭解事情真相，我們就能找到他所犯的錯誤：

第一，作者在說到這件事時，給我們造成一種錯覺，好像雅各買了以掃的「長子身份」之後，以撒立刻就給予了他祝福，作者的用語是「當雅各買了……」，「以撒祝福」，然而聖經上的敘述卻與此不同，兩件事並不是同時發生的，而且從原文的描述來看，兩件事之間的時間間隔並不短。以撒居住在基拉爾時期，他與亞比米勒王之交涉（《創世紀》第二十六章都是這個時期的事情，那是利百加以撒之妻）還很美麗，很年輕。然而在以撒向雅各賜福之時，以撒已經衰老。而且在以掃曾經發出的對於雅各（《創世紀》第二十七章第三十六節）的抱怨中，他說雅各「兩次」欺騙了他：「他從前奪取了我長子名分」「現在又奪取了我的福分」，這些話都可以表明，這是兩件發生在不同時期的事情。

第二，作者所犯的另一個錯誤，就是他認為以撒賜福雅各，並且讓他做「兄弟之主」，就是因為雅各擁有「長子名分」，從而被我們的作者認為這就是證據，那些擁有「長子名分」的人就有權力作為「兄弟之主」。然而，《聖經》原文也十分清楚地顯示出，以掃賜福雅各，並不是因為雅各從以掃那裡買到了長子名分，因為在以撒賜福雅各的時候，他只是當他是以掃，而不是雅各。甚至以掃

自己也並不認為「長子名分」與「福分」之間有必然的聯繫，因為他在抱怨中說：「他兩次欺騙了我，從前奪取了我的長子名分，現在又奪取了我的福分」，如果說「長子名分」就意味著可以做「兄弟之主」的「福分」，那麼以掃的抱怨就很沒有道理了，因為奪取了福分並不是第二次欺騙，只是以掃在出賣自己「長子名分」的時候一起賣給了雅各而已。所以，很顯然，「長子名分」並不意味著「支配權」——如果說上面所說的是支配權的話。

114. 事實上，在那些先祖們生活的時期，支配權並不是指繼承的統治權，僅僅是獲得更多財產而已，這從《創世紀》二十一章第十節也可以很清楚地看出來，撒拉（亞伯拉罕的妻子）將以撒看作是嗣子，所以她要求亞伯拉罕：「你將使女和她的兒子都趕出去吧，使女的兒子怎麼可以和我的兒子撒拉一起承受您的產業呢？」這句話的意思再明顯不過了，就是使女的兒子不能夠在父親死後與嗣子一起獲得承受產業的權利，只能夠現在拿到一部分然後去到別處。所以，接下來有這樣的記載（《創世紀》第二十五章第五節到第六節）：「亞伯拉罕將所有的產業都留給了以撒，僅僅只是將一小部分給了其他庶子，並且在自己還在世之時，就讓他們離開了以撒。」這也很明顯地顯示了，亞伯拉罕將一小部分財產給予了庶子，而將絕大多數留給了他的繼承人以撒。然而，必須清楚的一點是，以撒並沒有因為是亞伯拉罕的繼承人而享有「兄弟之主」的權利，因為如果是這樣的話，以撒就不需要趕走他們，趕走他們只是失去了自己的臣民和奴隸。

115. 所以說，我們可以看出，就像普通法律規定的一樣，「長子名分」所具有的最大特權，僅僅是獲得較多財產而已，我們透過

探索摩西以前的時代——那也是作者常常認為是他的政治模式來源的時代——就會發現，從來就沒有人認為或者想到長子名分能夠給一個人帶來統治權或者地位，能夠讓一個人獲得支配兄弟的父權或王權；如果以撒和以實瑪利的故事還不能夠很好地證明這一點，我們可以再來看看歷代志中第五章前兩節，有這樣的記載：「以色列的長子本來是流便，但是他弄髒了父親的床，所以他父親就將長子名分給了約瑟，但是在整個家族之中，約瑟卻並不算長子，猶大的地位超過其他兄弟，以後的君王也都出自猶大一支，但是約瑟卻擁有長子名分。」那麼這樣的長子名分究竟是什麼呢？雅各在為約瑟祝福時（《創世紀》第四十八章第二十二節），說了這樣的話：「我用刀弓從亞摩利亞人那裡奪取來的土地，現在賜予你，讓你擁有的比其他兄弟多。」所以我們也可以看出，長子名分只是意味著雙倍財產，並且歷代志的記載也與作者的看法完全相反，長子名分並不意味著擁有支配權，上面的故事就告訴我們約瑟擁有長子名分，而猶大才擁有支配權。作者一定要用雅各和以掃的例子來證明他所說的長子名分就是支配兄弟的權利，我只能理解成他對「長子名分」這個詞語本身極度欣賞了。

116. 首先，如果說這個例子能夠證明上帝將支配權賦予長子，我只能說他實在過於拙劣，因為得到這種權利的卻是幼子雅各——無論他是如何得到的，如果一定說這個例子可以證明什麼的話，大概也只能證明和其相反的觀點，也就是「支配權賦予長子，並不來自於神的授予」，因為如果真的是神授予長子支配權，那麼此支配權將不可變更。假如，依照上帝的意旨或自然的律法，長子擁有絕對權力和地位，那麼他就是最高君主，他其他的所有兄弟都只是他的臣民或奴隸。那麼作者舉出的例子只會給我們帶來疑問，擁有支

配權的長子是否有權將這種權力讓渡給他人，從而使自己的後裔蒙受損失。作者曾經跟我們說過：「上帝或自然授予的物品或賞賜，人類都不能透過任何低級權力來加以限制，或者制定與其不相符合的法律。」

117. 第二，作者所談論的這個故事（《創世紀》第 27 章第 29節）根本就不能說明，一個兄弟擁有對其他兄弟的支配權，或者說雅各支配以掃；我們都知道在歷史上，以掃從來就沒有對雅各表示過服從，他只是在西珥山建立了自己的部族和政府，作為他們的君主，如同雅各做了自己部族的君主一樣。我們仔細分析這句話中「你的眾兄弟」和「你母親的眾兒子」，就不可能認為這裡指的就是以掃，或者認為雅各對以掃有支配權；因為以撒明明就知道雅各只有一個兄弟，所以這裡所說的「眾兄弟」和「眾兒子」自然不是表面的那個意思。那樣的理解既不準確，也不能用來證明以掃就必須服從雅各，然而在《聖經》中，我們看到了完全相反的事實；雅各曾經多次（《創世紀》第三十二者）將以掃稱之為「主」，將自己視為是以掃的僕人（《創世紀》第三十三章）；並且「他一連七次匍匐在地致敬以撒」（《創世紀》第三十三章）。既然如此，是否如作者說說，雅各因為自己的長子身份從而獲得了統治的君主權力，並且讓以掃成為雅各的臣民（按照作者的說法，臣民就是奴隸），讀者可以自行來判斷，並且，讀者也可以自行分辨，以撒所說的：「願你成為眾兄弟之主，你母親的眾兒子都必須服從於你」是否能夠證實雅各因為具有長子身份就獲得了統治以掃的權力。

118. 所有對雅各和以掃的故事有一定瞭解的人，就會知道，他們的父親死後，兩人沒有誰擁有對彼此的支配權，他們之間僅存

在兄弟之間的友愛和平，並沒有誰做「主」或為「奴」，彼此之間是相互獨立的，遵從自己制定的法律，分別居住在不同地方，在他們自己的家族裡都是君主，他們是屬於兩個政府管轄下的不同民族的起源。被作者用來證明長兄具有支配權的以撒賜福之詞，僅僅只是利伯加聽上帝說的話：「你的腹中有兩個國家，你的身上將會出現兩個民族，一族必會強於另一族，未來大的要服從小的」（《創世紀》第 25 章第 23 節）。而透過雅各給予猶大王笏和支配權並賜福猶大，作者或許也可以由此推理出第三子擁有對其他兄弟的支配權，就像從以撒賜福中推論出雅各作為長子擁有支配權一樣。事實上，上述的兩次祝福都只是對未來在他們後裔身上發生的事情做出的預言，而絕不是宣告某一個兒子擁有繼承下來的支配權。由此，我們找到了作者用來證明「繼承的嗣子作為眾兄弟之主」的兩項依據——第一，上帝跟該隱說（《創世紀》第四章）不管「罪」如何引誘該隱，他都應當並且有能力制服它，學問最為博大的注釋家也認為這裡上帝說的是「罪」，而絕不是亞伯，他們的論據十分充分，以至於從中看不出任何有利於作者目的的東西。第二，在上面源引《創世紀》第二十七章的文字中，以撒預言在未來以掃的後裔以東人將會被雅各的後人以色列人所支配，作者由此得出：「繼承的嗣子作為眾兄弟之主」，這樣的結論是否是合理的，或許任何一個人都可以做出明確的判斷。

119. 現在我們逐漸明確了，作者是如何來闡述他心中亞當的君權或者父權的繼承準則，也就是由亞當的嗣子來繼承，並且享有他父親的所有權力，他的父親離世之後，由他來取代父親作為人主，「不僅僅支配自己的後裔，而且支配自己的兄弟」，所有的一切都來自於父親的傳襲，並且一直這樣傳承下去。然而，作者從來沒有

跟我們明確地說過，這個有繼承權的子嗣究竟是誰，這樣的一個重要的基本性問題，我們從作者那裡得到的最大啟示，就是在他舉出的雅各的例子中雅各從以掃那裡獲得了長子名分，所以我們由此推測作者所謂的嗣子就是長子。但是，不管在什麼地方作者都沒有明確地提出長子所擁有的權利究竟是什麼。大多數時候，都是躲在「繼承人」的後面時隱時現。姑且認為他所謂的長子就是繼承人（因為如果長子沒有繼承權利，那就無法解釋為什麼其他兒子沒有繼承權），由此認定長子可以繼承權利從而來支配其他兄弟，這也僅僅只解決了一小部分問題，除非作者還能告訴我們，如果當前的統治者根本就沒有子嗣，誰又是合法的繼承者呢？這個問題的解決比起前面所說的將會更加困難。然而，作者卻輕而易舉地略過了這個問題。當然，這也是作者聰明的做法，因為在斷言「神已經做出了規定，確定了政府權力和形式，並且決定了誰擁有這種權利」之後，就不要再糾纏人的問題了，這無疑是狡猾的。要解決這個問題，必然使得作者承認，其實上帝和自然根本就沒有對這個問題做出任何指示。如果我們的作者花費了巨大精力建立起來的那個自然的君主一旦死去，又沒有兒子在世，作者如果不能明確地指出誰才是根據上帝的意旨或自然的法則，是最有資格繼承支配權的人，那麼其他所有問題其實都已經不需要討論了，因為要想讓臣民的思想安定，要想讓他們保持忠誠和絕對的服從，首先他們就必須要知道，誰才是擁有那個原始資格——高於人類意志和行為的權利——，擁有「父權」的人，而不是僅僅只是告訴他們有這樣的權利存在。除非我明確地知道在眾多覬覦這種權利的人當中，誰才是真正擁有這種資格的人，否則我只知道有這樣的一種權力存在，就讓我心甘情願對其臣服，恐怕是毫無意義的。

120. 因為，現在我們談論的話題涉及了我自身的義務，涉及了我對於有權讓我服從的人的內心責任，因此我必須知道這種權利在誰的身上，也就是誰有權讓我服從。就算如同我們作者所說：「不獨國家權力來自於神的指定，並且專門指出這種權力應當歸於最老的雙親。」就算如作者所說「神已經做出了規定，確定了政府權力和形式，並且決定了誰擁有這種權利。」就算這些話都是正確的，那也需要作者告訴我們，在這所有的條件下，誰才是神指定之人，誰才是那個「最老的雙親」，否則，這些關於君權的說法就只是抽象的理論，而無法用在實際生活中讓我們心甘情願地服從這種權利。畢竟「父權」本身無法下達命令，也無法讓人服從，只是一個能夠讓一個人擁有的東西；如果只是說因為這種承襲權別人不能佔有就要求我對之服從，或者說在這樣的父權還沒有被賦予任何人的時候，讓我對「父權」保持服從，這無疑是荒謬可笑的。因為，一個人如果不能夠證明他具有讓我服從的神權，或者不能證明這個世界上存在這樣一個擁有讓我服從的神權的人，理所當然就不會享有讓我服從的權利。

121. 作者並不能夠從亞當子嗣這個角度來決定君主能夠獲得合法統治權，所以這樣的理論也就失去了意義，甚至可以完全不用理會，他還總是喜歡讓現實佔有來解決問題，即使是篡位者，他也要求臣民對其如同像一個合法統治者一樣服從，從而讓篡位者也具有同樣的資格。他這樣說：「如果繼承人的位置被一個篡位者奪取，人民也必須保持對於「父權」的服從，直到上帝給出新的意旨」。對於篡位者的地位問題，我們在以後合適的地方會再進行深入的討論，這裡我只是想讓讀者用理性的大腦去想一想，這樣的一種政治學說，君主們該如何感激。在這樣的理論下，「父權」的統治之權

也會被掌握在開德或者克林威爾這樣的人手中，因為我們對於「父權」要保持絕對服從，所以，即使是這些僭越者，臣民也應當因為他們掌握了父權而保持服從，其充足的理由和服從合法君主完全一樣；這樣的一種危險的理論，就來自於把所有的權利全部都歸結為來自亞當的傳襲和父權的合法，卻沒有明確地指出這樣的權利應當由誰來合法地繼承。

122. 因此，在我看來，要在世間建立穩定的政府，讓人民發自內心地遵從自己的義務，就一定（估計按照作者的理論，所有的權利都是對亞當「父權」的佔有）要明確地知道，父親死後長子繼承，如果統治者死去又沒有兒子，誰最具資格獲得這種「權利」，得到這種「父權」。而且，最為重要的，事實上也是作者在盡力主張（有時候他好像忘記了）的，是誰有資格擁有讓人服從的權利，而不是在還不清楚誰具有這種權利的時候，討論「父權」究竟是否存在。因為，只要我們知道這是一種統治權，無論這種統治權是「父權」「王權」「自然權」「支配權」「最高父權」還是其他任何名詞，都不是重要的事情。

123. 那麼，我還會存在以下的一些疑問，對於「父權」或者說「最高父權」的承襲，自己的外孫和自己的侄子相比，是不是更有資格？長子生下的孫子，儘管還是嬰兒是不是也比長大成人的少子更有資格呢？女兒是不是比叔父或者自己的兄弟更有資格呢？長女所生的孫子是不是比幼女所生的孫子更有資格呢？庶出的成年兒子是不是比嫡出的幼子更有資格呢？這樣的關於繼承的資格問題，要問下去還有很多很多。再比如，妻和妾在性質上究竟有多大的不同？因為世上的民法和任何成文法在這裡都不能說明任何問題。我

們還可以繼續追問：長子是個傻子，難道他也比一個聰明的少子更有資格繼承「父權」嗎？長子要傻到什麼程度才可以名正言順地剝奪他的繼承權呢？這問題誰才是最合理公正的判斷者呢？這個傻長子所生的兒子，比起在位的舅子的兒子，究竟誰更有資格呢？如果君主死後，王后還有身孕，但是又無法知道未來生出來的是男是女，這種情況下誰又更有資格繼承這種權力呢？如果母親剖腹生產，同時生出兩個兒子，那誰又應當被稱為合法繼承者呢？同父同母的兄弟所生的兒子，與異父或異母生的姐姐，誰更有繼承資格呢？

124. 這些可以被提出來的關於繼承資格和承襲權力的問題，絕對不是空想，是人類歷史上常常都會遇到的問題，如果想要找到這樣的例子，甚至都不需要去太多地方，只在英倫三島就能夠找到各種各樣這樣的例子。在《父系的君王》一書中，智慧而淵博的作者就列出了許許多多這樣的例子，在此我就不一一贅述了。除非我們的作者能夠將這些難題都一一解決，告訴我們在自然法則或者神的指示下如何決定，否則他一直在闡述的「君主的」「絕對的」「最高的」「亞當父權」以及他所說的這樣的權利的傳襲的所有的理論（在我看來，作者的這些假定絲毫不能支持他的理論，反而適得其反），對於權利的建立和確定君主的資格都沒有任何的作用，甚至只會陷入更大的糾紛之中。因為，雖然我們的作者竭盡全力地告訴我們，也盡力說服我們，亞當擁有「最高父權」，因此也就擁有了「君權」，並且將這樣的權利（世界上唯一的權力）「傳給他的後代子嗣」，除此之外，世界上不存在其他的權力。然而如果不能夠明確這樣的權利究竟傳給了誰，現在誰擁有這樣的權利，那麼任何人都沒有服從的義務。除非有人說「我對一個和我一樣沒有『父權』

的人也有服從的義務。」可是這不就是說，因為他有統治權所以我服從嗎？如果有人問我，為什麼他有統治權呢？我的回答是，「他是不是有統治權，我也不知道。」可是，「不是讓我服從的理由」就不能夠成為要求我服從的理由，同樣，「沒有人知道的一個理由」當然也不能夠成為要求我服從的理由。

125. 所以，不管我們的作者如何誇大亞當的「父權」的權威，不管作者如何描述這種權利的必要性，如果他不能夠明確地指出我們應當服從的是誰，或者說誰擁有這種「父權，或者誰能夠決定人民應當對他盡什麼義務，他的學說都沒有任何作用。同樣，這個亞當的無限的絕對的「父權」，這個被一直傳承給他的子嗣的「君主權」，對於人類的統治也毫無作用，就好像我們的作者曾經告訴讀者，亞當擁有赦罪和治病的「權力」，並且這種權力也依照神的指示傳承給他的子嗣，可是卻沒有人知道他的子嗣究竟是誰，這對於讓人棄惡揚善以及保障健康都沒有任何好處。如果真的有人對作者這些話報抱以信任，找到一個自稱僧侶或醫生的人，去懺悔罪惡尋求解脫或討要藥品治療疾病，並且認為是在服從於亞當的赦罪權或服從於亞當的治療權，這樣的做法，與那些只知道亞當的「父權」會傳給他的子嗣，並不知道這所謂的「父權」真正的繼承者是誰，便說自己服從於這種「父權」一樣荒謬。

126. 當然，世間的法律學者們認為他們能夠有效地解決王位繼承的一些問題。但是按照我們作者的學說，他們這麼做明顯地幹預了本不屬於他們職責範圍的事情，因為，所有的權利傳承都是按照「上帝的意旨」和「神的規定」，從亞當那裡一代一代地傳給了他的子嗣，這種權利是優先於政府和法律存在的，所以人們怎麼能

夠用成文法律來約束作為政府和法律的基礎的東西呢？這種法則只能夠從上帝或自然法則中得到。如果作者對於這個疑問不作回應的話，我只能認為用這種方式來傳承的權利並不存在了，甚至我也相信，這種權利即使存在，也沒有任何作用；因為就算這種權利存在，對於人類統治只會帶來更大的困惑。因為，這些總是帶來無窮糾纏和困惑的問題，用成文法或者契約的方式，是可以給予解決的，但是這種方式是「神的規定」（如果存在的話）所絕對排斥的。一種神授的權利，而且對於保持世界的和平秩序有著巨大的意義，怎麼可能在完全沒有明確的自然法則或神的指示下傳承後代呢，這是讓人永遠都困惑的事情。如果說國家權力，是在「神的規定」下傳承給嗣子，但是「神的規定」又沒有明確地指出誰才是那個嗣子，那麼世間的統治權就無法繼續了。如果這樣的「父權」按照「神的規定」只能夠被亞當的嗣子擁有，那就不需要任何人來思考究竟這種權利應當由誰掌握，因為如果一個人有掌握這樣的權利的資格，除了他自己以外，其他任何人都不能夠對此有任何要求，並且世人的良心也不會讓人出於任何理由對他人保持服從，如此一來，這個理論就會從本質上推翻政府的存在。

127. 由此我們看出，作者認為統治權來自於「上帝的意旨」和「神的規定」，並以此為理論基礎告訴我們，這個人就是繼承人。然而，這個人究竟是誰？他卻沒有明確指出，而讓我們猜測；也就是說，這個「神的規定」把這種權利給予了一個我們不知道是誰的人，那就等於說他並沒有指定任何人。但是，我相信，無論作者如何闡述，「神的規定」絕不會如此荒誕不經，我們不敢想像上帝會這麼荒謬，給予一個人某項權利，但是卻不告訴世人如何來分辨這個人，或者說指定一個繼承人來繼承權利，卻不告訴這個繼承人是

誰。這樣一來，與其說上帝將這項權利給予了繼承人，但是如同這樣又沒有明確指出繼承人誰，倒不如說是「神的規定」繼承人不享有這個權利更加恰當。

128. 如果上帝將迦南的土地賜予亞伯拉罕，並且模糊的語言表示在他死後賜予某人，卻沒有明確地說出這個某人究竟是誰，這樣的指定對於決定迦南的土地所有權沒有任何作用，就好像神將王位給予亞當和他的後裔中的繼承人，但是並沒有告知繼承人是誰一樣，僅僅依靠「繼承人」這個名詞而沒有具體準則讓人來判斷，那就等於誰也不知道這個繼承人是誰。上帝做出「神的規定」，要求世人不可「近親」結婚，他就認為僅僅憑藉「你們不許接近自己的近親，以致發現對方的裸體」這樣的話還遠遠不夠，所以還另外指定了相關的準則讓人明白哪些人是「神規定的」的不允許結婚的「近親」，要不然那法律就會失去意義，因為用模糊不清的話語給人某種限制或特權，甚至賦予特權或限制的人也沒有清晰的鑒別原則，這就沒有任何意義，然而，無論在什麼地方上帝都沒有說過，父親擁有的產業和支配權應當由下一代繼承者如何承襲。因此無論在什麼地方，上帝都沒有指定這個繼承者是誰，那就再正常不過了。因為他本無此打算，從來沒有想過就此指定繼承人，所以我們也就不能期待可以在什麼地方看到他對繼承人做出指定，不然的話，我們倒可以有所期望。因此《聖經》中雖然有「繼承人」這樣的詞語出現，但它的含義卻並不如同我們作者所說的那樣，繼承者可以擁有排除所有兄弟，獨自承襲父親所有的一切。因此撒拉認為，如果使女的兒子以實瑪利被留下來，等到亞伯拉罕死後，就能夠與以撒同樣擁有繼承人的資格，共同承襲亞伯拉罕的產業。所以，撒拉才對亞伯拉罕說：「你將使女和她的兒子都趕出去吧，使

女的兒子怎麼可以和我的兒子撒拉一起承受您的產業呢？」但是，我們也不能因此就放棄對作者的追問，因為他既然說，在任何一群人中，都一定存在一個「真正的亞當繼承者」，那麼他就應該明確的告訴我們，這樣的承襲原則是什麼。然而，他卻惜字如金，不願告訴我們如何鑒別這個繼承者，我們就只能在下一節中再來深入探討，他引用的那些《聖經》歷史——他總是宣稱他的政府論完全是以《聖經》為基礎確立的——對於這個至關重要的根本點，是如何闡述的。

129. 作者總是試圖讓他的理論更有說服力，於是對於亞當的王權以及傳承他是這樣描述的：「基於上帝的意旨，亞當獲得的對全世界的統治支配權，先祖們因為獲得亞當的傳承而擁有的統治權，是無限廣大的，像……，」先祖真的因為傳襲可以得到這種絕對的權利嗎？作者是這樣來證明的：他說，因為「族長猶大有權主宰他人的生命，因為她的兒媳他瑪裝作妓女，所以猶大給她判處了死刑。」因為「判處其死刑」就能證明猶大享有絕對的統治權嗎？實際上，宣告死刑並不足以作為擁有統治權的標誌，這樣的行為反倒常常是由下級官吏做出的。制定法律決定別人的生死或許可以證明統治權，然而依照法律宣判刑罰，卻是很多人都可以執行的，所以說，這並不能作為證明他擁有絕對統治權的充分依據——就好像如果有人說「法官遮佛裡最近宣告了某人死刑，所以遮佛裡擁有統治權」，這一樣是荒謬的。當然我們的作者會辯解說：「猶大能夠這樣做，不是基於他人委託，而是透過自己的權利來實現的。」可是他究竟是否有這樣的權利呢？無法證明。人在激憤之時也很有可能去做本無權去做的事。何以見得「猶大擁有對他人生命進行主宰的大權呢？」僅僅因為他做出了這樣的行為，因為他「判處了他瑪

的死刑」？如果我們的作者認為因為猶大做了此事，他就擁有這樣的權利，那這就是證明。可是猶大還曾經跟他瑪一起住，按照作者的推論方式，他也有這樣的權利。做過一件事便能夠證明他有這樣的權利，如果這種推論方法就是正確的，那麼押白龍沙也成為了我們作者認為的一位統治者了，因為他在同樣的狀況下宣告了他的兄弟阿嫩的死刑，並且還執行了死刑。如果這就能夠證明押白龍沙擁有生殺予奪這樣的支配權，那麼押白龍沙也就順理成章成了統治者了。

然而，即便上述事實可以證明是一種統治權，那麼這個「亞當一代一代傳承下來的，如同君主的絕對支配權一樣的統治權」是誰擁有的呢？「是猶大」作者說──猶大只是雅各的小兒子，並且他的父親與長兄都還健在。如果我們認可作者的證明方式的話，在父親和長兄健在的情況下，一個幼子基於「傳襲的權利」，就能夠獲得亞當的王權；如果僅僅這樣的條件一個人就可以成為君主，那我實在想像不出還有誰不能成為君主；如果在父親和長兄在世時猶大就可以成為亞當繼承人之一，我想不到還有誰不能做繼承人，任何一個人都可以如同猶大一樣成為君主。

130. 說到戰爭，我們會想到亞伯拉罕率領自己的三百一十八名自家的士兵，以掃帶領四百人的軍隊去會見他的兄弟雅各。基於對和平的渴望，亞伯拉罕與亞比米勒媾和結盟。一個人自己家中擁有三百一十八名士兵，難道這樣還不能作為亞當的嗣子的證明嗎？可是在西印度，或許一個種植園主所擁有的人更多，他願意的話（毫無疑問），可以隨時將這些人集合起來去攻打印第安人，被他們傷害時，他可以任意索要賠償，然而他卻是在沒有「亞當傳承下來的絕對支配權」的情況下這樣做的。這難道不是一個奇妙的證據嗎，

可以證明所有的權利都是在上帝指示下，從亞當那裡傳承下來的，這個種植園主對於那些在他家出生的以及用錢買來的奴隸擁有支配權。他們之所以擁有這樣的權利也是來自於神的命令？亞伯拉罕與之有相似的狀況，在先祖時期的富人們，也和現在西印度的富人們一樣，他們不斷買入男僕和女奴，然後透過不斷生育和購買增加奴隸的數量，逐漸壯大自己的家庭。儘管他們擁有對這些奴隸的支配權，但是他們擁有的這樣的支配權是他們花錢購買來的，我們難道可以說這樣的支配權是從亞當那裡繼承來的嗎？再舉一個例子，一個人騎著一匹從市場上購買來的馬參加戰爭，這也可以很好地證明馬的主人「因為繼承了亞當傳承下來的權利，擁有上帝賦予亞當並且指示傳給亞當子嗣的世界的支配權」，其推論依據與從亞伯拉罕率領家奴出征證明瞭亞伯拉罕享有從亞當那裡傳承下來的統治權完全相同。而事實上，在這兩個例子中，主人之所以能夠支配奴隸或者支配馬，完全是因為這種權利是購買而來的。由此，透過交易或者財富獲得對事物的支配權又成為了一種可以證明一個人能夠從繼承者獲得權力的新的方式。

131.「然而宣戰和媾和能夠表現統治權。」的確，在政治社會中，宣戰和媾和確實代表了統治權。打比方說，在西印度群島，如果一個人帶領著他的朋友、他朋友的兒子、雇傭來的士兵以及購買來的奴隸，或者這樣有著各種身份的一群人，他能不能也進行宣戰或者媾和的行動，或者「用宣示的方法來和其他群體達成條約」，而他的身份又並不是這一群人的君主或者擁有王權呢？如果有人對此表示否認，那就意味著只有統治者或者君主才有權做出這樣的行為，那他就不得不承認很多船主或者私人種植園主是絕對的君主。因為君主能做的事情，他們都可以去做。當然，在政治社會中，確

實只有擁有最高權利者才能宣戰和媾和，戰爭與和平對於這種政治社會有著巨大的影響，因此，最高權利擁有者才能夠就宣戰和媾和做出決定，其他任何人都不具有這樣的權利。然而，在那些臨時自由結合的社會群體中，只要群體中的成員認可某人擁有這種宣戰和媾和的權力，那麼他就擁有這樣的權力，甚至個人也可以基於自己與其他人或者團體宣戰或媾和；戰爭狀態與參加戰爭的人數沒有關係，更大程度上取決於沒有共同的上級可以裁判的狀況下，雙方的敵意有多深。

132. 事實上，如果說宣戰和媾和的行為能夠證明某種權利，也只能證明擁有讓那些為自己戰鬥的人進行或停止戰鬥的權利，其他任何權力都證明不了。在很多情況下，每個人都有這樣的權利，根本不是只有政治上的最高權利者才能如此。所以，做出宣戰和媾和行為，並不能夠說明此人就擁有統治權，更不能說明此人就是君主。否則的話，共和國政府也能夠被認為是君主了，因為他們也如同君主制政府一樣享有宣戰和媾和的權力。

133. 可是，哪怕亞伯拉罕被證明瞭具有「統治權」，那能夠也就此證明亞當支配全世界的權力傳給了亞伯拉罕嗎？如果作者認為這樣的證明也成立的話，那這樣的推理也同樣可以有力地支援亞當的權利傳給別人的說法。而且，那些共和國政府也因此成為了亞當的繼承者，因為他們也和亞伯拉罕一樣，可以宣戰和媾和。如果認為儘管共和國政府可以宣戰和媾和，但是卻不認可他們是亞當的繼承者，那同樣我也可以不認可亞伯拉罕是亞當的繼承者。這樣一來，作者的論證就無法立足了。如果你對你的推理過程十分有信心，認為凡是宣戰和媾和之人（共和國政府無疑可以宣戰和媾和）

就必然是亞當的繼承者，這樣的話你一直主張的君主政體就遇到了強有力的影響；或者你堅持說，那些共和國政府也是因為繼承了亞當的統治權而成為君主國，這樣或許你可以說得過去，而且你展示了一種快速有效地使得世界上所有的政府都變成君主制政府的方式。

134. 為了更好地告訴讀者是作者做出了這種絕妙的發明——不能因為我對作者論點根源的探索發現了這一點而將這功勞加在我的頭上——我必須告訴讀者（儘管頗顯荒謬），這是作者自己說的，他曾經說過這樣的話：「世界上所有的君主國和共和國，不管其統治者是人民的最高父親，或是這樣的父親的繼承人，還是透過篡位或選舉獲得權力之人，無論是幾個人還是很多人統治的共和國，這些人物中的任何人所擁有的權力，全部都是來自於唯一的最高父親的身份的權利」，作者總是在不停地強調「父親身份的權利」就是「君主權力」，尤其是在列舉亞伯拉汗的例子的前一頁。他說，那些共和國的統治者也同樣擁有這種王權。如果我們認為那些統治共和國的人也具有君主的權力的話，那也就可以說共和國是由君主統治的了。因為如果統治者擁有的權利是王權，則統治者必然是王，那麼所有的共和國也就變成了如假包換的王國了。如果是這樣的話，倒可以讓我們省掉不少麻煩了。我們想讓世間的政府按我們想像的樣子出現，除了君主制政府以外，世界上再不存在其他形式的政府，這當然是作者創造性的發明，把世界上所有除君主制以外的政府全部排除在外。

135. 但是說了這麼多，還是無法證明亞伯拉罕繼承了亞當的身份成為君主。如果他真的因為是亞當繼承人的身份而做了君主，那

麼羅得（亞伯拉罕的侄子）作為他同一家族之人，必然是他的臣民，甚至因為他的家人身份比他自己的奴隸更有義務作為亞伯拉罕的臣民。然而讓我們來看看他們生活的狀態吧，他們像朋友一樣在一起和平共處地生活，就算是雙方的牧人發生爭執時，亞伯拉罕也沒有顯示自己的更高的身份和權威，而僅僅是雙方協商解決（《創世紀》第十三章），所以儘管羅得是亞伯拉罕的侄子，但不管是亞伯拉罕還是《聖經》原文中，都將羅得看作是亞伯拉罕的兄弟，這無疑是一種平等的富有友誼的稱呼。作者依然堅稱亞伯拉罕是亞當的繼承者，並且是一位君王，他對這一點的確認程度似乎超過亞伯拉罕自己，在這件事情上他所知道的似乎比那位奉亞伯拉罕之命去為以撒娶親的僕人還要多。那位僕人（《創世紀》第二十四章第三十五節）對那位迎娶的少女和她朋友說：「我的主人是亞伯拉罕，耶和華給予我的主人極大的賜福，讓他無比昌大，賜予無數的牛羊、金銀、奴僕、駱駝和驢，我的主人和和他的妻子撒拉老來得子，未來我主人所有的一切都將被留給這個兒子。」我們可以想像，一個僕人在不厭其詳地誇耀他主人的昌大，可是卻完全沒有說出以撒未來可以做王。我們可以想像，在這樣重要的時刻，他竟然沒有說出亞伯拉罕是一個王——這個稱號在當時也並不罕見，亞伯拉罕的周圍就存在著九個王——難道這樣的話不能提高這件使命的成功率嗎？

136. 可是，直到兩三千年時間過去了，我們的作者才發現了這一事實，好吧，那就讓他獨享功勞吧。然而，作者還需要留意的是，他說過亞當將他的全部統治權以及部分土地傳襲給他的「嗣子」，因為，儘管亞伯拉罕——我們姑且認為作者說的是正確的——和其先祖一樣「享有全部統治權，和古往今來所有君主一樣享有絕對支配權」，可是亞伯拉罕的產業、領土卻是那麼狹小，甚至在他向赫

人的子孫購買田地和洞穴來埋葬撒拉之前，幾乎沒有寸土之地。

137. 作者除了以亞伯拉罕為例，還用以掃的例子來證明「先祖們享有亞當傳下的支配世界的統治權」。這個例子比亞伯拉罕的例子更加荒唐，因為「以掃率領四百人的軍隊去會見他的兄弟雅各」，所以他擁有亞當的繼承者的資格，並因此擁有王權。這樣說來，只要擁有三四百人的軍隊，甚至都不需要考慮這些軍隊是如何集合，就能夠證明他們的率領者是亞當的繼承者，並且擁有王權。或許愛爾蘭（都不需要在其他國家去尋找）的那些保守黨員們，對於作者這樣令人敬佩的推論會發出由衷的感激，特別是在周圍沒有一個人數更多的武裝組織對這四百人武裝的權利有任何異議，這樣的感激就要更加發自肺腑了。在這種嚴肅的論證環境中，採用這樣一種輕率的態度——我不想再說得更壞——簡直是一件可恥的事情。在這裡，以掃的例子被作者用來證明亞當的統治權和絕對支配權，和所有君主傳給先祖們的權力一樣無限而廣大。就在同一章中，為了證明「長子名分讓自己擁有讓自己支配眾兄弟的統治權」，作者又引用了雅各的例子。於是我們就可以看出，兄弟二人在不同的證明下都成為了絕對的君主，都成為了亞當的繼承者。兄長率領四百人的武裝去會見弟弟雅各，因此成為亞當的繼承者，弟弟因為擁有「長子名分」也成為亞當繼承者。「以掃根據承襲下來的權利，享有亞當對全世界的支配統治權，與古往今來所有君主的統治支配權一樣廣大」，同時「雅各作為亞當的繼承者擁有統治和支配他眾兄弟的權利，支配以掃」。「真是太荒謬了！」對於羅伯特爵士這樣的天才，我實在是自歎不如，對於他的這種辯論方式我也前所未見。只是可惜的是，他所總結出的理論既不能揭示事物的本性，也不能？明處理人類事務，甚至與上帝創造的世界結構也格格不入，與人的經驗和常識也總是發生衝突。

138. 接下來，作者又跟我們說，在洪水時代以前，這種先祖的權利就一直存在，在洪水時代以後，「先祖」這一個詞語就可以一定程度上對這一點進行證明。「先祖」能一定程度上證明世界上的某個時期存在先祖，就存在先祖權，就好像存在父親和丈夫，就存在著父權和夫權一樣。在我看來，這只是在玩文字遊戲罷了。作者想要透過暗示誤導讀者的，正是下面這個需要被證明的問題：先祖根據從亞當那裡繼承的權利，擁有世界的統治支配權，也就是本屬於亞當的絕對的、無限支配權。如果作者十分肯定在洪水時代之前有這樣一個絕對君權，我很希望作者能夠告訴我們在哪些記載中可以找到。我承認，我翻遍所有《聖經》原文，也沒發現隻言片語提到此事。如果作者所說的「先祖權」是其他什麼別的東西，那就與我們現在所論證的問題毫不相關了。我實在無法理解「先祖」這個稱呼本身為什麼可以「一定程度上證明」那些先祖們擁有絕對君權，所以對這個問題我也沒有再進行答覆的必要。

139. 作者告訴我們：「諾亞的三個兒子得到了整個世界」，「諾亞將世界分給他的三個兒子，因為世界將佈滿他們的後裔」。「大地」可以被人類「佈滿」，這不需要任何分配，因此就算諾亞沒有將世界分給他的兒子，他們的後代也將佈滿世界。所以作者做出的論證無法證明存在這種分配。對此，就算他做出了證明，那麼我還想知道既然世界被分給了三個兒子，誰才是亞當的繼承者呢？如果根據長子名分，亞當的「統治權」「君權」都只傳給長子，其餘的兒子只能做「臣民」或「奴隸」。如果是傳給三個兒子，那麼在同樣的理由下，也就意味著傳給了全人類，那麼作者所說的「繼承人是眾兄弟之主」這句話就不正確了，所有的兄弟，所有人類都是平

等獨立的，大家都是亞當的繼承者，也都是君權繼承者，都是君主，完全相同。然而，我們的作者又說「是他們的父親諾亞把世界分配給了他們兄弟三人。」如果這樣的話，在作者看來諾亞倒是比上帝還更有能力了，因為作者說上帝也對於將世界分配給諾亞和他的兒子感到十分艱難，因為這樣會損害了諾亞的長子名分。他是這樣說的；「諾亞是世間僅存的唯一繼承者，上帝還為什麼要剝奪諾亞的長子名分，使得他和他的兒子成為平等的寄居者呢？」然而，在作者需要的時候，他又認為諾亞將閃的長子名分剝奪是合理的了。如此看來，這個「長子名分」，在作者願意的時候可以是神聖不可侵犯的，有時候也可以不那麼神聖了。

140. 如果真的存在諾亞將世界分配給他的兒子，如果這樣的分配行為是有效的，那麼神授的說法就可以壽終正寢了，作者所有關於繼承者的論述，以及在此基礎上建立起來的理論就完全失去了根基。君主的權力不是上天賦予的了，統治的形式和統治者都是來自於人的意志而不是如同作者說的那樣都是神的意旨。因為，如果這種繼承的權利是神的規定，是一種上帝授予的權利，那麼不會有任何人——無論是父親還是其他人——可以對其做出變更。如果不是來自於神的權利，只是依靠人的意志和力量，那麼，在繼承權利沒有做出制度規定的情況下，長子與其他兄弟相比就不具備任何特殊的權利，人類可以決定選擇任何形式的政府，也可以決定將君主的權利交給任何人。

141. 他還說：「那些大多數世界上最文明的部族都希望從諾亞和他的子侄們那裡找到自己的根源。」大多數文明部族是什麼範圍呢？他們都是哪些部族呢？我看那個偉大的、文明的中華名族，還

有東西南北的幾個民族，恐怕都不會這麼去做吧。對《聖經》報以崇高信仰的民族（在我看來這應該就是作者所說的大多數文明部族吧）只能在諾亞那裡找到自己的根源，至於其他的民族，應該不會將自己的始祖追溯到諾亞的子侄吧。而且，就算各個國家的譜牒官和歷史學家（那些致力於尋找民族淵源的大多數都是這些人）以及他們的民族竭力在諾亞的子侄那裡追根溯源，那又能說明什麼呢？這對於先祖繼承了亞當支配全世界的權利又有什麼直接關係呢？各個民族總是在竭力找到自己的根源，大多數都是因為在他們看來那些人深具名望、德行偉大，能夠為後代來帶榮譽而已，除了這樣的原因，他們不會去思考到底是誰的後裔，只是想憑藉那些先人們的德行和名望提升自己的地位，給那些自稱是他們後代的人帶來光彩。但是，就算像奧古機茲、赫丘利、婆羅門、坦伯連、法拉夢德、甚至朱匹忒和撒騰這些人也是後世很多部族竭力尋找淵源的物件，難道這也能夠證明他們「擁有亞當傳給他們的絕對的統治權」嗎？如果不是的話，那就只能理解為作者為了迷惑我們而使用的沒有實際意義的語言了。

142. 所以，他用來跟我們說明世界分配的文字——「有人說，是使用抽籤來進行分配的，也有人說是諾亞環遊了地中海，然後把世界分成了亞細亞、阿非利加和歐羅巴」，由此，三個兒子各自得到了一個部分。亞美利加則沒有加入分配，誰能攫取到就歸誰所有，這些話，大概也是同樣性質的語言吧。真是讓我困惑，作者寧願花費那麼大的力氣來尋找諾亞是怎樣分配世界的，卻不願意放棄他那種虛無縹緲的幻想，還認為這種幻想能夠獲得某種支持。按照作者所說的「分配」，就算真是如此，亞當的繼承者的權利也必然會被剝奪，除非三個兒子都是亞當的繼承者。所以，作者又說了這

樣的話：「儘管這樣的分配不夠明確，唯一能夠明確的是，對世界的分配是在諾亞和他兒子的自己家族之間展開的，因此，這個家族的君主只能是雙親。」如果我們承認作者這句話，和它在對世界上所有權力進行證明只是傳承於亞當的統治權這一點上效力有多大，這能證明的只是兒子們的父親都是繼承了亞當這種統治權的人，原因是，假如在那時，含和雅弗和不包括長子在內的其他父母們都有權按照家族分配地面，都是他們自己的家族領袖和君主。那麼，既然年幼的兄弟們也是家族之父，他們也理應享有同樣的權利。既然含或雅弗沒有因為他們長兄有權有嗣子，而讓他們無權成為君主，那麼如今的眾子也同樣可以憑藉他們所繼承的權利而變成君主。那麼，我們的作者所理解的王的自然權力就僅限於他自己的後代，以這種自然權利為依據建立的王國都比一個家族要小。因為「亞當對世界進行統治的權力」如果不是像我們的作者所說的那樣，按理只能由長子繼承，於是要麼只有由一個人繼承，要麼就由所有的兒子平等繼承，於是所有父親都和諾亞的三個兒子一樣，對這種權力有平等的繼承權。無論您對哪一種予以認可，它都會對世界上現有的王國和王國造成損壞。因為不管誰得到這種他應得的「自然王權」，如果他不是像我們的作者所說，和該隱採取一樣的方式獲得這種權力，有權力去支配他的兄弟們，所以變成世界上僅有的一個王，就是像他在這裡所說的，閃、含、雅弗三兄弟都具有這種權力，於是三個人都成為各自家族的君主，互相沒有從屬關係，必定有一種情況成立。依照嫡嗣的權利，不是整個世界都只會出現一個帝國，就是以「亞當傳給家族的父母的統治權」為依據，每個家族都分別形成自己的政府，必定有一種情況成立。他在這裡列舉出的所有可以和亞當統治權相關的承襲的證明，最後只能這樣總結。因為在對相關承襲的問題進行進一步描繪時，他還說：

143.「諾亞的家族自從分開於巴別塔以後，固然，我們發現王權在世界各地的王國建立」。假如您非要將這件事找出來，就悉聽尊便吧，您會協助我們掀開歷史的新篇章。可是，只有當您證明瞭以後，我們才會相信王權在世界上的建立，是以您的原理為依據的。原因是，王權在「世界各地的王國」建立是會得到所有人認可的。可是，您卻說，世界上有一些王國的國王之所有享有王位，是以「亞當傳承給他們的權利為依據的」，這不單單只是荒謬的學說，而且是根本不可能的。假如我們的作者只是以一個有關巴別塔分離時發生的場景的假設為依據的話，他的君主制沒有其他的依據作為根基，那麼，他以此建立的君主制，為了和所有人類相聯合，即便它高聳入雲，也只能像那塔一樣，起到讓人類分開的作用，所產生的效果也只能動亂，別無其他。

144.因為從他口中我們得知，各民族被劃分開去以後，會形成不同的家族，各個家族的統治者都是父親，所以，即便是在動盪的局勢下，我們也可以看到「上帝謹慎地根據家族來分配語言，從而將父的權力保持住」，除開我們的作者不說，假如有人竟可以清楚地在他适才所引用的《聖經》的原文中發現，在那次分開時，所有民族的統治者都是父親，而且「上帝謹慎地把父的權力保持住」，倒真是不容易。《聖經》的原文如下：「閃的子孫就是這些，分別和他們的家族、土地、方言和國家待在一塊」，當然，對於含和雅弗的子孫，說法也是一樣的。可是在這些描述中，根本沒有提及任何有關他們的統治者、政府的形式、「父」或「父權」相關的字眼。可是我們的作者在其他人還對「父權」一無所知時，就已經率先發現它了，而且用不容置疑的口吻跟我們說，他們是被他們的父親統

治的，而且上帝謹慎地把父的權力保持住。原因是什麼呢？因為那些在一個家族中生活的人，講的話是一樣，因此在分開時，一定要相互團結，就如同我們可以這麼說：在漢尼拔的軍隊中存在來自於不同民族的人，講同一種語方的人被漢尼拔聚集到一起，每隊的隊長由父擔任，漢尼拔對這種「父的權力」進行謹慎的維護，或者可以說：「在卡羅裡那的殖民時期，聚居在那裡的英格蘭人、蘇格蘭人、法蘭西人和威爾士人分別形成自己的小團體，於是他們在卡羅裡那州，分別根據他們的方言、家族和邦國對土地進行劃分，所以，人們謹慎地保持著「父的權力」，或者還可以說，由於在美洲很多地方，一個小部落就是一個其他的民族，講的語言也不一樣，所以我們據此可以得出一個結論「上帝對父的權力進行著謹慎的維護」，或由此得出他們的統治者「以傳給他們的權利為依據而擁有亞當的統治權」，儘管他們的統治者是誰我們並不清楚，他們的政府形式是什麼樣的，我們也一無所知，我們只知道他們是各自獨立的小社會，所講的語言不一樣，就足以作為依據了。

145. 事實上《聖經》上根本沒有對他們的統治者和政府的形式有所提及，只是對人類是如何慢慢分散成不同的語言和民族的進行了描述，所以假如《聖經》上對這樣的事隻字未提，就一定是在告訴我們，他們的「統治者」是「父」。這樣做，並不是以《聖經》的威信為依據來開展辯駁，而是我們言之鑿鑿的事實，在記錄中卻根本找不到，只是形成於我們腦海中的海市蜃樓。所以他所說的其他的話，其依據也是一樣的，那就是「他們是有頭腦和統治者的井然有序的人群，不是任憑自己喜好選擇統治者或政府的。」

146. 我可以嘗試著問這樣一個問題，如果所有人類都講同一種

語言，都在西乃的平原裡居住，他們會不會對一個君主的統治表示服從，而這君主是以傳承給他的權利為依據，而享有亞當的統治權呢？假如不是的話，當時就沒有想過要當亞當的繼承人，對這個地位帶來的統治權也沒有人知道，上帝或人類都沒有將亞當的「父的權利」謹慎地保存起來。當人類還居住在一個地方，講同一種方言，是一個民族，一起打造一個城的時候，當他們對真正的繼承人了然於胸時——因為閃活到以撒的時代，和巴別塔分散離得很遠——假如在那時，我說，他們不是在以亞當傳承給他的繼承人的父權君主制政府的統治下，那麼，顯而易見，根本不存在什麼被人敬仰的「父權」，也不會有人對從亞當承襲而來的繼承人的君權予以認可，在亞細亞也不存在閃的帝國，所以像我們的作者所說的那樣諾亞對世界進行分配的事也就不存在了。就我們可以從《聖經》給出什麼結論的層面來說，在原文的這個地方，好像我們也只能發現，假如那時存在什麼政府組織，也只可能是一個共和政府，而不是什麼絕對君主制。因為《聖經》上說（《創世紀》第十一章）：「他們說」——這座城和塔不是君主或王發佈命令修建的，而是由很多人，很多自由的人經過商量決定的——「我們要打造一座城」——他們自己給自己建了一座城，是以主人的身份，而不是把自己當成奴隸給自己的主人建造——「以免我們在全地上無法聚居」。因為城池一旦建好以後，自己和家族就有固定的住所了。進行這樣商量的人是可以分散開去的，可是他們願意集結在一起，對於在一個君主下集結在一起的人們來說，這樣的事既不是必要的，發生的可能性也不會太大。就像我們的作者所說的那樣，假如這些人都是被一個君主所統治的奴隸，他們也不需要挖苦心思給他們設置障礙，不允許他們到他的領土範圍以外的地方去流浪。我想問一下，在《聖經》上，對這個意思的闡述會不會要清楚一點呢，相比我們的作者所說的亞當

繼承人或「父的權力」?

147. 可是假如如上帝所言,既然一族(《創世紀》第十一章第六節)有一個行使支配權力的人,有一個以自然權利為依據擁有完全的最高權力對他們進行統治的王,假如上帝又忽然同意在他們中間建立七十二個「不同的邦國」(我們的作者是這樣說的),分別由不同的統治者管理,並迅速從舊的君主的統治領地中撤出來,那麼「上帝又為什麼要那麼關心對最高的父的身份的父權的保存呢?」這是把上帝的關心當作我們好惡的判斷標準。假如我們說,上帝對那沒有「父的權力」的人們的「父的權力」進行謹慎地保存,是有道理的嗎?因為,假如他們是被最高的君主所統治,與此同時,上帝又把自然君主的真正的「最高的父的身份」給奪走了,他們還有什麼權力在握呢?假如說,上帝考慮到要保存「父的權力」,由此衍生出幾個新政府和統治者,而這些政府和統治者不一定都享有「父的權力」,這話說得通嗎?相反,如果有人說,上帝使一個有「父的權力」的人,分裂他的政府,由他的幾個臣民予以瓜分,上帝是在對「父的權力」進行謹慎地損壞,這樣說不也合理嗎?同樣,當一個君主國四分五裂,被背叛它的臣民瓜分時,假如君主制的政府覺得上帝讓一個穩定的帝國分裂成很多小國,他是在對君主的權力進行謹慎地保存,這種說法不正好印證了我們作者的論證法嗎?假如有人說,只要是上帝打算保存的,上帝便會非常謹慎地保存,所以人類也會將它看作是不可或缺的或有價值的給予尊重,這種說法很別致,沒有人覺得應該模仿。可是,打比方說閃(因為他那時還在世)應該有權力對巴別城那一個部族進行統治,或者以「父的身份」為依據的權利,可是,接下來,當閃還在世時,其他七十二人竟然也有權對存在多個政府的同一部族進行統治,或

以「父的身份」的權利為依據而享有統治權，我相信這種說法是不合適的。要不是這七十二個父親正好在動亂以前已經統治一方了，就是說他們已經分裂了，可是，上帝親口說，他們是一個整體，那麼，他們的君主國位於何處？要不然就是，這七十二個父親儘管享有「父的權力」，可是他們自己並不自知。真是奇了怪了呀，既然「父的權力」是人間政府僅有的一個源頭，人類竟然不知情。更離奇的是，他們突然知道這件事情竟然是因為口音的改變，這七十二個父親突然之間就知道他們有「父的權力」，其他的人也知道要對他們的父權予以服從，而且每個人都知道自己要服從的是哪個特定的「父權」。只要是可以從《聖經》上把這種論證想出來的人，在那裡，他也能夠找到和他最吻合的想像或利益的理想模型，而「父的身份」被這樣處理以後，就可以同時給要求在整個世界獲得君權的君主和他的臣民申辯，因為他們既然身為一個家族之父，就可以不被所有從屬所限，並將他的帝國分割成若干小國，自立為王。當我們的作者還在猶豫到底誰得到父權以前，到底是還在世的閃，還是那七十二個新君主──他們在他的領土範圍內創建了七十二個小國，並統治他的臣民，他們中間誰擁有父權，一直沒有一個清楚的答案。原因是，我們的作者跟我們說，雙方都握有這種父權（最高的），而且他還拿他們舉例，來對那些人確實「根據傳承給他們的權利，和所有君主一樣，享有最高的絕對的支配權一樣廣博的亞當的統治權」進行證明。最起碼，我們必須承認一點，那就是，假如「上帝把新建立的七十二國的父的權力謹慎地保存起來」，最後一定會出現這樣的結果，他也一樣謹慎地對亞當繼承人的所有理由加以毀壞，因為在真正的繼承人（假如上帝確實曾經指定過這樣的繼承權的話）一定會被人所知，閃依然在世，他們屬於同一個民族時，上帝竟那麼謹慎地去將那麼多（最起碼七十一個）絕對不會是亞當

嗣子的人們的父的權力保持住，我們可以下這樣的論斷嗎？

148. 他所列舉的享受這種先祖權力的第二個例子是寧錄，可是我很疑惑，到底是基於什麼原因，我們的作者好像不太喜歡他，還說，他「邪惡地延展他的帝國，用武力的方式去對其他家族之主的權力進行侵犯」。在他的有關巴別城的散落的描述中，這裡所說的「家族之主」被命名為「家族之父」。他如何命令都無關緊要，我們也很清楚他們的身份，總的來說，他們享有這個父的權力，沒有其他的原因，要麼是因為他們是亞當的嗣子，如此一來，就不會出現七十二個，也不能同時出現不止一個的情況；要麼是因為他們是子女們的親身父親，這樣一來，所有父親都可以以同樣的權利為依據，對自己的子女們享有「父權」，其權力和那七十二個父親一樣大，對於自己的後代來說，他們是獨立的君主。他這樣解釋了「家族之主」的概念以後，還用以下的話，對君主制的起源進行了絕妙的論述：「從這個意義上來說，說他創建了君主制也不為過。」也就是採用令人不恥的行為對其他的家族之父對自己的兒女的支配權進行了侵犯，而這種父的權力，假如是以自然權利為依據由他們掌握（要不然那七十二個父親如何才能掌握這種權力呢？）必須征得他們的許可，它才會被他人剝奪，那麼，我想請我們的作者和他的朋友們想一個這樣的問題，這個問題無關於其他的君主們，以他在那一段的結論為依據，它是不是會把那些人們延伸出去的王權轉變為暴君制和篡權制，或者轉變為族父的選舉權和族父的同意權，後者和人民的同意權差別非常小。

149. 在下一節中，他所列舉的以東十二公、亞伯拉罕時代在亞洲一角的九個王、位於迦南被約書亞征服的三十一個王，這些例

子，還有為了對這些王都是有統治權進行證明的君主，和那時所有城都有一個附屬於王的力量，都是不少的反方向論據，對他們成為君主進行證明，而不是對傳承於亞當的「統治權」進行證明。原因是，假如他們之所以成為君主，是因為具備這個資格，那麼就只可能出現這樣兩種結果，不是他們整體都被一個統治者統治，就是所有父親都和他們一樣，是一個君主，都有權要求擁有王位。假如以掃的所有兒子，不管年紀大小，都有「父權的權利」，等他們的父親離開人世以後，都可以變成君主，那麼他們的兒子在他們離開人世以後，也有一樣的權利，如此世代發展下去。如此一來，父的所有自然權力，便會被約束至只能對他們生育的子女和他們的後代進行支配。隨著每個家長的離世，父的權力就會隨之結束，這樣一來，他的每個兒子都可以享有同樣的父權，進而對自己後代進行支配。如此一來，父的身份的權力就確實被保留下來了，而且是能夠被人們所接受的，可是它卻無益於實現我們作者的目標，他所列舉的那些例子都不能對他們所擁有的權力是以他們是亞當的父權的繼承者為基礎，或者以他們自己自身的資格為基礎所取得的父權資格進行證明。因為亞當的「父權」是對所有人類進行統治的，每次只能由一個人傳承，之後只能由他的真正繼承人來繼承，因此，依據這種權利，世界上有且僅有一個王存在。假如說不是以承襲亞當的父權為依據，那麼就一定只是因為他們自己是父親，所以才具備這種權利，於是他們就只能對自己後代行使支配權。那麼，根據我們作者的觀點，假如歸亞伯拉罕後代管轄的以東二二公、亞伯拉罕鄰國的九王、雅各和以掃還有迦南的三十一個王、被亞多尼伯錫克殺害的七十二個王，來到貝納德的三十二個王，在托洛亞戰鬥的希臘七十個王，假如他們所有人都是具有統治權的君主的話，顯而易見，這些君王的權力的源頭都是不包括「父權身份」在內的，因為他們中

127

有些人所擁有的權力比他們自己的後代所擁有的權力還大，這又證明他們不可能都成為可以承襲亞當的人。一個人以「父的身份」這種權利為依據要求權力，我可以大言不慚地說，只有基於以下兩種情況，要麼他是可以對亞當進行繼承的人，要麼他是可以對自己的後代行使支配權的人，才說得通或成為可能，除此以外，不可能有其他理由。只有在一種情況下，我也許會對我們作者的觀點表示認可，那就是他可以證明，在他列舉出的一系列君主中，有一個是因為上述原因而得到權力的。可是，顯而易見，他們統統不相關於他要證明的論點，而且是完全矛盾的。原來他主張的是，按理來說，亞當對全世界進行支配的統治權都應該由先祖們繼承」。

150. 既然我們從作者的口中得知：「在亞伯拉罕、以撒和雅各身上，一直到臣服於埃及的時代，依然存在先祖政治，」然後他又告訴我們，「我們可以根據明顯的提示來找尋這個父權的蹤跡，直到埃及的以色列人那裡，到了埃及以後便無法行使最高父權了，因為一個更強大的君主征服了他們。」我們的作者所認為的父權政府的蹤跡——歷經二千二百九十年——完全不屬於什麼蹤跡，因為在那期間，他找不到一個例子，可以對任何一個人是以「父的身份」的權利為依據來對王權進行要求或行使的，或者指出其中一個做君主的人是亞當的嗣子進行證明。他所列舉出的所有證據只能對那個時代，世上存在父親、先祖和王進行證明，可是《聖經》上根本沒有提過，父親和先祖是否具備完全的決斷權，那些王之所以獲得現有的權力，是以什麼資格為憑據？這種權力的範圍是什麼？很明顯，以「父的身份」為依據的權力不能作為他們要求擁有統治權和帝位的憑據。

151. 這句「就是因為他們已經被一個更強大的君主所征服，所以他們才無法再行使最高的先祖統治權」，什麼都證明不了，只能對我之前存在疑惑的事實進行證明，也就是「先祖統治權」的觀點再荒謬不過了。在我們的作者身上，它並不能對他想要隱晦地傳達「父的」和「王的」權力的意思進行表達，因為他想像中的這種絕對統治權是歸亞當所有的。

152. 原因是，當以色列人被埃及的那個君主統治時，他說「在埃及已經不存在先祖統治權了」合適嗎？假如「先祖權」就等同於「完全的君主權」，又假如不是這樣，而是其他的什麼東西，他如此大費周章地來對一個不成問題的而且又無關於他的目的的權力進行論述又是因為什麼呢？假如「先祖權」就是「王權」，當埃及有以色列人時，「先祖的」的統治權還在行使的過程中。確實，那時王權不是由神許和亞伯拉罕的後代來行使，可是據我所知，之前也沒有。只有當我們的作者覺得亞當的統治權只能傳承給這個神選的亞伯拉罕的宗系，這和他在前面所講的「傳自亞當的王權」的結束又有何關聯呢？更何況，他所列舉的在巴別城改變口音時保存在七十二個統治者身上的父的權利——以掃和以東十二王的例子又有什麼價值可言呢？把他們和亞伯拉罕、猶大一起列舉出來，作為名副其實的「父權政治」的行使的例證又是什麼原因呢？假如雅各的後代不管什麼時候都不具有最高權力，世間的「先祖統治權」就不再行使了，我想，君主的統治權由埃及法老或其他人掌控，倒是剛好和他的需要相吻合了。可是在所有一切地方，我們都很難發現，他探討的是什麼目的，特別是在這個地方，當他提及「在埃及行使最高的父權……」時，他最想實現什麼目的，或者這話如何對亞當的統治權由先祖們或其他人傳承進行證明，都很難想像。

153. 我原本以為他是在從《聖經》中給我們找一些例證，證明一些傳承於亞當的憑藉父權建立的君主政府，而不是把猶太人的歷史展現給我們看。我們要在過了很久以後，這些猶太人變成了一個民族時才會意識到有君主，而且也對這些君主們是亞當的後繼者，或他們在擁有父權時，以父權為依據而變成了君主隻字未提。我原以為既然他提到了這麼多和《聖經》有關的事情，他一定會提到不少君主，他們都明確具有亞當父權的資格，他們作為他的後繼者，統治他們的臣民，因此這是真正意義上的父權政府，誰曾想到他不但沒有對先祖們是君主進行證實，也沒有對君主或先祖是亞當的後繼者進行證實，即便是假冒的繼承人也好。如此一來，反倒證明瞭先祖們都是完完全全的君主，先祖和君主的權力只是父權，和這個權力是傳承於亞當的。我覺得，從菲迪南多·索托記述的有關西印度的一群小王的事蹟中，或從隨便一種北美洲的近代歷史中，或從我們的作者引用的荷馬的希臘七十個王的故事中，都可以驗證所有這些結論，其效果類似於我們的作者從《聖經》中舉出的君主們。

154. 我覺得最好拋開荷馬和他的特洛伊戰爭，因為他過於熱衷真理或君主政體，從而非常憤慨於哲學們和詩人們，進而在序言中，他這樣說：「在如今，有太多人喜歡追在哲學家和詩人們的後面，他們想從中找到一種讓他們可以更自由的政府起源學說，讓基督教蒙羞，而且引進了無神論。」可是，像亞里斯多德和荷馬這些異教的哲學家和詩人們，只要還可以得到一些滿足，我們這位熱情的基督教政治家都會照單全收。然而，還是讓我們回到《聖經》中的歷史上來吧，我們的作者說：「以色列人擺脫壓迫回去以後，上帝給予了他們特別關愛，先後選擇了摩西和約書亞作為統治他們的

君主，替代最高父親的地位。」如果說以色列人真的是「擺脫壓迫回去」，他們就應當成為完全的自由狀態。這句話本身的含義就是，以色列受到壓迫之前和擺脫壓迫之後他們都是自由的，除非在作者看來，奴隸更換主人也是「擺脫壓迫回去」，從一條船上換到另一條船上也是「擺脫壓迫回去」。如此看來，以色列人真的「擺脫壓迫回去」了嗎？顯而易見，在那時候——無論作者在序言中說了怎樣的與之相反的話——兒女、臣民和奴隸還是有本質區別的。不管是受到壓迫之前的先祖們，還是之後的以色列君主，都沒有「將他們的兒子或者臣民如同他們的財物一樣來看待」，都沒有如同「其他財物」一樣，用絕對的支配權來處理他們。

155. 流便將自己的兩個兒子放在雅各身邊作為擔保，猶大後來為了能夠讓便雅憫逃離埃及，自己做了擔保，這便很好地證明瞭這一點。如果雅各真的如同支配他的牛馬一樣，支配他的家人，那麼猶大這樣的行為就成了一個多餘的笑話。因為流便為了能夠讓便雅憫離開埃及，讓猶大做了擔保，這就好像一個人拿出他主人羊群中的兩隻羊，將一隻羊還給主人以為擔保，而保證他能夠將第二隻羊完好送回一樣。

156. 在以色列人擺脫壓迫回去以後，又有怎樣的情況發生呢？「上帝給予了他們特別關愛。」真是不容易啊，在作者的書中，上帝破天荒的關愛起了人民，因為在其他任何地方，上帝絕不會關注他們一點點，他永遠將關愛給予君主，至於那些普通人，在他心裡只會被看作牛羊牲畜，只能夠用來被君主驅使、使用和享樂。

157. 上帝先後選擇了摩西和約書亞作為統治他們的君主，這

又是作者用來證明上帝對於父親權利和亞當繼承者的關係的一個十分巧妙的論據。這時，上帝基於對人民的特別關愛，他選擇統治他們的君主，竟然都沒有資格做君主，因為利未族中的摩西和法蓮族中的約書亞，他們都沒有父親的身份。然而我們的作者這樣說，他們是用來代替最高父親身份的。如果上帝在任何地方如同選擇摩西和約書亞一樣明確地宣示過這樣的父親身份才能夠成為統治者，那麼我可以接受作者的說法，認為他們是「代替最高父親身份的」。然而，那個問題本身還是有待考察。在沒有得到有效證明之前，我們並不能因為摩西和約書亞成為君主就表明只有亞當的繼承者或者「父親身份」才能夠成為統治者。就好像利未族的亞倫被上帝選擇成為祭司，也不能證明祭司這一職務就必須屬於亞當的繼承者或者「父親身份」一樣，因為即使這兩種身份並不直接與祭司和統治者相聯繫，上帝也依然可以選擇亞倫作為祭司，選擇摩西作為君主。

158. 作者接下來又說：「上帝在選擇他們成為統治者之後不久，又設置了裁判官，這樣可以在人民遇到危險的時候提供保護。」這也證明政府權力來自於父親權利，這也是亞當傳承給他的繼承者的。只是在這裡，作者也委婉地承認了，這些裁判官只是一些作為人民統治者的勇敢的人。在遭遇災難的時候，人民可以依靠他們獲得保護。可是如果統治權力不是來自於父權，上帝就不能夠對他們進行這樣的安排嗎？

159. 然而，作者還說，上帝在為以色列選定君主的時候，對於父權政府世襲制這樣一項悠久的權利，他進行了重建。

160. 這樣的重建，上帝是如何實現的呢？透過法律或是任何的

一項明文規定？我們無法找到這樣的東西，或許作者的意思是，上帝在選擇君主的時候，在決定君主的過程中，他就將這種權利重建了。我們來深入理解這句話，父權政府世襲權的重建，必然意味著讓一個人擁有他祖先曾經擁有的權利而且根據世襲原則他本身也擁有獲得這項權利的資格。因為，第一、如果不是他祖先曾經擁有這樣的權利，而是另外的一種新的權利，那就不是對「悠久的權利」的繼承了，而是一項新的權利的開始。如果一個君主，不僅賜給一個人他祖先曾經擁有過但是後來被奪走的那些遺產，還額外賜給了他祖先也不曾擁有的財產。在這種情況下，對於前者我們可以說是重建了權利，對於後者則不能這麼說。因此，如果以色列的那些王們擁有的那些以撒、雅各不曾擁有的權利，那就不能說是在他們身上「重建了父權政府世襲制這樣一項悠久的權利」，而是給予了他們某些新的權利——無論怎樣稱呼這樣的權利，「王權」或「父權」都可以。那麼以撒和雅各究竟是不是擁有和以色列諸王一樣的權利呢？讀者如果這樣對比的話，我相信沒有人會認為亞伯拉罕、以撒和雅各擁有任何一點王權。

161. 第二、除非獲得這種權利之人，本身就有確定的繼承權，並且是他所繼承之人的真正合法和繼承者，否則無論他獲得怎樣的權利，都不能將其理解成為「重建了父權政府世襲制這樣一項悠久的權利」，在其他的新的家族中重新開始的權利，被認為是重新建立的可以嗎？一個本身就沒有繼承權，而且如果這種繼承沒有因為某種原因中斷他也沒有合理理由來獲得這種權利的人，被賦予了這樣的權利，這能夠被理解成為「重建了父權政府世襲制這樣一項悠久的權利」嗎？上帝指派給以色列第一任君主是掃羅，他來自於便雅憫族，這能夠被認為是「重建了父權政府世襲制這樣一項悠久的

權利」嗎？第二個君主是耶西的小兒子大衛，耶西是雅各的三兒子、猶大的後裔，能夠被認為是在他身上「重建了父權政府世襲制這樣一項悠久的權利嗎」？又或者這種「重建了父權政府世襲制這樣一項悠久的權利」是體現在大衛的繼承者所羅門身上，還是體現在可以支配十族的耶羅波安身上？如果這種所謂的「重建了父權政府世襲制這樣一項悠久的權利」能夠在他們中的任何一個人或者後裔身上體現，那就意味著任何一個無論長幼的兄弟們都可以擁有，只要在世都可以重建這種權利；因為，無論是長兄還是幼弟，透過繼承這種「悠久的權力」並且世代承襲，最後任何一個活著的人，包括羅伯特爵士本人在內的所有人，都可以擁有這種權利。這樣帶來的結果是，作者為了保障王權，維護其有效繼承所重建的「父權」或「王權」，最終變成了人人共用，那麼這樣一項絕對的權利究竟是什麼呢，大家可以自己來思考。

162. 然而，作者還說：「上帝選擇了一個特定之人授予王權，同時也讓他的子孫因此而擁有這樣的利益，儘管王權的授予只給了父親，但是這種利益已經賦予在了父親身上。」這樣的論述，並不能夠有效解決繼承問題。因為如果授予王權而帶來的利益應當惠及接受此權力者的子孫後代，這就一定不是繼承權，為什麼呢？因為如果上帝將某件東西交給某人，及其子孫後代，那麼此權利的擁有者就一定不是特定的哪一個子孫，而是子孫後代中的每一個人。當然如果作者所說的子孫後代其實是指嗣子的話，就會更符合他的目的。可是儘管作者很想如此，但是大衛王之後的繼承者所羅門以及統治十派的耶羅波安都不是大衛的嗣子，卻是他的子孫，所以作者在這裡避免提及嗣子繼承，因為如果那樣的話這裡明顯就自相矛盾了，這個作者無法否認的事實會讓他的繼承理論不攻自破，讓他所

有的理論全部化為烏有。上帝授予君權給一個人及其子孫，難道不是像上帝將迦南地賜給亞伯拉罕及他子孫一樣——大家有共同的權利——人人有份？或許，依然有人會說上帝將迦南地賜給亞伯拉罕及他子孫，上帝給予的權力只屬於他子孫中的一人而與其他人無關，就如同說上帝將君權賜予一人和「他的子孫」，這個君權只屬於他子孫中的一人，而與其他人無關一樣。

163. 然而，對於上帝選擇了一個特定之人授予王權，同時也讓他的子孫因此而擁有這樣的利益，作者又是如何證明的呢？他在與這段話的同一節中說：「上帝給予了他們特別關愛，先後選擇了摩西和約書亞作為統治他們的君主。」作者這麼快又將摩西和約書亞，以及上帝所立的士師都拋之腦後了嗎？這些擁有「最高父親身份」權威的人，難道他們的後代子孫就不能夠如同大衛和所羅門的後代子孫一樣享有他們的權利嗎？如果他們掌握的父權是上帝授予的，為什麼他們的「子孫」不能獲得這樣的利益，繼承這樣的權力呢？或者說，他們是因為亞當嗣子的身份而獲得了這樣的權利，他們之間不能夠相互繼承，為什麼他們的嗣子不能夠在他們死去之後繼承這樣的權利呢？摩西、約書亞和那些士師們擁有的權力和以色列諸王擁有的權力是否是相同，是否具有同一根源呢？一個人擁有的權力是不是一定不能夠由另外一個人擁有呢？如果說這種權力不是「父權」，難道上帝的選民也會臣服於不具有「父權」的人嗎？而且這些不具父權之人似乎治理的還很不錯。如果這種權力是「父權」，並且這種權力是上帝特選出來授予他們的，那麼作者所說的：「上帝特選某人作為最高統治者（君主本身僅僅是一種稱號，真正的差異是權力的不同），同時也提前指定此人的後代子孫享有這種利益」這條原則便沒有作用了。因為，從以色列出埃及起到大衛時

代這四百年間，那些兒子們只有在父親過世之後與士師一起繼承父親的權利，審判以色列人，子孫就再也沒有和這個父親聯結在一起了。如果說，正是因為如此，上帝才常常來選擇繼位的君主，並且將「父權」授予這樣的君主，而不是由死去的統治者的兒子來繼承，那麼耶弗他的故事（《士師記》第十一章）又顯然不屬於這樣的情況，他是因為與人民建立契約，而作為士師來對他們進行統治的。

164. 那麼，作者所說的，「對於上帝選擇了一個特定之人」來授予「父親權利」，——並不是做王的權利（我也不明白王和擁有「父親權利」的人有什麼不同）——則提前指定了其後代子孫也可以享有這種利益，就不符合事實了。因為，所有的士師所具有的權利都在他們死後終止了，並沒有傳給他們的子孫後代。如果說士師具有的權利不是「父親權利」，那就需要作者或者此學說的信奉者告訴我們，這個時候「父的權利」掌握在誰的手中，也就是說誰具有對以色列人行使統治權和最高支配權，或許他們也只能承認，以色列作為上帝選民的民族，在幾百年的時間裡，並不知道甚至都沒有考慮過這個「父的權利」，任何君主下的政府也不存在。

165. 要想深入理解這一點，只需要看一看《士師記》最後三章記載的利未人的故事，看看因為利未人的原因，以色列人和便雅憫人之間發生的那場戰爭就可以了。我們可以清楚地看到，利未人想要復仇，在這整件事情的討論、決議以及戰爭的指揮中，佔據主導地位的都是以色列的各個支派以及他們的工會，那就只能出現下面的兩種情況了，或者在這個上帝選民的民族中，父權並沒有被小心翼翼地保存著；或者這種父權被保存在一個沒有君主的政府形式中。如果是後一種情況，儘管「父權」能夠得到證明，但是作者所

提出的君主制則被推翻了；如果是前者，那就更荒謬了，一方面上帝規定「父權」神聖不可侵犯，並且是政治和政府的基礎，另一方面在他自己的選民中，就在他為他們設置政府，挑選統治者，建立人與人之間的關係法則的時候，「父權」這樣一個神聖不可侵犯的關鍵點，竟然在他的眼睛下面被忽視和隱藏了四百多年，實在是太不可思議了。

166. 讓我暫時放下對於這個問題的追問，我也想請作者告訴我，他是怎麼知道「上帝選擇了一個特定之人授予王權，同時也讓他的子孫因此而擁有這樣的利益。」上帝是透過自然法則或者啟示來告訴我們的嗎？那也應該在同一原則下告訴我們，是哪一個「子孫」應當繼承這樣的權利，也就是明確地告訴我們誰才是繼承人，否則只會出現其後代子孫去無限分割或爭奪統治權了，然而這兩種結果都同樣可笑，並且最終完全損害了這種賜予「子孫」的利益。如果有人能夠告訴我有說服力的證據，我當然要選擇相信上帝確有其意，但是如果沒有證據證明這一點，那麼作者就需要找到更好的證明來支援，然後才能夠讓我們對這樣的上帝意旨表示遵從。

167. 作者說：「儘管在王位授予的時候，上帝只提到了父親的名字，但是在父親的身上已經包含了其子孫。」然而，上帝將迦南土地賜予亞伯拉罕（《創世紀》第十三章第十五節）的時候，就明確指出了包括「他的子孫」。同樣，上帝在決定祭司一職的時候，也明確說了是「亞倫和他的子孫」，上帝在賜予大衛王位的時候，同樣賜予了大衛的後代。無論作者如何申訴「上帝選擇了一個特定之人授予王權，同時也讓他的子孫因此而擁有這樣的利益」，我們看到的事實是，上帝賜予掃羅王位的時候，卻沒有提及他的子孫，

王位也永遠沒有給予他的子孫。我也很想知道為什麼上帝選擇一個王的時候，同時預定了其子孫享有這樣的權利；但是在選擇一個士師的時候沒有同樣的行為。上帝給予一個人「父權」的時候，就同時給予了他的「子孫」，而給予一個士師同樣權利的時候，就不包括他的子孫了呢？難道這樣的「父權」只有某一些人的子孫可以繼承，而另外一些人的子孫就不能繼承？這樣的不同實在很需要作者為我們做出解釋。如果賜予的都是同樣的「父權」，連賜予方式都是在人類中選擇，而結果卻有不同的話，那麼其不同之處必然不僅僅只是名稱不同了。作者說「上帝立士師」，所以他一定不會認可是人民選擇了士師。

168. 可是，作者對於上帝小心保存「父權」是那麼地胸有成竹和言之鑿鑿，並且他自稱他所有的理論都是從《聖經》中得來的，那麼在那個國家、制度和歷史都包含在《聖經》中的民族，一定能夠提供給我們很多明顯的例子來證明上帝對那個民族中保存父權的重視，大家都知道，對於那個民族，上帝是多麼偏愛。我們來探索一下，從以色列成為一個民族開始，「父權」一般都呈現出什麼樣的狀態。可是，根據作者描述的，從以色列入埃及開始一直到他們從埃及回來這兩百年中，完全不存在這種權力。從那時起到上帝為他們選定君主，這四百年中，作者也只有草草地敘述。誠然，在那段時間，也無法在猶太人中間找到父權或者王權的蹤跡。然而，作者卻還是堅持說：「上帝重建了父權政府世襲制這樣一項悠久的權利。」

169. 我們前面已經分析了當時「重建了父權政府世襲制這樣一項悠久的權利」究竟是什麼情況了，這種情況也只是持續了五百

多年，直到他們被囚禁。從那開始以後的六百年，直到他們被羅馬人所滅，「父權政府世襲制這樣一項古老而原始的權利」又一次失去了，就是在沒有這種權利的情況下，他們依然作為一個民族生活在上帝賜予的土地上。由此可見，他們作為上帝的特選民族，在一千七百五十年的歷史中，只有不到三分之一的時間是他們建立了世襲君主制度。然而，就是在這段時間裡，也看不到「父權政府」的任何蛛絲馬跡，也找不到「重建了父權政府世襲制這樣一項悠久的權利」的證據，不管我們將這項權利的來源歸結為大衛、掃羅還是亞伯拉罕，或者按照作者說的來自於唯一的來源，從亞當那裡傳下來的的。

◆政府論下

第一章 個人統轄權和父權作為所有權力的來源

1. 在上篇[3]中已經論述了幾點：

首先，亞當並不像一些人認為的那樣，他不是因為父親身份給予的自然權利或者上帝的恩賜才在兒女面前具有絕對權威的，也不是因為這些才統治世界的。

其次，即便他擁有這些權力，他的繼任者也沒有權利繼續擁有這些權力。

再次，即便他的繼任者也擁有這些權力，但是因為自然法和上帝的明文法並沒有明確規定在任意場合誰才是符合法律規定的繼任者，所以，我們無法確定繼承權，更不清楚統治權應該由誰掌控。

最後，即便這些都有明確的規定，但是亞當的長房後代究竟是誰呢？這一點我們已經無法查找了，但也正是因為這樣，在人類的各個種族和世界的各個家族中，沒有哪個人比其他任何人更能稱自己是長房後代，更有權利繼承一切。

我認為我已經把所有的前提說清楚了，現在，世界上任何一個統治者想要把亞當的個人統轄權和父權作為所有權力的來源，並以此獲得利益，或者獲取權威，那就是妄想。所以，不管是誰，如果無法給出恰當的理由支撐設想，那世界上所有的政府都只不過是透過強力和暴力產生的，人們之所以能夠生活在一起不過是因為優勝劣汰的生存法則，和其他的法則沒有任何關係，這也就奠定了持續混亂、災禍、暴動、騷亂和叛變（這所有的一切都是那些支持那個設想的人極力反對的事情）的根基，他只能拋棄羅伯特·菲爾麥爵士[4]的觀點，尋找一種新的關於政府產生、政治權力起始的說法，重新安排並明確誰才能夠享受這種權力。

注 3 這裡指的是《政府論兩篇》中的第一篇，即《論某些錯誤的原理》。——譯者注

2. 為了這個目標，我現在提出我的觀點，政治權力是什麼？我想我的做法是合適的。在我看來，父親對子女的權力、主人對奴僕的權力、丈夫對妻子的權力、貴族對奴隸的權力和官長對臣子的權力，是存在一定差別的。這些不一樣的權力有時候會同時彙集在一個人的身上，只要我們在不同的關係中考察他，就能分清楚這些權力之間的差別，從而證明一個國家的統治者，一個家庭中的父親，一艘輪船上的船長有什麼區別。

3. 所以，在我看來，政治權力，即為規定和保護財產制定法律的權利，判決死刑及那些處置較輕的權利，借助共同體的能力執行此類法律並保護國家不被外來者侵犯的權利；這所有一切的目的都是公共福利。

第二章　試述自然的狀態

4. 只有清楚人類本來自然的狀態是怎樣的，我們才能夠更加準確地瞭解政治權力，找到它的起源。那是一種完美的自由狀態，只要他們不逾越自然法的界限，就可以按照他們認為恰當的方式，決定採取怎樣的行動，決定怎樣處理個人財產和人身狀況，他們不需要聽命於任何人，也不需要得到他們的認可。

注 4 羅伯特·菲爾麥爵士（Sir Robert Filmer，？—1653），十七世紀，他堅決支持英國的君主制，著有《父權制，或國王的自

然權利》，宣揚君權神授。——譯者注

這種狀態也稱為一種平等的狀態，在這種狀況下，所有的權力和管轄權都是互相的，沒有誰的權力會比別人多。更加明確的是，同一類人和地位平等的人，本來就應當同等享受自然中全部有利的條件，他們可以運用同樣的身心條件，他們應該是彼此平等的，至於從屬關係或者是受制關係本就不應當存在。只有一種情況例外，那就是主宰他們的人透過某種方式表明自己的意志，使一個人的地位高於另一個人，同時，明確表示此人具有絕對的不容半點質疑的統轄權和主權。

5. 在聰明的胡克爾 5 看來，人類生存的基礎是自然的平等，這一點很明顯，也不容任何人懷疑，所以這是人類互相關愛的義務的根源，只有在這個根基之上，人們才能建立起更多其他的義務，才能明白正直和仁善的重要原則。他是這樣說的：

「在同樣的自然動機的驅使下，人們知道了愛自己和愛他人都是一種責任；如果明白同樣的事物遵循同樣的尺度，那麼我就應該清楚，想要獲得利益，想要從任何人的手中得到所有人希望得到的利益，就必須想辦法滿足他人在同樣的本性驅使下希望得到的相同的一切，我怎麼能夠期望滿足我所有的希望呢？如果給予人們的一切和這些希望完全相反，那麼無論在哪一方面，他們一定會感到失落，就像我在同樣的狀況中也會感到失落。因此，如果我傷害了他人，那我期望獲得的只有懲戒，因為我不可能要求他人對我比我對他人更好，這沒有道理可言。也就是說，如果我希望那些和我本性相同的人盡可能愛我，那我只能給予他們相同的愛，這是一種自然的義務。從我們自身以及和我們一樣的人的平等關係出發，自然而

然能夠得知眾所周知的那些指引生活的規律和原則。」（參見《宗教政治》，第一卷）

5 胡克爾（Richard Hooker，1553—1600），英國著名的神學家，代表作《宗教政治的法律》。——譯者注

6. 這是一種自由的狀態，而非放任。在這一狀態下，人們可以隨意處理其人身和財產，在這一點上，人們擁有絕對的自由，但是他不能銷毀自身及屬於他的任何生靈，只有一種情況例外，那就是和簡單地保有它相比，有一種更加高尚的用途需要銷毀它。自然狀態是由自然法支撐著的，人們都應當遵守自然法；而理智，即自然法，對願意遵守理智的人類來說都具有教導意義：既然人人獨立、平等，那麼就沒有人有權侵害他人的生命、健康、自由和財富。因為人類全部都是由全能和擁有無限智慧的創世主創造的，創世主是全世界唯一的最高主宰，人類都是他的奴僕，按照他的指令來到了世間，服從他的安排，按照他的指令辦事，人類是他的財富，是由他創造的，他希望人類存在多久，人類才能存在多久，這一點是人類互相之間無法決定的；我們具有相同的能力，我們生活在同一個自然社會之中享受著所有的一切，所以我們無權假設我們之間存在從屬關係，我們無權互相消滅，更不能表現出我們出生就是為了相互利用，就像那些低等生物本就是被我們利用的一樣。我們一定要保護好自己，不能隨意改變其地位。同理，當我們可以保護好自己的時候，應當盡力保護好其他人類，如果不是為了懲戒一個罪犯，就不能剝奪或者傷害另一個人的性命，不能傷害所有能夠幫助他人保護生命、自由、健康、身體或財物的東西。

7. 為了讓每一個人的權利受到保護，為了保證大家不彼此傷

害，讓大家都能夠遵守保護和平，保護全人類的自然法，自然法在那種狀況下只能交給所有人去執行，無論是誰，都有權懲戒那些違背自然法的人，以禁止違背自然法作為原則。和世界上所有與人類相關的法律一樣，如果自然法在自然狀態下沒有人有權力執行它，就無法保護無辜者，制止罪犯，那麼，自然法也就沒什麼價值了。一旦有人在自然狀況下有權力懲戒那些違背自然法的人，那麼每個人就都有權力這樣做。因為在人人平等的狀況中，自然的原則告訴我們沒有誰的地位比他人高，沒有人有權管轄他人，所以在執行自然法的時候所有人可以做的事情，每個人都應當有權這樣做。

8. 因此，在自然狀況下，人們就是這樣獲得支配他人的權力的。當一個人抓到一個犯罪者時，他沒有絕對的或者任意的權力按照個人情感或無拘無束的思想來處理罪犯，只能按照從容的理智和良心，按照他犯下的罪行，對其施行懲戒，最好能夠改正制止他的行為。因為只有改正和制止才是人們傷害他人，即懲戒他人的唯一符合法律的原因。犯罪者違背自然法，就代表著他將自己置於理智與公道之外了，他的生活原則違背了這兩者，但是理智和公道的原則是上帝為了保護人類彼此安全為人類制定的行為準則，不管是誰，只要他破壞了能夠保護人們不被暴力和傷害侵犯的限制，他就會成為人類的威脅者。既然這是對全人類的傷害，是對自然法保障的人類和平與安全的傷害，那麼，人們在其享有的一般人類都享有的權利的基礎上，就可以制止那些對他們構成傷害的東西，甚至在必要的情況下可以消滅它們，人們可以讓那些違背自然法的人經歷一些不幸的事情，促使他們後悔並改正，使他和以他為榜樣的其他人不敢再犯同類錯誤。在這類狀況下，在這一原則的基礎上，每個人都應當有權利成為自然法的執行者，都應當有權利懲戒犯罪者。

9. 我想這對於部分人來說是一種很奇怪的說法。但是希望人們能夠在批評這一說法之前，先聽我解釋：所有的君主或者是國家可以懲戒那些在他們國家中違反法律的人，或者對他們判處死刑，是以什麼權利為根據的呢？可以確定的是，透過立法機關公佈的決定才具有效力的法律，並不是針對某一個外國人：他們不是為了一個人專門制定的，即便如此，他也沒有義務受到這種限制。那些約束該國臣民的立法權，對他來說沒有任何效力。在印第安人眼中，那些在英國、法國、荷蘭擁有最高權力，可以制定法律的人們和世界上其他毫無權勢的人沒有什麼區別。顯然，如果以自然法為依據，任何一個人都沒有權力懲戒那些違反自然法的人，雖然他的理智告訴他這件事是必要的，但是我依然無法理解那些社會的官長們為什麼可以懲戒屬於他國的外國人。因為對他來說，所有人享有的權力都是自然賦予的，沒有誰比另一個人享有的權力更多。

10. 一般來說，那些違反法律的行為及與正當理智原則不相符的行為，都構成了犯罪，一個人因為這一原因開始墮落，並表示自己已經不再堅持人性的原則，即將成為一個危險的人，此外，一般還會對某個人造成傷害，另外一個人也會因為他的犯罪行為受到傷害。在這一狀況下，受到傷害的人，不僅可以享有和他人一樣的處罰權，還有特殊權利要求罪犯賠償損失。認同這一做法的其他人，不管是誰，都可以和受害者一起幫助他要求罪犯給予適當的賠償。

11. 我們提到了兩種權利，一種是人們都享有的權利，目的是為了禁止同類犯罪行為而採取的懲戒權利；一種是只有利益受到損害的一方才具有的要求賠償的權利。從這兩種權利導致的情況來看，法官因為其身份享有共同的懲戒權利，如果公眾利益要求免除

法律，那麼他可以根據自己的職權放棄對罪犯的懲罰，但是他不能要求那些利益受到損害的個人放棄自己因利益受損應得的賠償。受害人有權利以個人名義提出要求，除非他自願放棄這一權利。受害人可以從自衛的角度出發，要求罪犯將物品或者勞役交出來，收歸己有，這就像是人類為了保護自己可以做出一切恰當的行為一樣，他們可以懲戒犯罪行為，有權力制止這類行為再次發生。所以，在自然狀況下，每個人都有權力處死殺人犯，透過殺死他禁止他人犯同樣的錯誤，造成無法彌補的後果，同時，這也是為了保證人們不被罪犯傷害，罪犯其實已經違背了理智，這是上帝教導人們的行為準則，他對他人施加非正義的暴力，殘害他人，以此向世人宣戰，所以我們可以將其看作獅子或者老虎，並將其徹底消滅，我們完全可以將其視為無法和人類和平共處，無法讓人類感到安全的一種猛獸，然後毀滅它。「人類永遠都是，血債血償」，上面所說的這些正是這一重要的自然法的基礎。對這一點，我們無需懷疑，每個人都有權利消滅這類罪犯，所以，當他殺害了兄弟之後？喊：「只要是看到我的人，一定會殺了我」；這一點人們早就很清楚了。

12. 同理，在自然狀況下，人們可以懲戒那些違背自然法情節較輕者。可能有人會說，要判處死刑嗎？對此，我認為對每一種犯罪行為的懲戒程度和輕重，應當以這樣的懲戒是否足以讓罪犯感到不值，是否能夠讓他悔改，是否能夠起到警示作用，防止他人犯同類錯誤為依據。在自然狀況中可以發生的犯罪行為，在一個國家中同樣能夠發生，就像是在自然狀況中一樣，也會受到同樣的或者是同等程度的懲戒。雖然我不打算在此討論自然法的細枝末節，或者與它相關的懲戒原則，但是我可以確定，這種法是確實存在的，在那些理智的人和研究自然法的人眼中，它和各個國家的明文法一樣

通俗易懂，甚至比明文法更加簡單易懂，就像是人們在用文字描述那些彼此的衝突，表現隱藏的利益時，總會抱有很多幻想，有很多盤根錯節的陰謀，此時，恰當的議論更能幫助人們理解。各個國家的內部法律一般都是如此，只有以自然法為基礎建立這些法律，才能保證公平，自然法必須作為這些法律制定和解釋的基礎。

13. 有人認為在自然狀況下，每個人都有權力執行自然法，這一說法太過詭異，我相信一定會有人站出來反對：人們審判與自己相關的案件，本就不合適，因為在私心的驅使下，人們會偏向自己或者是朋友，而內心不正、衝動做事和報復心會驅使我們對他人的懲戒過於嚴重，最終必然導致混亂無序；因此上帝創造了政府來限制人們的私心和暴力。公民政府設置的目的是讓那些在自然狀況下不恰當的情況具有正當的拯救方式，對這一點，我願意認可。人們審判自己的案件，確實存在很多弊端，因為我們會輕易想到，那些對自己兄弟有害的人不會太有正義感，更不會相信他們會宣判自己有罪。但是，我還有些不同的意見，希望人們能夠注意，專制君主也是人；如果政府設置的目的是彌補人們審判自己案件存在的弊端，所以自然狀況是無法忍受的，那麼我更想知道，如果一個能夠統治眾人的人享有審判自己案件的自由，可以隨性懲戒他的百姓，所有人都不能過問或者限制那個根據個人喜好做事的人，不管他是在理智、失誤，還是在衝動的驅使下做事，百姓都必須臣服，那這是一種怎樣的政府呢？它和自然狀況相比又有什麼優勢呢？在自然狀況下，事情自然會更好，因為在這種狀況下，人們不需要按照他人的不法意志做事；如果審判者在自己或者他人的案件中犯了錯誤，那麼他就對剩餘的人類負有責任。

14. 經常有人提出這樣一個問題，並以此反駁論點：現在或者過去哪裡曾經出現過這種自然狀況下的人類？就現實狀況來說，對這一問題可以這樣回答：既然全世界的獨立政府的統治者和君主都在自然狀況下，那麼不管過往還是未來，世界上都會有一些在自然狀況下的人，這一點不言而喻。我所說的是獨立社會的所有統治者，這和他們是否與他人聯合沒有關係。因為不是所有的契約都具有結束人們彼此之間自然狀況的作用，只有那些彼此約定加入同一個社會構成一個國家的契約才具有這樣的價值；人們如果彼此簽訂其他的協定或者合約，依然在自然狀況中。當兩個人同時處於寸草不生的荒島上，就像加西拉梭[6]在秘魯歷史中提到的那樣，也許一個瑞士人和一個印第安人同處於美洲森林中簽訂了切換式通訊協定和契約，這對於雙方才具有限制性，雖然他們互相也處在絕對的自由狀況。因為誠信是做人的基本品德，而並非社會成員才具有的品德。

注6 加西拉梭（Garcilaso de la Vega，1535—1616），研究秘魯的歷史。——譯者注

15. 至於那些認為人類從來沒有在自然狀況下生活過的人們，我要引用聰明的胡克爾在《宗教政治》第一卷第十節中的言論：「上述法則（自然法）對人類而言，即便他們以大多數的個人形象出現時，也具有完全的限制作用，雖然他們沒有固定的組織，也沒有互相簽訂協定規定他們應該做什麼或者不做什麼。我們無法滿足自己在天性驅使下獨自生活的需求，換句話說，我們無法滿足自己在滿足尊嚴的同時需要的生活資源，那我們為了彌補獨立生活時出現的劣勢和缺點，我們自然而然會願意和他人生活在一起，這是人們團結在一起構成政治社會的初始原因。」我還可以更進一步說，

任何人一開始都在這種狀態下生活，在他們自願加入某一政治社會之前，狀態從未改變過。我堅信論文的後半部分會讓大家更清楚這一點。

第三章　試述戰爭的狀態

16. 戰爭的狀況也可以說是一種彼此對立的狀態，一種滅亡的狀態。所以只要我們用語言或者實際行動表明自己對他人的生命有著明確的、冷靜的企圖，並非一時衝動的決定，那麼我們就會使自己和對方都進入戰爭的狀態。一旦如此，他的生命便掌控在對方和那些支持對方抵抗的人的權力下，隨時可能丟掉自己的生命。我有權利銷毀那些最易消滅我威脅我的東西，這是合情合理的。因為在自然法的原則中，我們都應當盡力保護好自己，如果不能保護好所有人，那就先保護那些無辜的人。人們可以使那些對他宣戰或者威脅他生命的人失去生命。他完全可以這樣做，就像他完全可以殺害一隻豺狼或者一頭獅子。這種人完全不顧共用的理智原則，他們遵循的只有強制和暴力的原則，所以我們可以將其看作猛獸，看作是有危險的，最易造成傷害的動物，人們一旦被它們抓到，一定會走向滅亡。

17. 所以，如果誰想要利用自己絕對的權力掌控一個人的生命，那麼這個人和那個人便都進入了戰爭的狀態，我們可以理解為這個人對那個人的生命另有所圖。我完全有理由相信，那些沒有經過我的允許便把企圖利用自身權力控制我的人，一旦控制了我，一定可

以隨意處置我，甚至可以完全消滅我。因為沒有人希望用絕對的權力控制我，他們只不過是希望透過強制手段使我接受一種對我的自由不利的環境，把我變成奴隸。想要保護好自己，必須保證自己不被這種強制的力量打壓，所以我的理智告訴我，那些想要剝奪我保護自己自由的人，都應當成為威脅我生存的敵對者；那些想要奴役我的人，自然會和我一起陷入戰爭的狀態。只要在自然狀況下，想要奪取在這種狀況下生活的人的自由，人們就會假想他對所有的東西都圖謀不軌，因為所有的事物都是以自由為基礎的。同理，在社會狀況下，想要剝奪生活在社會或者國家的人們自由的人，也會被人們認為對所有的一切都懷有異心，會被認為陷入了戰爭的狀況。

18. 這種狀況導致人們殺害一個盜賊是完全合法的行為，雖然盜賊並沒有對他造成傷害，也沒有試圖危害他的生命，只是希望能夠使用強制手段控制他，方便在某些情況下奪取他的金錢或者看中的物件。不管盜賊有什麼樣的理由，他都沒有權利利用他的權力採用強制手段控制我，所以我無法認同，他企圖剝奪我的自由，控制我之後，不會剝奪我其他的東西。所以，我完全可以認為他和我已經陷入了戰爭狀況，並以相應的方式對待他，這一做法是完全符合法律規定的，換句話說，如果我的能力足夠，我可以奪取他的生命；不管是誰，只要是他導致了這種戰爭的狀況，並且在這種狀態中，他扮演著一個侵略者的身份，那麼他就陷入了危險的環境中。

19. 雖然一部分人[7]認為自然狀態和戰爭狀態是同一種狀態，但從上面的描述中我們已經看到了兩者的明顯差別。這兩者之間的區別就像和平、善良、互助、安全的環境和對立、惡劣、暴力、彼

此傷害的環境一樣，它們的區別太大了，甚至可以說完全相反。人們之所以生活在一起，是受到了理智的驅使，根本不存在世間的共同長輩有權力對他們進行審判，他們處於自然的狀態下。但如果對一個人採用強制手段，或者表現出這種趨勢，但又沒有人們可以祈求幫助的共同長輩，那就會導致戰爭的狀態。人們無處申訴，自然就可以向侵犯者宣佈戰爭，雖然他也是社會的一員，雖然雙方都是國家的百姓。所以，我雖然無權因為盜賊盜取了我的所有財富侵害他，我只能尋求法律的幫助，但如果他搶奪我的馬匹或者衣物時，我完全可以剝奪他的生命。因為如果那些為了保護我而制定的法律無法對當時的強制手段進行幹預以保護我的生命安全時，生命只有一次，我完全有權利自衛並發動戰爭，即我有自由殺害搶掠者，因為侵略者沒有給我時間讓我向我們共同的審判者求助，即便法律可以審判但也不能改變無法彌補的傷害。人們沒有共同的審判者時就會處於自然的狀態，如果不以權利為基礎便對他人採取強制措施，不管有沒有共同的審判者，都會陷入戰爭的狀態。

　　注7 十七世紀英國哲學家霍布斯（Thomas Hobbes，1588~1679）認為人類的自然狀態就是一種戰爭狀態。——譯者注

　　20. 只要強制力量停止，生活在社會中的人們之間的戰爭狀態便應當宣告結束，因為此時他們已經有辦法申訴過往的罪行，制止未來的傷害了，雙方都應當透過法律得到幫助，法律會給他們公正的判決。但是如果缺少明文法或缺少他們可以申訴的具有權威的審判者的幫助，狀況就會和自然狀況下一樣，戰爭只要一開始就會一直繼續，無辜的一方不管怎樣，只要存在可能，就有權利消滅另一方，除非侵略者自願提出和平或者自願和解，且他們給出的條件必須能夠彌補無辜的一方受到的傷害，能夠保障其日後的安全。此

外，雖然法律能夠提供幫助，我們存在共同的審判者，但是，因為那些公開的違法行為和對法律的強詞奪理，歪曲事實，法律的幫助被很多人拒絕了，導致它無法保護或者彌補一些人或者一些集團採取的暴力行徑或者造成的傷害，這就使我們無法想像在戰爭狀態之外還有什麼其他的狀況。因為只要採取了暴力手段，並且已經造成了傷害，即便這是有權執行法律的人做出的行為，即便它以法律為保護傘，為理由，為形式，它依然是暴力手段並且造成了傷害。法律的目的是讓那些被法律掌控的所有人能夠受到法律公正的待遇，保護幫助那些無辜的受害者；如果沒有從善良的角度出發實現這一目的，那麼受害者就會陷入戰爭，他們無法在人世間申訴，請求幫助，那麼他們就只能向上天申訴了，這是唯一尋求幫助的辦法。

21. 人類之所以會組織建立社會並擺脫自然的狀況，避開戰爭（在這種狀況下，除了向上天申訴之外，沒有其他可以訴苦的方式，因為沒有人有權威對爭論雙方進行判決，所以幾乎每一個微小的矛盾都會以這樣的方式宣告結束）是一個很重要的因素。只要世間存在可以讓人們申訴的權威和權勢，戰爭的狀態就會結束，因為那個權勢可以解決矛盾。如果世間當時有這樣的法庭，有上級審判權可以解決耶弗他和亞捫人之間的權利，那麼他們就不會陷入戰爭；但我們看到的結果卻是他們無奈地向上天申訴。他說：「希望具有審判權的耶和華，今天能夠明辨是非，在以色列人和亞捫人之間做一個決定」（參見《舊約》士師記，第十一章，第二十七節），接著，他進行了控訴，並依靠他的請求帶領軍隊加入戰爭。所以，在此類矛盾中，我們不能根據誰是審判者來決定誰負責審判這一矛盾。我們很清楚，耶弗他在此想讓我們知道，「審判者耶和華」具有審判權。如果世間不存在審判者，那就只能向天上的上帝申訴了。也就

是說，那個問題不能決定誰才可以決定他人有沒有讓自己和我陷入戰爭，也不能決定我可以和耶弗他一樣向上天申訴。對於這一問題，能夠決定的只有我的良心，只有在審判日最後，我需要對所有的最高審判者承擔起責任。

第四章　試述奴役

22. 人的自然自由，指的是不受制於任何上級的權力，不被他人的意志或者立法權掌控，只把自然法當作行為的準則。而生活在社會中的人的自由，指的是人們認可的在國家中建立的立法權以外，任何立法權都無法控制他們；只有立法機關根據它的委託指定的法律才能夠約束他們，除此之外的任何意志的統治或者法律都不起作用。因此，羅伯特·菲爾麥爵士告訴我們的自由並不是事實，他說：「人們願意做什麼就做什麼，喜歡怎麼生活就怎麼生活，自由是不需要被任何法律約束的。」（參見《亞里斯多德＜政治論＞評述，第 55 頁》。）生活在政府管理下的人們享有的自由，應當以長期有效的規則作為生活原則，這些規則由社會建立的立法機關制定，社會中的所有成員都需要遵守。也就是說，只要是這些規則沒有規定的事情，我們就可以按照自己的想法去做，不需要理會他人瞬息萬變的控制，更不需要被那些毫無預兆的果斷的意志控制，就像是自然的自由，即不被自然法以外的法律約束。

23. 對於人們來說，這種完全的，不受權力限制的自由和自我保護之間的關係密切，且十分必要，所以人類不能失去它，除非他

把自我保護的方式和性命一同放棄了。因為既然他的能力不足以創造自己的生命，那他就無法簽訂契約或者透過認可的方式將自己置於他人的奴役中，或者讓他人完全的，隨性的權力掌控自己，任意剝奪性命。任何人給予他人的權力都不可能多於自身擁有的權力；那些沒有能力奪取自己生命的人，就無法給予他人控制自己生命的權力。顯然，如果一個人因為犯了錯誤理所應當被處以死刑時，他就丟失了自己的生命權，那麼此時生命權歸誰，誰就有權力（誰已經控制他時）慢慢奪取他的生命，並使他成為自己的奴隸，這種做法不會傷害他。如果他認為成為奴隸比死亡更痛苦，他可以以死和主人的思想對抗。

24. 這種奴役的狀況是徹底的，這是符合法律規定的統治者和被統治者之間戰爭的延續。如果他們曾經簽訂契約，達成協議，要求一方擁有的權力有限，而另一方只能順從，那麼在契約有效的時間內，戰爭和奴役也會結束。就像上面所說的，我們沒有權力透過簽訂協定的方式把不屬於自己的東西轉交給他人，掌控自我生命的權力就是這樣。

我無法否認，我們眼中的猶太人，甚至其他的民族之間，的確發生過背叛自我的事情，但是有一點很明確，這些做法的目的僅僅是為了服從勞役，而不是被奴役。因為我們很容易看到，被背叛的人並非在完全的，隨意的專制權力中。不管什麼時候，主人都沒有權力奪取他的生命，在一定的情況下，主人只能取消他的服役，給予他自由；這種人沒有權力隨意掌控奴僕的生命，不能隨便殘害奴僕，如果奴僕的一隻眼睛或者一顆牙齒受到了損害，那麼奴僕就享有了自由（參見《舊約》出埃及記，第二十一章）。

第五章　試述財富

25. 不管我們從自然理性的角度出發，還是從上帝啟發的角度出發，大衛王的觀點（參見《舊約》詩篇第一百十五篇，第十六節）：上帝給予了人類土地，讓人類共用。這一點十分明確。從自然理性的角度說，人類從出生起便具有生存的權利，他們擁有肉類，飲料等自然界提供的一切可以幫助他們維持生命的東西；從上帝啟發的角度看，上帝把世界上的物品賜予了亞當、諾亞和他的兒子。但即便如此，還是有些人無法理解：人類怎樣才能擁有對所有東西的財產權呢？下麵的回答並非無懈可擊：如果前提是上帝把世界賜予亞當及其後代，讓他們共同享有，那麼財產權似乎很難理解，如果前提是上帝把世界賜予了亞當及其繼承者，並排擠亞當的其他後代，那麼這世界上擁有財產權的就只有全世界唯一的君主了。在此，我希望能夠想辦法證明，當上帝把人類共同享有的物品賜予人類時，人類應該怎樣在不經過所有人簽署協定的情況下，把其中的部分物品納為自己的財富。

26. 上帝把世界賜予人類，讓他們共用，上帝將理智賜予人類，希望他們利用這些東西在生活中謀取更多便利，獲得更多好處。無論是土地，還是其他的東西，目的只有一個，就是希望人們能夠利用它們使自己的生活更加舒服。所有產自土地的自然果實和生活在土地上的獸類，都是土地自然生產出來的，是人類共同享有的，但是沒有任何人有權排斥他人，將這些自然狀態中的東西納為己有；但同時，這些東西既然歸人類共用，它就必須透過一定的方式歸私人所有，才有可能給某一個人帶來用途或利益。粗魯的印第安人不

懂如何圈用土地，他們居住在沒有主人的土地上，所以他們只能把用以維持生存的鹿肉和果實納為己有，使這些東西成為他自己的，使他人無權再享受這些東西，只有這樣，他才能夠繼續維持生命。

27. 對於人類來說，土地和所有的低等生物屬於共用資源，但是每個人都享有自己的人身權，除了他之外，沒有人擁有這一權利。換句話說，他的身體進行的勞動和雙手從事的工作，是他的所有物，這是合情合理的。因此，只要他能夠改變這個東西被自然提供時的狀態，他就在這個東西中加入了自己的勞動，只要這個東西上有了他的東西，它就會成為他的財富。他的勞動使東西擺脫了自然生產的常態，那麼這個東西上自然就有了他的勞動，這樣其他人對這個東西就不享有共有權了。因為對於勞動者來說，勞動是不容置疑的所有物，所以，對於這種增加的東西來說，只有他具有所有權，起碼在自然中還有充足的同樣好的東西歸他人共用的情況下，這就是事實。

28. 誰撿起了橡樹下的橡實，誰摘取了樹林中蘋果樹上的蘋果，誰就將它們納為己有了。誰都必須承認，此人對食物具有所有權。所以，我的疑惑是，這些東西什麼時候開始歸他所有的呢？顯然，如果開始的採摘沒有讓這些東西歸他所有，那麼之後所有的狀況都不可能使他擁有這些東西了。真正讓它們和共有的東西區分開的是勞動，當萬物的母親自然創造出東西後，勞動又在這些東西上添加了一些東西，這使這些東西成為了勞動者的私有財產。沒有人會說，全人類沒有同意這些橡實和蘋果歸他所有，所以他沒有權利私自享有這些東西。這樣把人類共同享有的東西劃為他的東西，是否能認為是偷盜呢？如果必須征得全人類的同意，那麼即便上帝賜予

了人類無比豐盛的東西，人類也早就因為難以忍受饑餓去世了。從合約建立的共同關係中，我們能夠看出，財產權產生於人們從共同享有的東西中摘取出的一部分，並使這部分東西擺脫自然成長的結果；如果現實情況並非如此，那麼共同享有的這些東西就沒有任何價值了。但是想要摘取這一部分或者那一部分東西，都不需要共同所有人一致贊同。因此，即便沒有任何人的推讓和同意，我的馬飲用的草、我的奴僕收割的草皮、我在眾人共同擁有開採權的地方開採的煤礦，都屬於我的財富。在我的勞動作用下，它們擺脫了原來共同所有的狀態，從而確定了這些東西的財產權歸屬於我。

29. 如果每個人在把人類共同所有的東西納為己有時，都需要得到人們清楚的回答，那麼孩子和僕人們就無法獲取父親或者主人為他們一起準備的而沒有特意規定歸誰所有的肉。雖然泉源的流水人人共用，但是沒人會懷疑放在水壺中的水屬於取水人。他利用勞動讓這些東西擺脫了自然狀態，從而使這些東西收歸私有，但是當這些東西保持自然狀態的時候，它是大家共同享有的，所有人對其都享有同等的權利。

30. 所以，在這種理性法則的驅使下，印第安人獵殺的鹿屬於他們；雖然這些東西本來是所有人共同享有的，但是當某人對它進行了一定的勞動後，這種東西就成了他的財產。人們眼中的文明人已經開始制定並增加了一部分明文法來保證財產權，但是自然法中，人們從原本大家共同享有的東西中產生財產權的方法依然有效。從這一點來說，不管是誰，只要從廣闊的海洋中捕獲了魚類或者採集到了龍涎香，雖然海洋屬於全人類，但是人們的勞動使這些東西擺脫了自然原本給予它的狀態，所以它們就成為了這些願意付

出勞動的人的財產。在我們生活的環境中也是這樣，如果有人在圍場中一直追趕一隻野兔，那麼人們就會認為這只野兔是屬於他的財產。野獸本是大家共有的財產，不歸任何人所有，但是如果有人願意花費勞力發現並追趕動物，那麼動物就擺脫了原來人類共有的自然狀態，變成了一種財產。

31. 也許有人並不認可這種觀點，因為如果只要採摘橡實或者是生長在土地上的其他果實，就可以擁有這些東西，那麼不管是誰都能夠根據自己的心情隨意佔有。對此，我給出的答案是，不是這樣的。在同一種自然法之中，這種方式給予了我們財產權，但同時也限制了這種財產權。「上帝把萬物恩賜給我們，使我們享受」（參見《新約》提摩太前書，第六章，第十七節）是神的指示，已經被證明瞭是一種理智的聲音。那麼，上帝給予我們財產的界限是什麼呢？這是以提供給我們享受為前提的。如果有人可以在這件東西完全損壞之前盡其所能使它對生活有幫助，那麼在這個界限之內他在這件東西上付出的勞動就使他具有了財產權，但是超過了這個界限的部分就不屬於他，而屬於他人了。上帝創造萬物不是為了讓人們能夠踐踏或者損害它。因此，在很長一段時間內，世界上的天然資源很多，但是消費者並不多，一個人的勞動能夠佔有的物資很少，這部分物資（尤其是在理智範圍內可以提供給他人使用的範疇）不允許他人分享，但是人們卻很少因為這部分財產發生衝突或者矛盾。

32. 現在，雖然財富對象成為了那些包含了所有東西的土地本身，而不是從土地上生產出的果實和憑藉土地生活的野獸，但是在我看來，人們取得土地所有權的方式和後者相比並沒有改變，這一

點很明顯。一個人的能力足以耕種、播撒、改善、培植多少土地，能夠使用多少土地的產物，他就能夠把多少土地納為己有。就像是這些土地是他憑藉自己的勞動從共有的土地中圈出來的一樣。雖然他人也具有這樣的權利，但是如果沒有得到所有共有人，也就是全人類認可的情況下，他就無法把土地納為己有，無法圈用土地，這種說法並不干涉他對土地的所有權。上帝在將全世界賜予人類，讓他們共同享有的時候，也告誡人類一定要進行勞動，人們的窮困狀況也要求人們進行勞動。無論是上帝還是人類的理性，都指引他開墾種植土地，換句話說，他想要生活就必須改善土地狀況，在土地上施加屬於他的勞動。如果誰認可上帝的安排對土地加以開墾、耕種、播撒，土地就擁有了專屬於他的一部分東西，這是他人無權要求的，如果有人想要爭奪，那就一定會造成傷害。

33. 一個人隨意開墾一塊土地並將其納為己有的行為並不會損害他人的利益，因為自然中還存在很多一樣優良的土地，甚至比還沒有獲得土地的人能夠利用的還要多很多。因此，一個人圈用土地後，並沒有減少留給他人的土地。一個人只要在佔有土地時，留下足夠他人使用的土地，就和沒有佔有土地一樣。就像是沒有人會因為一個人如同牛飲似地喝了大量的水而感到自己的利益受到了損害，因為他也可以從一條同樣的河流中飲水；其實土地和水是十分相似的，兩者足夠人們使用，所以情況也沒有太大差別。

34. 上帝把世界恩賜給了全人類，讓他們共用；但是，上帝既然為了人類的利益而賜予他們世界，希望他們能夠從世界中為生活贏取更多的方便，那麼我們就不能認為上帝希望世界永遠被人們共用，而不被人們耕種。上帝希望世界能夠被那些勤奮和理智的人們

使用（只有勞動才能讓人們有權利獲得它），而不是希望那些無事生非的人引發爭執滿足其以權謀私的行徑。只要人們依然有可以利用的東西，且這些東西和已經被據為己有的東西同樣優質，那麼人們就不應該有怨言，也不應當干涉他人透過勞動改善的東西。如果他企圖採取這樣的措施，顯然，他就是希望不費吹灰之力便占取他人的勞動成果，但實際上他沒有這樣的權利。他對於那些上帝恩賜給全人類共同的，方便人們進行勞動的土地沒有絲毫興趣，其實拋開那些已經被佔有的土地，還有很多優良的土地，且數量絕對高於他懂得利用，且有能力利用的量。

35. 的確，在英國或者那些有很多百姓被它統治的國家中，他們不僅擁有大量的金錢，同時還致力於商業活動，對於這些共有的土地的任意部分，在沒有共有人認可的情況下，誰也不能將其劃為私有，加以圈佔；這是契約規定的，也就是國家的法律規定為人們共有的，不容侵犯。對這些土地來說，它的共有人只是一部分人，而非全人類，它僅僅只是這個國家或者這個教區人們共同享有的財產。且一旦圈用之後，剩餘的土地對其他共有人來說和開始時所有的土地就不一樣了，因為那個時候，他們具有全部土地的使用權。當人們剛剛在世界廣袤的土地上聚居時，情況是完全不同的。那時限制人們的法律是為了鼓舞人們擁有自己的財產。在上帝的命令和他的自我需求下，他必須進行勞動。那是屬於他的財富，沒有人可以在已經劃分好的地方奪取他的財富。所以，開墾耕種土地和把土地占為己有是密不可分的。前者是後者的基礎，只有這樣才能夠獲得產權。因此，上帝下令讓人們開墾土地，並在這一界限之內給予人們把土地劃為私有的權力。而人類生活也需要勞動和進行勞動的資料，私有是不可避免的結果。

36. 自然以人類的勞動和生活需要的範圍恰當地規定了財富的幅度。無論是誰的勞動都不可能開墾所有土地，也不可能把所有的土地納為己有；他最多只能佔有一小部分供自己享用；也就是說，沒有人能夠利用這種方式侵害另一個人的權利，也不會為了自己獲得一部分財產而傷害他的鄰人，因為他的鄰人（在他人已經佔有他的一部分之後）依然擁有和他佔有部分財產之前一樣多的財產。在世界早期，人們生活在空曠的原野上，那時候人們面臨的考驗是脫離群體，即沒有辦法生活，這種危險遠遠高於沒有土地耕種帶來的不方便，那時，這種幅度會把所有人的私有財產限定在恰當的範圍裡，人們有能力納為己有的私有財產不會傷害他人的利益。現在，世界的人口越來越多，甚至造成了隱患，但是這樣的限定依然存在，也同樣適用，不會傷害任何人的利益。我們可以假想某人或者某個家族和亞當或者諾亞的後代們開始生活在世界上的狀況一樣：他生活在美洲內地的空曠土地上，在那裡耕種，我們會看到他在我們規定的界限內可以占為私有的土地很多，即便放在現在，也不會傷害到他人的利益，不會讓人們有機會埋怨或者誤以為因為那個人佔有部分土地而傷害了他人的利益，雖然現在人們已經居住在了世界上的任意一個角落，他們的佔有量已經遠遠超過了最開始的微小數量。此外，如果缺少勞動，那麼土地的多少幾乎沒有什麼價值。據說，西班牙就是這樣，如果一個人願意利用土地，即便他沒有其他的權利，也可以在土地上耕種、豐收，他人不能干涉。而在居民眼中，他還為人類帶來了利益，因為他開墾荒地，付出勞動，增加了大家需要的糧食。不過這並不是我想要重點說明的。我可以鼓起勇氣表明，如果貨幣沒有出現，人們沒有認可土地應當具有另一種價值，使大面積佔有、掌控土地的權利形成（在認同的基礎上），那麼，人們有能力利用多少就能佔有多少的所有權法則依然會在世

界範圍內有效，且這種原則不會對他人造成困擾，因為世界上提供給其他大量居民的土地還有很多，完全可以滿足他們的需要。至於貨幣形成的狀況，我會慢慢地詳細證明。

37. 有一點不容置疑，最開始的時候，改變事物真正價值的是人們多餘需求引發的佔有欲，人們根據事物對人類生活的功能大小確定了事物的價值，或者說，人們已經認同了一小塊價值不會減小，也不會損害的黃色金屬和一塊肉或者一堆糧食的價值相等，人們透過自己的勞動可以把他有能力利用的自然界中的東西納為己有，但這只是一小部分，不會損害他人的利益，因為自然界中還有一樣優質的東西留給那些願意付出同等勞動的人。對此，我要再說明一點，那就是一個人利用自己的勞動把土地劃為私有，但是這不會減少人類共同的積累，反而會增加。如果比較兩塊肥沃程度相同的一英畝土地，其中一塊讓某人圈用耕種，另一塊則任由其荒廢，共有人不管不顧（略顯傳統的說法），那麼前者生產出來的產品要比後者多出十倍左右。因此，圈用了土地的人利用十英畝土地生產出來的生活必需品，要遠遠高於一百英畝人們不管不顧的土地生產出來的生活必需品，也就是說，他給了人類九十英畝的土地：因為他付出勞動的十英畝土地給人們提供的產品和一百英畝土地生產的產品差不多。在此，我將改善過的土地產量規定得很少，產品比例約為十比一，但這遠遠低於實際狀況，一百比一更接近實際情況。我們可以設想，在美洲森林尚未開墾的荒地上，一千英畝從未進行改良、培養種植的土地，和得文郡[8]同樣優質的被耕種得很好，且能夠為窮困百姓提供生活必需品的十英畝土地相比，產量能夠相提並論嗎？

注 8 德文郡（Devonshire），位於英格蘭西南部。──譯者注

在土地沒有劃分為私有之前，誰有能力採摘更多的野生果實，誰有能力捕捉獵殺馴服更多猛獸，誰願意對自然生產的原生態產品付出勞動改變它們原本的狀態，誰就獲得了對物品的所有權。但是如果這些東西在歸屬於他的時候還沒有被充分利用就已經損壞了，在消費過程還沒有結束的時候，果實就已經壞了或者鹿肉就已經發黴了，那麼他就和自然的共同法則相違背了，必然會受到懲罰；他已經損害了他的鄰人應當享有的部分，因為這些東西已經超出了他的必要程度，或者說已經超出了能夠提供給他的生活需要的界限，此時，他對這些東西就不再具有所有權了。

　　38. 這種界限對土地佔有同樣適用。那些透過播種豐收、儲存的東西，在損壞之前充分利用，是他專有的權利。只要是圈用、養殖並利用的牲畜和產品都屬於他。但是，如果在屬於他的範圍內，土地上生長的草衰敗了，種植的果實還沒有被摘取儲存就腐爛了，那麼他即便圈用了這塊土地，這塊土地也會被認為是荒地，所有人都可以再次佔有它。因此，在最開始的時候，該隱可以根據自己的能力盡可能多地耕種並佔有土地，他的這些土地，完全可以讓亞伯放牧羊群，他們兩個人佔有幾英畝的土地就足夠了。但隨著家庭數量的增加，勤勞使他們需要的牲畜不斷增多，他們的佔有範圍也需要不斷擴大。不過在他們沒有團結在一起，共同定居建立城市的時候，他們使用的所有土地都屬於共有，並沒有財產權一說。之後，在認同的基礎上，他們固定了每個人的領地範圍，規定了他們和鄰人之間的邊界，同時，制定了內部法律，規定了同處於一個社會中的人們的財產權。因為我們很清楚，在人們剛剛開始居住的地方，其實大致就是那時居住的人口最多的地方，這種情況一直延續到亞伯來時期，人們總是攜帶著屬於他們的牛羊群，也就是他們的財

產，隨心所欲地在各個地方遊牧；此時的亞伯蘭在其遊牧的地方其實只是一個外鄉人。有一點很明顯，那就是那時候大多數土地都是共有的，百姓對此並不在意，也不會想到要在他們使用之外的土地上提倡財產權。但是一旦這片土地不足以讓他們共同放牧、飼養羊群時，他們就會在認同的基礎上，選擇和亞伯蘭與羅得一樣的方式（參見《舊約》創世紀，第十三章，第五節），區分並擴張他們的牧地，並選擇適合他們的地方。以掃離開家人前往西珥山成家立業，也是同樣的理由（參見《舊約》創世紀，第三十六章，第六節）。

39. 透過上面的論述，我們得知，我們不需要假設亞當對全世界所有排斥他人的東西享有所有權和財產權，因為我們無法證實這種權利，也無法從這一權利出發談及他人的財產權；我們只需要假設世界是賜予全體人類，供他們享用的，那我們就會明白人們是如何透過勞動把世界上的土地劃分成若干塊，並供自己使用，確定自己產權的，在這種情況下，質疑權利，引發爭執是不可能發生的。

40. 透過勞動獲得的財產權遠高於土地的共用狀態，如果沒有仔細研究過這種說法，可能會感覺很荒誕，但事實並非如此。因為所有東西之所以具有不一樣的價值完全是因為勞動。不管是誰，只要比較一英畝種植煙草、甘蔗、小麥或大麥的土地和一英畝大家共同享有，但卻從未開墾種植過的土地，就會發現大多數價值都是透過勞動的改善作用創造的。在我看來，即便說在對人們有利的土地產品中，勞動創造了十分之九，也是比較傳統的。如果我們把完全從自然中獲取的東西和透過勞動獲得的東西明確劃分，並結算其各自的費用，就會發現，其實在大部分東西中，勞動創造的占百分之九十九。

41. 我想美洲的幾個部落的狀況是最能證明這一點的證據。這些部落擁有大量的土地，但是他們的生活卻十分困窘。自然其實並沒有虧待他們，他們享受到的和其他所有的民族一樣，自然給予了他們肥沃的土地，這是他們生產充足的衣食需要的物資，但是他們卻不懂得用勞動改善，所以他們享受到的生活物品還達不到我們的百分之一。在那片土地上，統治者雖然享有大量肥沃的土地，但是他的衣食住條件遠遠落後於生活在英國的一個粗工。

42. 為了讓這種觀點更加明確，我們需要瞭解幾件生活必需品在被我們使用之前的歷程，看看人類的勞動究竟給它們創造了多少價值。在日常生活中，我們需要大量的麵包、酒和布匹。但是如果沒有勞動，我們需要的麵包、飲料和衣服只不過是橡實、水和樹葉或者獸皮，對我們來說這些東西沒有什麼用。顯然，麵包比橡實更有價值，酒比水更有價值，布匹或者絲綢比樹葉、獸皮和苔蘚更有價值，而這些價值都是透過人類的勞動和勤奮創造出來的。無論是誰，只要認真計算自然提供給我們的衣食和我們的勞動改善的物資兩者的價值，就會發現後者的價值遠遠高於前者，在這個世界上，我們享用的大多數東西的價值中有一大部分都來自於人類的勞動。但對於生產這些資料的土地來說，它們在整體價值中佔有的部分很少，甚至可以說是極少；這麼小的價值，使我們把那些完全天然生長沒有經過放牧、耕種、培養的土地稱為荒地，這是絕對符合現實的，因為它們幾乎沒有帶來任何好處。

也就是說，眾多的人口比廣闊的土地更具有優勢，時政的關鍵之處就在於改善土地並恰當地利用土地。一個君主，如果足夠賢明，就會利用已經制定的法律保護鼓舞人們正常的勞動，反對那些透過權力產生的壓榨和黨派爭鬥的私心，這會讓鄰國有壓迫感。不

過對於這一問題我們之後再討論。

現在，我們急需論述我們正在論述的問題。

43. 其實在這裡一英畝的土地可以生產二十蒲式耳的小麥，而如果採用同樣的耕種方式耕種美洲一英畝的土地，收穫完全可以相當，也就是說，自然給予它們的固定價值是一樣的。但是，人類一年從這塊土地上獲得的利益為五英鎊，但是對於那塊土地來說，如果印第安人把獲得的全部利益拿到此處進行價格評估並出售，恐怕毫無價值；我可以認真地說，其價值不到千分之一。也就是說，勞動創造了大部分價值，如果沒有勞動它幾乎沒有任何價值。比較一英畝小麥的麥稈、麩皮、麵包和一英畝同樣優質但卻無人耕種的荒地生產出來的產品，前者的價值明顯高於後者，這都是勞動創造的。算入我們吃的麵包價值的，不僅包括犁地人耗費的勞動力、收割人和打麥人耗費的勞動力、烤麵包人耗費的勞動力，還包括訓練耕牛，開採冶鐵和礦石，採伐並準備木材等製造梨、磨盤、烤爐或者大量的其他工具的人的勞動力，凡是在糧食播種到麵包製成的過程中需要的，都應當屬於勞動，且認可它產生的效果。自然和土地本身提供的東西本身價值就不大。我們吃到的每一塊麵包在我們食用之前都需要大量辛勤的勞動，並使用大量的東西，如果我們一定要刨根問底，恐怕會列出一大張奇怪的清單——鐵、樹木、皮革、樹皮、木材、石頭、磚頭、煤、石灰、布、染料、瀝青、焦油、桅杆、繩索等所有船隻應用的原料（所有工人在進行所有工作中需要應用到的所用物品都是船隻運送的），這些東西我們數不勝數，太過繁雜。

44. 所以，雖然人類共用自然中的東西，但是人不僅僅是自己

的主人，同時也是自己和自己行為勞動的所有者，他本就具有財產的基本基礎。當發明和技能為生活創造了各種便利時，他便獨自佔有了他賴以維持生計和享受的大多數東西，這些東西不需要和他人共用。

45. 因此，在開始時，只要人們願意在人類共有的東西上付出勞動，就能夠獲得東西的財產權；在很長一段時間內，大部分東西都是共有的，到現在為止這些東西依然遠遠多於人類能夠利用的東西。人類開始時，在大多數狀況下，都對自然提供的沒有經過加工的必需品感到滿足。之後，在世界上的一些地區（這些地區的人口和牲畜不斷增加，人們開始使用貨幣，土地緊張，所以產生了一定的價值），部分社會開始劃定自己的範圍，它們透過制定內部的法律確定了社會的私有財產，透過契約和協議規定了勞動和勤奮創造的財產——部分國家和王國簽訂盟約，明確表示或者默許放棄了對他人佔有的土地的所有要求和權利，在一致認可的基礎上，它們放棄了主張那些國家本來具有的、自然的共有權利，所以明文規定的協定開始在世界的部分地區明確它們的財產權——雖然這樣，但是還有大量的土地（居住在這些土地上的人民還沒有同意和他人一起使用他們使用的貨幣）荒無人煙，面積遠遠大於居住在上面的人們有能力開墾種植的面積，所以這部分土地依然是大家共同享有的。但是，在已經認可使用貨幣的那些人中，這種情況幾乎不會發生。

46. 在人類生活中起著重要作用的大部分東西，以及那些在世界初始狀態人們渴望得到的生活必需品，就像現在美洲人民渴望得到的東西一樣，通常都是已經無法長期保存的，一旦人們沒有充分利用使其消耗，那麼這些東西就會腐爛損壞。人們透過自己的興趣

和協定使金、銀、鑽石等的價值遠遠高於它們的實際用途和生活需求。自然提供給大家的優質東西，就像我們說的那樣，每個人有能力使用多少就擁有多少權利，只要他的勞動能夠作用的東西，他都具有財產權；只要是他的勞動使東西改變了自然提供的狀態，這些東西就成了他的。不管是誰，只要採集了一百蒲式耳橡實或者蘋果，誰就具有了這些東西的財產權，它們在被採摘的時候就已經歸他所有了。需要注意的是，他應當在這些東西沒有損壞之前便充分利用它們，不然他拿取的部分就多餘他應當得到的部分，這是對他人的掠奪；事實是，窖藏比他使用的東西多不是一件英明的事情，反而是一件不誠實的事情。如果他把一部分東西贈予他人，防止這些東西在屬於他的時候毫無價值地損壞，那麼他也算是充分利用了這些東西；或者他用一周後可能壞掉的梅子換取了可以食用一年的乾果，那他也沒有傷害什麼；只要這些東西在屬於他的時候沒有毫無價值地損壞，他就不算是踐踏了共有財產，不算是傷害了屬於他人物品的任何部分。如果他自願用屬於他的乾果去交換一些他喜歡的顏色的金屬，或者用他的綿羊交換一些貝殼，或者用他的羊毛交換一塊閃閃發光的卵石或者鑽石，並終生收藏這些東西，那麼，他也不算是侵害了他人的權利。他可以按照自己的喜好保存這些牢固耐用的東西。我們衡量這些東西是否超過他應當擁有的財產範圍的標準，不是他佔有了多少，而是看這些東西是否會在屬於他的時候毫無價值地損壞。

47. 貨幣就是這樣被廣泛使用的，貨幣能夠長期保存，不會損壞，人們只要相互認可，就可以用這些東西交換那些容易壞掉的生活必需品。

48. 付出的勞動程度不同，獲得的財產多少也就不同，同理，貨幣的發明給人們提供了不斷積累擴大財富的機會。如果在一座和世界其他地區不可能出現商業往來的海島上，居住了一百戶人，他們擁有羊、馬、奶牛等其他有價值的動物，他們擁有富含營養的水果，擁有大量的土地，足以生產供養高於現有人口千百倍的糧食。但是在這裡所有的一切，不是因為太過普通就是因為太過脆弱，容易被損害，無法作為貨幣。那麼，這裡生活的人們想到的就只有滿足家庭用途和自身消費的充足供應量，因為不管他們的勞動能夠生產多少東西，或者他們能和他人交換多少東西，結果都是容易損壞，他們沒有理由繼續擴大財產。不管在什麼地方，如果那裡沒有經久耐用，為數不多的貴重物品值得人們收藏，那麼人們就不會願意繼續擴大他們佔有的土地，雖然土地十分肥沃，且他們可以隨心所欲地佔有。我們可以設想，一個生活在美洲內地中部的人，在這裡佔有一萬英畝或者十萬英畝的優質土地，他努力耕種，他擁有大量牛羊，但是他無法和世界的其他地區互通貿易，無法透過交換商品獲得貨幣，那麼他會怎樣評價這些土地呢？圈用這些土地明顯不划算，所以一般情況下我們看到的結果都是，他僅僅保留了一塊能夠滿足他自己和家人生活的土地，而把其他的歸還給了自然。

49. 所以，世界開始的時候都和美洲一樣，而且是很久之前的美洲，因為沒有人知道貨幣的存在。如果一個人在他的鄰人那裡發現了可以被當作貨幣使用的東西，或者是和貨幣價值相當的東西，你就會發現他會馬上擴大自己的土地。

50. 雖然金銀在人們生活中的價值沒有衣食車馬重要，它們的價值基於人們的認可，且大部分價值由勞動決定，所以，有一點很

明確，人們早已認可了不平均或者不平等地佔有土地。他們互相默認並自我認同地找到了一種辦法，允許一個人佔有的土地超過他可以消費的土地，人們可以用剩餘的產品交換那些可以儲存同時不傷害他人利益的金銀，這些金屬在所有人手裡不會損害。人們把這些東西分割成不均等地私有財產，實際上超過了社會的範疇，沒有經過社會契約，但是他們給予了金銀一定的價值並默認它可以作為貨幣使用，這就成了完全合理的。政府透過法律明確財產權，成文憲法明確規定了土地佔有。

51. 到此為止，相信我們已經很清楚，在自然共有的物品中，勞動最開始是怎樣確立財產權的，消費財產在滿足我們需要的基礎上又是怎樣限制財產權的，明白這些沒有任何難度。這樣，關於財產權引發的糾紛就不會存在，至於財產權可以佔有多少也不會產生疑問。權利和生活的需要並不相對，因為一個人只要有能力施加勞動，他就有權享受這些東西，對於那些他無法享受的東西，他也不願意耗費勞動。這樣對財產權就不會產生爭執了，傷害他人利益的事情也不會輕易發生。我們很容易就能看到一個人納為己有的東西，如果他佔有的東西太多，高於他需要的東西，這是沒有價值的，也是不老實的。

第六章　試述父權

52. 論文的性質決定了，如果我批判世界上已經廣泛使用的一些名詞，可能會被人們批評是一種不合適的行為，但是如果一些舊名詞很容易讓人們產生誤解，提出一些新名詞可能就會被認為是恰

當的。例如父權這一名詞，從這一名詞出發，我們似乎感覺到父母對子女的權力完全屬於父親，跟母親毫無關係；但是，如果我們從理智或者啟發的角度思考，就會發現母親也具有同樣的權利。那麼人們就有充分的理由思考一個問題，如果稱其為親權會不會更加合適呢？不管自然和傳宗接代的權利要求子女承擔怎樣的義務，他們需要負責的都是導致他們出生的雙方。因此，在上帝的明文法中，我們能夠看到它要求子女對待父母雙方應該均等。如「應當孝順父母」（參見《舊約》出埃及記，第二十章，第十二節）；「只要是辱？父母的」（參見《舊約》利未記，第二十章，第九節）；「你們每個人都應當孝順父母」（參見《舊約》利未記，第十九章，第三節）；「你們作為子女，在主裡應當按照父母的意願做事」（參見《新約》以弗所書，第六章，第一節）等，在《舊約》和《新約》中我們都能夠看到這些。

53. 如果人們當初把關注點放在對這一問題的思考上，而不是討論問題的本質，也許人們不會在雙親的權力問題上犯下那麼大的錯誤。雖然把父母親的權力稱為父權，看起來是父親完全佔有的，並沒有強制要求其帶有完全的統治權和王權的意思，但是如果我們假設這種父母親對子女的權力被稱為親權，那麼父權這一名詞聽起來就會很奇怪，甚至有些荒誕，我們也會因此發現母親也擁有這種權力。如果母親也具有這種權力，那些依據父親身份而全力追求絕對權力和權威的人就不會被人們接受。這會動搖那些提倡君主政體的人的根基，因為從名詞的角度出發，他們認為應當由一個人統治的根基是不穩固的，這種權威本不應當只屬於一個人，而是兩個人共同擁有的。不過，現在我們暫且拋開名詞的問題吧！

54. 在本書的第二章中，我曾提及人人生來平等，但是這種平等並非是絕對的各種類型的平等。部分人因為年齡或者品德本就可以優先選擇，這是正常的。一些人可以憑藉自己超凡的能力和特長使自己高於一般水準。那些由於自然、恩情或者其他原因應當被人們尊敬的人會因為出生讓一部分人尊重，或者因為關係和利益關係讓另一部分人尊重。這些和人們現在生活中的與管轄和統治相關的主從方面的平等一樣。這就是本書中所說的平等，也就是每個人對天然的自由具有平等的權利，不因為他人的意志或者權威改變。

55. 我必須承認，孩子生下來的時候並不在這種完全平等的環境中，雖然他們自出生就應當擁有這種平等。孩子在出生時和出生後的一段時間內，會受到父母的統治和管轄，但這只會維持較短的時間。他們受到的這種支配限定，就像他們還是柔弱的嬰兒時包裹保護著他們的繈褓衣被。當他們不斷長大，年齡和理智會幫助他們擺脫這些束縛，直到他們完全解脫成為一個能夠自由處理事務的人。

56 亞當生下來的時候就是一個完整的人，在身體上，他具備足夠的體力，在心理上，他具備足夠的理智，所以他從出生起就可以保護自己，並且以上帝賜予的理智原則指引控制自己的行為。但是在他之後，世界上出生的他的後代，在出生時都只是嬰兒，柔弱無力，沒有知識。為了能夠彌補孩子身心不成熟的缺憾，這一問題只有隨著孩子的成長到他成年時才能解決，亞當和夏娃以及他們之後的父母都擔負起了保護、養育、教育孩子的責任，這是自然法規定的；他們並沒有把子女當作是自己的作品，在父母的眼中，他們是自己的創造者，也就是說，他們認為子女是全能之神的作品，子

女需要對全能之神負責。

57 指導亞當的法律和指導他後代的法律是一樣的，都是理智的法律。但是他和他的後代出生的天然狀況有所差別，他的後代們是透過另一種方式進入世界的，所以他們愚不可及，並不清楚怎樣運用理智，他們在短時間內並不受那種法律的限制。如果法律不是對某人公佈的，那麼這個人便不受法律的限制，這一法律是由理智公佈和發表的，所以如果他無法利用理智，那麼他就不受法律的限制；亞當的子女在剛剛出生時並不受這種理智的法律的限制，但他們在短時間內也不是自由的。從法律真實的含義講，不像是約束，更像是指引一個自由且聰明的人怎樣追逐自己的合法權益，它並不會對那些受法律限制的人的一般福利之外的東西進行規定。如果他們在法律不存在的情況下生活得更加快樂，法律就會因為一無是處而消失；如果法律的目的只是防止人們墜入深淵或者跌落泥潭，那麼就不能說法律是一種束縛。因此，不管人們怎樣誤會，法律的真正目的都是保護並擴大人們的自由，而不是廢除並解除人們的自由。其實，只要人們生活在可以接受法律指引的環境中，失去法律也就失去了自由。自由其實就是不被他人約束或者強制，但是如果沒有法律，又何談這種自由呢？人人都在強調，自由不是每個人想做什麼就可以做什麼（如果一個人憑藉自己一時興起就可以控制另一個人，誰還享有自由呢？），自由是在他需要接受的法律允許的範圍內，按照自己的意願安排處理自己的人身、活動、財產和全部財富的自由，在這一範圍之內他不需要被他人控制，完全可以自由地按照自己的意願做事。

58. 因此，父母對於子女享有的權力，產生於他們的義務，他

們的義務要求他們在孩子未成年的時候教育他們。父母需要做的是在子女年幼無知的未成年時期培養他們的心智，管理他們的行為，直到理智足以取代並擺脫他們的苦難為止，這也是子女需要的。上帝既然已經賜予人們指引行動的覺悟，那麼他就會給予他在法律範圍內的遵從自我意志的自由，以及屬於意志自由範疇內的行為自由。但如果他沒有覺察到他需要意志指引行動，那麼他就不具備自我可以遵從的意志。誰幫助他利用智慧，誰就需要幫助他做出決定；他必須對自己的意志進行規定，並以此來協調自己的行為；當兒子的思想發展到和父親一樣，足以成為自由人時，他就自由了。

59. 不管是國家法還是自然法，只要一個人受到法律的束縛，那麼這一點就是適用的。自然法是否約束一個人？在什麼情況下這個人才能夠脫離法律的掌控？在什麼情況下他才可以在自然法的範疇內按照自我意志隨意處理屬於他的財富呢？對這些問題，我給出的答案是：成熟。如果一個人足夠成熟，那麼他就可以完全理解那一法律，並且用法律範疇約束自己的行為。此時，人們就認為他很清楚遵守法律的程度，並且知道實現自由的尺度，這樣他才能夠獲得自由；在此之前，必須由那些清楚法律範疇中的自由尺度的人指導他。如果一個人在這種理智的情況下，在成年之後獲得了自由，那麼他的兒子也可以以同樣的方式獲得自由。英國的法律是否可以束縛一個人？在什麼情況下這個人才能夠不被法律控制？也就是說，在英國法律的範疇之內可以按照自我意志自由處理自己的財產，決定自我行動？這需要我們有足夠的能力理解那個法律；假設法律規定的年齡為二十一歲，在一些特殊情況下還要早於這一年齡。如果父親曾經透過這一方式獲得了自由，那麼兒子也可以透過這一方式獲得自由。在此之前，兒子不允許有自己的意識，他需要

按照父親或者監護人的意識行動，因為是他們幫助他使用理性的。如果父親離世，且沒有指定一個人來接替他的責任，如果他沒有為兒子缺乏覺悟的未成年時期指定導師，那麼法律就會承擔起這種責任。當一個人還沒有達到自由狀態時，他的覺悟不足以支配他的意志，他就需要一個人管理他，引導他的意志。但是跨過這一階段，父親和兒子之間，就像導師和已經成年的徒弟一樣，雙方都獲得了自由，他們被同樣的法律約束著，不管他們是被自然狀態下的自然法約束，還是被建立起的政府制定的明文法約束，父親都不再有權統轄兒子的生命、自由和財富。

60. 但是，如果出現異於自然常態的狀況，發生了某些遺憾，使這個人沒有達到可以瞭解法律，遵從法律規則生活的理智狀態，那麼，他就不能成為一個自由人，也絕對不能允許他按照自我意志做事（因為他對自己意志應當受到約束的事實毫無概念，他的覺悟還不足以正確地指引他），當他的覺悟難以承擔這種責任時，他就必須被別人監護管理。因此，精神病患者和白癡必須一直處於父母的監護之下；胡克爾的《宗教政治》第一卷第七節中曾經提及：「那些還無法利用理性指引自己行動的孩子，因為某些缺陷不具備利用理性正確指導自己行為的白癡，以及到現在為止還無法利用理性正確指導自己的精神病患者，他們只能利用導師的理性指導自己的行動，以求獲得屬於自己的利益。」這些所有的責任，不過是上帝和自然強加給人們和其他生物的，目的是保護他們的後代，直到他們足以獨立，但是這並不能成為父母具備王權的例證。

61. 因此，我們生下來就有自由，生下來就具備理性；但是我們並不能說我們生下來就能夠運用自由和理性；隨著年齡的增長，

我們擁有了自由，也具備了理性。也就是說，自然的自由和順從父母的意願並不違背，兩者的出發點是一樣的。一個孩子透過父親的權利，利用父親的理性獲得自由，父親的理性一直引導著他，直到他自己具備理性。比較一個人成年人的自由和一個尚未成年的兒童對父母的順從，兩者雖然並不衝突，但也有所差別，那些把父權作為基礎提倡君主制的人雖然盲目追隨，但卻無法忽視這種差別；即便是最倔強的人也不能否認兩者之間存在共性。如果他們的學說無可挑剔，如果亞當的合法後代已經確定，並且在這一權利的指引下被確立為君主，擁有羅伯特·菲爾麥爵士提出的所有至高無上的權力；如果他的孩子剛剛出生的時候，亞當就去世了，那麼，不管這個孩子多麼自由，地位多麼高貴，當他的年齡和教育都不足以使他具備理智和能力指導自己和他人的時候，他就必須服從他的母親、保姆、導師和監護人的管理。不管是在生活需求，身體健康還是在心靈培育上，他都需要接受他人意志的指引，但是有沒有人曾經懷疑，這種約束和順從與他擁有的自由和主權相違背？或者說剝奪了他的這些權力呢？甚至有人認為在他未成年時期，會失去他的王國，使王國落入這些管教他的人手中。其實不然，人們對他的教導不過是希望他能夠更早更好地運用他的自由權和主權。如果有人問我，我的兒子什麼時候可以獲得自由，我會說，當他的君主達到可以執政的年齡時。聰明的胡克爾在《宗教政治》第一卷第六節中表示：「什麼時候，一個人才敢說自己已經完全可以運用理性了呢？才敢說他已經對那些必須用來指引他的法律有所瞭解了呢？這一點用感覺來判斷更加容易，用技巧和學問反而會增加很多困難。」

62. 人們需要成長到某一階段才可以像自由人一樣活動，國家應當意識到這一點並給予認可，所以在人們成長到那一階段之前，

無需宣誓效忠於誰或者歸順於誰，也不需要公開承認或者歸順於國家的政府。

63. 顯然，一個人只有擁有了理性，才能夠擁有自由，並擁有按照自我意識活動的自由，理智會使他瞭解支配他行動的法律，並使他清楚地知道自己的自由意志到底指引自己到什麼地步。當他的理智還不足以指引他的行為前，他被允許處於無限制的自由中，但這並不是為了讓他獲得享有本性自由的特權，而是將其置於野獸的環境中，讓他和野獸保持在同樣悲哀的狀況下，這種狀態比人類所處的狀態低很多。這是父母有權管治子女的基礎。上帝把管教子女的責任交給了父母，給予他們恰當的仁慈和關愛之心以協調這種權力，當子女處於這一權力的約束範圍內時，就必須遵從父母才智的規劃，他們行使這一權力的目的是使子女受益。

64. 但是如果把父母管轄子女的責任引申為一種完全屬於父親的專制統轄權，根本毫無道理可言。他的權力最多也只不過是採用他認為有效的教育方式，使子女的身體健康，體力充沛，使子女的心靈純正，積極向上，使子女的條件優越，不管是對自己還是對他人，都成為一個有用的人；如果情況必要，可以讓他們在能力範圍之內為生存而付出勞動。但是，母親和父親一樣，都享有這種權力，並不是父親一個人。

65. 不僅如此，父親之所以擁有這種權力，並不是自然給予的特殊權利，而是因為他是子女的監護人，所以當他不教育子女的時候，他就喪失了這種權力。對子女的養育是這種權力的基礎，兩者關係密切，不可分割，一個收養棄兒的義父也享有這種權力，就像

是另一個孩子的親生父親一樣。如果一個男性只生育子女，從未養育過，那麼他作為父親的名譽和權威只是因為生育之恩，對於子女來說，他實際上並不享有什麼權力。世界上存在一些地區，一位女性同時有幾位丈夫，或者在美洲的部分地區，夫妻經常是分開的，而子女則由母親照顧，撫養，在這些地區，父權會如何變化呢？如果子女年幼時，父親就死亡了，那麼在他們尚未成年的時候，不也是要順從母親嗎？這是理所當然的事情，就像他們需要服從自己的父親一樣，但是如果父親在世呢？有沒有人說，母親享有對子女的立法權，可以制定一些永久有效的條款，對子女的財產等全部事情做出規定，並限制他們一生的自由呢？或者是否有人會想，她可以利用死刑達到執行這些條款的目的呢？這種權力正常情況下是屬於法官的，父親不可能擁有。他指引子女的權力是短時間的，不會涉及子女的生命和財產，他只不過是在子女尚未成年的時候，幫助這些柔弱不健全的孩子，這種約束是教育子女需要的。當子女沒有餓死的風險時，父親可以按照自己的意願處置自己的財產，但是他並沒有權力涉及子女的性命或者子女依靠個人勞動或他人贈予得到的財產，當子女成年之後正常享有公民權，他也不能干涉他們的自由。父親的主權在兒子成年後就結束了，他無權限制兒子的自由，就像他無權限制任何人的自由一樣。此外，這不是一種完全的永久有效的約束，因為神權允許一個男子脫離這種約束，和父母分開，和妻子同住。

66. 不過到了一定時期，就像父親不被任何人的意志指引一樣，子女也不再接受父親意志的支配和命令，他們只需要遵從自然法或者是國家的國內法，除此之外，他們不受約束，但是這種自由並不意味兒子可以不顧上帝和自然的原則放棄對父母的尊敬。上帝把人

世間的父母作為為人類傳宗接代的工具，作為他們子女生活的依賴，一方面要求父母撫育、保護、教育子女，這是父母的義務，但同時子女也應當對父母承擔一定的義務，對父母給予足夠的尊重，這包括用所有可以表現出來的方式表達自己對父母的尊敬和敬愛，所以子女不可以傷害、冒犯、打擾、損害父母的愉悅和生命等，子女需要保護、?明、救援、安撫父母，使父母能夠快快樂樂地生活，這是子女的責任。不管是哪個國家或者是哪種自由都不能讓子女不承擔這種義務。但是這並不意味著父母有權指揮子女，也不意味著他們可以隨意制定法律決定子女的性命或者自由，他們沒有這種權威。理應尊敬、敬愛、感謝、援助是一種情況；但這和要求無條件地順從屈服是另一種情況。即便是一位執政的君主也應當對母親承擔對父母尊禮的義務，這不會削減他的權威，也不會使他處於她的統治之下。

67. 尚未成年的孩子需要服從父親，這給予了父親一種暫時的統治權，不過會隨著孩子的成年宣告結束；子女則應當尊重、敬愛、贍養、孝敬他們的父母，這是子女永久的權利，這和父親的照顧、消費和在他們教育方面付出的力量基本相當。這種權利不會隨著成年宣告結束，不管一個人處於人生的什麼階段什麼狀況，這種狀況都是存在的。對父親在子女尚未成年的時候有權對其加以管教和他們可以終生享受子女尊禮的權力這兩種權力不加區分，會導致這一問題出現嚴重的錯誤。明確地說，前者是子女享有的特殊權益，是父母需要承擔的責任，但這並不是父母的特權。父母對子女具有教養的責任，這是無法擺脫的，他們的目的是讓子女更好，不管什麼事情都無法讓父母擺脫這種責任。當然，父母也具有懲罰和命令子女的權力，但是因為上帝在人類的本性中加入了深愛子女的感情，

所以我們不需要擔心父母在對子女使用權力的時候過分嚴格，一般來說父母要求嚴格的很少，他們的過分之處一般不表現在這一方面，反而是在自然的驅使下向另一個方向發展了。因此，萬能的上帝在表達自己對以色列人的寬容時，這麼說，雖然他管治他們，但是這種管治就像是一個人管治兒子一樣（參見《舊約》申命記，第八章，第五節），即有一顆仁愛的心，他對他們的管治除了希望他們更好之外，沒有其他想法，不會對他們有嚴苛的要求限制，但如果不加管治，任其發展，反而顯得不夠仁愛。這其實就是要求子女順從的權力，這樣父母才不會擔心更多或者做無用功。

68. 此外，子女從父母那裡得到了很多好處，所以他們應該用尊敬和贍養表達自己的感謝，這是子女不可推卸的責任，也是父母應當享受的特殊待遇。這是為了父母的利益，就像另一種是為了子女的利益一樣。只是父母承擔的教育責任看起來似乎具有更加強大的權力，因為孩子在童年時期表現得很幼稚，且缺點眾多，這需要父母加以束縛並改正，這種權力更像是我們能夠顯而易見的一種統治權，更像是父母在行使一種統轄權。但是尊敬並不需要過多順從父母的要求，不過對於成年的子女來說，對他們的要求比幼年時更高。「子女們需要孝敬父母」，誰敢說這句話要求那些已經為人父母的人對父母表現出的順從和其子女應當對他們表現出的順從完全一樣呢？如果父親本身具有強大的權威性，並要求子女像兒童時期一樣服從，誰又會根據這句話，認為子女應該絕對服從父親的命令呢？

69. 因此，與其說是父權，不如說是責任的最重要的部分，也就是教育的權力是屬於父親的，這種權力在年齡增長到一定的時候

就結束了。教育結束後，這種權力也就隨之結束，且在結束之前這種權力是可以轉讓的。因為父母可以把教育孩子的事情交給他人，不過當他把兒子交付給他人當徒弟時，他的兒子在這期間對他和他的母親應當承擔的順從的義務也同時被取消了。但是父權的另外一部分，也就是尊敬的義務，還應當由子女承擔，這一點是沒辦法取消的。這種義務是父母雙方共同享有的，父親無權剝奪母親的權利，也沒有人能夠取消兒子尊重親生母親的義務。但是這兩部分父權和制定法律並且能對其財產、自由、身體和性命做出懲罰的法律賦予的權力完全不一樣。父母命令子女的權力在子女成年之後便宣告結束了；雖然此後，兒子還應當對父母尊重有禮，贍養保護，並且懷著一顆感恩的心盡其所能承擔起他的義務，用以回報他自然可以獲得的最大利益，但是這並不是給予父親王權和君主的命令權。父親對於兒子沒有統轄權，不管是行為還是財產都是這樣，他沒有權力用自己的意志在任何事情上左右兒子的意志。當然，如果他的兒子對他的意志有足夠的尊重，對他和他的家庭在很多方面都不會帶來不便。

70. 一個人經常會因為需要尊重敬愛長輩或者賢能之人，保護自己的子女或友人，救助身陷苦難的人或者感恩幫助過他的人，身上總是背負著各種各樣的義務，即便傾其所有，盡力而為也未必能夠應對萬分之一；但是這並不意味著那些需要他盡義務的一方具有權威，有權利對他制定法律。顯然，這所有的一切並非由於父親的名號，也不是因為我們之前提到過的受到了母親恩惠的原因，而是因為子女對父母承擔的義務和對子女提出的要求的程度會隨著養育、仁愛、擔心和消耗不同而有所差異，在兩個孩子之間的這些照料往往會有所差別。

71. 這就能夠解釋，為什麼生活在社會中身為社會一份子的父母，對子女具有一定的權力，同時他們和自然狀態中的人們的權利一樣，都要求子女順從。如果我們非把所有的政治權力和父權對等，認為兩者相同，這種狀況就不會發生了。因為在這種狀況下，全部的父權都歸屬於君主，臣民是不具備的。但是政治權力和父權是完全不同的，它們之間存在很大的差別，建立的基礎不同，目標也有所差異，所以，不管是臣民還是君主，他們只要是父親就對於子女具有同樣多的父權，而只要是作為子女的人，不管是君主還是卑微的臣民都對父母具有同樣的義務，他們需要孝敬順從父母；所以，一位君主或者官長對百姓的統轄權的任何部分或者任何程度都不在父權的範圍內。

72. 一般來說，父母養育子女的義務和子女孝敬父母的義務代表了一方享有所有權力，而另一方只能順從，這是雙方的常態，但是父親一般還具有一種權力，迫使他的子女只能服從；雖然所有人都具有這種權力，但是一般來說只有在父親們私人的家庭中這種權力才有更多的機會得到實施，在其他環境中這種案例很少出現，並且幾乎沒有人在意，所以這就成為了父權的一部分。這種權力指的是人們可以把自己擁有的財產留給他最喜歡的人。子女們都期待著繼承父親的財產，一般而言，這筆財產會根據國家的法律或者習俗按比例進行分配，但是父親可以根據每個子女不同的表現進行分配，一般看他們的表現是否和自己的意志和脾氣相合。

73. 這在很大程度上約束著子女對父母表示順從。一般來說，在某國佔有土地，就意味著對這個國家政府的服從，所以一般來說，父親可以讓自己的後代歸順於他臣服的政府，使他的子女受相

同契約的限制。其實，這是一個附屬於土地的條件，只有那些自願
在那種條件下承受的人們才有權繼承政府名下的地產，所以這並不
屬於自然的束縛和義務，更像是一種心甘情願地服從。一個人的子
女生下來便和父親甚至父親的祖先一樣享有自由，那麼，在自由的
狀態下，他們就可以按照自己的想法加入社會，或者加入國家。但
是如果子女想要繼承祖先的遺產，就需要和祖先一樣接受當初的那
些條件，被這些遺產附屬的條件限制。顯然，父親可以利用自己的
這種權力，要求子女在成年之後依然對他順從，使他歸順於某個政
治權力。但是這並不意味著父親具有特殊的權利，他只不過是用自
己的恩賜使這種順從得以實現，並且以此作為酬謝；和一個法國人
對一個英國人享有的權力差不多，如果後者想要獲得前者的財產，
就不可能允許自己對順從有絲毫懈怠。不管是在英國還是法國，只
要在財產遺傳的時候，他繼承財產，他就需要接受該國對於土地佔
有規定的附屬條件。

74. 透過上面的論述，我們得到了以下結論：雖然只有在子女
未成年的時候父親才具有命令權，且只有在這一時期內父親才能夠
約束管教子女；雖然子女在其一生的所有情況下，都必須尊重、孝
敬父母，遵從拉丁人所說的「孝道」，盡其所能保護贍養父母，且
父親對子女並沒有統治權，也就是沒有制定法律並懲罰子女的權
力，雖然這所有的一切都不能給予父親統轄兒子財產和行為的權
力，但是我們可以清楚地看到，在世界開始的時候，包括現在的很
多地方，如果人口較少，完全允許部分家庭遷移到沒有主人的地
方，或者遷移定到荒無人煙的地方，在這種情況下，一個家庭中的
父親很容易成為一個家庭中的君主。[9]在子女還小的時候，父親就
成為了一個統治者。因為在共同生活的條件下，卻沒有某種統治

權，這存在一定的難度，所以一般來說，在子女成長的過程中，就已經承認或者明確父親具有統治權，從實際情況來說，這種統治權並沒有改變什麼事情，只是持續下去了而已；想要實現這一點，需要的不過是允許父親在家庭中享有執行權，這種權力是對每個自由人享有的自然法而言的，在這種默許的狀況下，只要子女還在這一條件內，他們就給予了父親一種如君主般的權力。但是，這種權力並不是在父權的基礎上產生的，而是因為子女的認同。所以我們很清楚，如果一個外人機緣巧合之下，或者因為某種原因來到家中，並且殺死了自己的一個子女或者做了一些壞事，他有權力處死這個人，也可以像懲罰子女一樣懲罰這個人。但是，他能夠對一個並非自己子女的人這樣做，並非是以父權為基礎的，而是因為他對自然法享有執行權。在這個家庭中，只有父親有權力懲罰他，因為子女尊重父親，他們希望父親的尊嚴和威望高於家庭中的其他人，希望他能夠執行這種權力。

注9「因此，我們並不能完全相信那位大哲學家給出的意見，即每個家庭中的父母都像是一個國王。因此，當多個家庭聯合起來組成公民社會時，統治他們最早的人就是國王。這好像能夠讓我們明白為什麼他們依然背負著父親的名聲，他們在父親身份的掩飾下成為了統治者。其實古老的統治者習俗也一樣，像麥契宰德王便是這樣。而國王履行祭司的職責，開始的時候也是父親履行的，或許他們是在同一狀況下發展形成的。但是這並不是唯一能夠被世界認可的統治。其他各種類型的統治之所以會產生就是因為一種統治帶來了一些不方便。總而言之，不管是哪種公共統治，都是人們經過再三思索、協調和商量達成共識的，他們認為這是最方便和最合適的。從自然角度出發，人類如果沒有任何公共統治，是無法生活

的。」出自胡克爾的《宗教政治》第一卷，第十節。——作者注

75. 所以，子女以預設的方式或者不可避免的認可讓父親的權威增加，並持續統治，是一件很簡單的事情，且是自然而然的。在子女年幼的時候就經常被父親管教，他們早已習慣了這種生活，他們會向父親提出生活中很小的爭論；當他們成年之後，最適合統治他們的人是誰呢？他們擁有的少量財產和小小的私心很難引發大型爭吵。一旦他們之間出現爭吵，那麼最適合的公證人便是從小把他們撫養長大，並對他們充滿愛心的人。這就是為什麼他們對成年和未成年的概念並不清楚，如果他們並不想脫離被保護者，那麼他們就不會期待成長到二十一歲或者其他可以讓他們自由處理自身及其財產的年齡。他們在未成年的時候，在生活中得到的保護比約束更多；在父親的統治下，他們的安靜、自由和財富得到了更好的保障。

76. 因此，很多家庭中子女的父親在毫無意識地情況下便成為了政治上的君主；如果他們能夠長命百歲，那麼他們就會留下幾代有能力且適合擔任繼承者的後代，在某些原因的作用下，他們會有機會籌畫或者推動某些情況的發展，從而為各種各樣組織形式和形態的世襲及選舉的王國建立基礎。如果我們認為父親的身份是君主享有君權的基礎，認為這可以充分說明父親們擁有政治權力的自然權利，因為一般情況下父親行使著統治權，但對此我要說，如果這個論證成立，那麼全部君主且只有君主是祭司，這一結論也是成立的，因為在最開始的時候，父親是一個家庭中的祭司，是一個家庭中的統治者，這一點無法否認。

第七章　試述政治的社會或者公民的社會

77. 上帝的雙手把人類創造成了一種不適合獨自生活的動物，這是上帝的決定，所以人類對必要、方便和愛好的需求強烈，這使他只能進入社會，同時，他必須學會理性和語言，只有這樣他才能夠維持在社會中的生活，並學會享受這種生活。實際上，最開始的社會是從夫妻產生的，這可以說是父母和子女之間社會的開始，之後社會中又出現了主人和奴僕。這些關係能夠且經常聯合在一起，從而形成一個家庭，在這個家庭中，主人或者主婦具有比較恰當的某種統治；但是，從下面的討論中我們能夠看到，這種社會，不管是個別還是它們聯合在一起，都無法構成政治社會，因為每一種社會的目標、關係和範圍都是有所差別的，這些都是我們應該考慮的。

78. 男性與女性按照自己的意願簽訂合約，從而形成了夫妻社會。在這個社會中最重要的是其主要目的，也就是為了生殖他們必須共用對方的身體，這是屬於他們的權利，但同時也包含著彼此共用的照顧幫助，以及共用的利益，這是他們維持彼此照料和親密無間的感情的要求，也是他們子女們需要的，他們的子女有權利要求他們盡撫養教育的責任，一直到子女能夠獨立自強為止。

79. 男性與女性的結合，不僅僅是為了生殖也是為了種族的持續發展，因此男性與女性之間的這種結合，即便在完成生育後，還應當維持一段時間，因為他們需要撫養、教育、照顧孩子，因為孩子在他們還無法自力更生之前，需要得到親生父母的撫養教育。擁

有無窮智慧的創世主親自為他的創造物訂立了這條法則，低等生物
對此堅決服從。那些依靠草類生存的胎生動物中，雄性動物和雌性
動物在交配結合之後，雙方的關係也就結束了，因為在幼獸自己能
夠吃草之前，母乳完全可以保證它的營養，雄性動物一般只負責傳
種，在這種行為結束後，它就不再詢問雌性動物和幼獸的狀況，也
不會撫養它們。不過這種情況在猛獸中有所不同，它們的結合會更
加長久，因此僅僅透過雌性動物捕獵的食物根本無法養活自己和那
些年幼的小獸，透過吃草維持生存是一件比較簡單的事情，而透過
捕獵其他動物更加耗費體力，也更加危險，因為這個家庭需要雄性
動物的照顧，只有在雌性動物和雄性動物的共同照顧下，幼小的獸
類才能夠維持生存。鳥類的情況也是如此（其中部分家禽除外，因
為它們有充足的飼料，不需要雄性動物照顧幼小的孩子），生活在？
中的幼鳥需要飼料餵養，雌鳥與雄鳥的配偶關係會維持到幼鳥可以
自己飛翔並捕捉食物。

　　80. 我認為人類社會中男性和女性的結合之所以會比其他動物
更加長久就是因為這個原因，這是主要的原因，但並非唯一的。因
為當女性生育的孩子還沒有達到能夠脫離父母幫助和照顧的年齡，
還不能自力更生，所有的一切都需要在父母的？明下進行時，女性
還會懷孕，且經常會重新懷孕，再次生育一個孩子。這使父親不僅
需要承擔照顧教養子女的責任，也需要承擔起和同一位女性繼續保
持夫妻社會的義務；這比其他的動物需要維持的時間更長，因為其
他動物在第二次生育的時間到來之前，它們養育的幼小動物已經可
以自力更生了，雄性與雌性的結合會順其自然地解散，雙方成為自
由身，一直到在婚姻之神的召喚下，它們再次到了需要選擇新的配
偶的時節，這種自由才宣告結束。面對這種狀況，我們對偉大的創

世主的智慧深感敬佩,他賦予了人類可以為將來準備又可以滿足現在需求的先見和才能,使得夫妻社會需要比其他動物的兩性結合更加長久,以此達到鼓勵人們辛勤勞動的目的,使雙方的利益關聯更加密切,這樣他們才能夠為撫養共同的子女進行儲備,一旦夫妻社會隨意結合或者輕易解散,就會嚴重危害其共同的子女。

81. 雖然,對於人類的種種限制使得他們的夫妻關係比其他的動物更加長久穩固,但是,我們完全有理由問,這種為了保障生殖和教育並顧忌到繼承的合約,為什麼不能和所有自願的契約一樣呢?在雙方認同、或者某一時間、或者根據某項條件使其終止?從事情的性質和目的出發,這不應該成為終身的,我在這裡指的是那些除了明文法明確規定此類合約為永久性合約的那些契約。

82. 雖然夫妻雙方具有同一的共同關係,但是因為雙方的見解不同,有時也會產生不同的意志,這一點是無法避免的;因為應當由一人掌握最終的決定,也就是統治,這理所當然地成為比較健壯能幹的男子的責任。但這一點僅僅適用於與夫妻之間共同利益和財產相關的事情,妻子對於契約規定的她擁有特殊權利的事情依然享有完全的自由,她能夠支配丈夫生命的權力和她允許丈夫支配她生命的權力是完全相當的。丈夫的權力和專制君主的權力無法相提並論,無論是在自然權利範圍內,還是在契約認可的範圍內,妻子在很多狀況下都可以和丈夫分離,這是她的自由,不管是在自然狀態下訂立的契約,還是在國家習俗與法律上訂立的契約,都是如此;子女在夫妻雙方分離的時候,究竟應當屬於父親還是母親,這需要根據契約的規定加以判斷。

83. 婚姻期望得到的結果不僅能在政府統轄內實現，也能在自然狀態下實現，所以，政府官長無權剝奪夫妻任何一方為了實現生兒育女在他們的共同生活中相互支撐輔助需要的那些權利或者權力，他能夠做的僅僅是在爭執發生時做出裁斷。若非如此，在那些不允許在夫妻關係中，丈夫自然享有絕對主權和生殺大權的國家中，婚姻將不復存在。婚姻的目的不在於使丈夫擁有這種權力，所以夫妻社會的條件並沒有給予丈夫這種權力。因此對於婚姻狀況來說，這並非必要。在夫妻社會中，即便不具備這種權力，也完全可以存在並實現其目的；對於夫妻間共有的財產，處理這些財產的權力、彼此扶持支撐以及夫妻社會中包含的其他事情，完全可以根據夫妻社會形成的契約進行調整、改善，只要不違背夫妻雙方共同養育子女到他們足以自力更生的精神即可。只要是那些對於形成任何社會都沒有必要的，對於此類社會就不是必須的。

84. 我在上一章中，已經詳細論述了父母和子女之間的社會，以及在這一社會中雙方的權力和權利，因此，在這裡就不需要再次論述了，在我看來，這和政治社會是完全不同的。

85. 主人和僕人的稱呼就像歷史一樣古老，但是擁有這些稱呼的人卻條件迥異。一個自由人在一段時間內向另一個人出賣並提供他的勞動，並以此換取報酬，把自己變成另一個人的奴僕；且這種關係通常會使他進入主人的家庭，被一般規矩束縛，但是主人享有的也僅僅只是在短時間內支配他的權力，且這種權力在他們簽訂的契約規定的範圍內。此外，還存在一種僕人，即我們所說的奴隸，他們因為某次正義的戰爭成為了俘虜，自然權利給予主人對他們的絕對統轄權和專斷權力。就像我說的那樣，這些人已經不具備生命

權了，當然也沒有自由可言，因為奴隸的身份，他們不具有任何財產，所以我們也不能說他們是政治社會的一部分，因為政治社會的第一目的就是保護財產。

86. 如果我們從一家之主，包括一個家庭對內統治下聯合起來的妻子、子女、奴僕及奴隸的所有從屬關係考慮，雖然一個家庭在秩序、職務、人數方面和一個國家類似，但是他們在組織、權力和目標方面是完全不同的。換句話說，如果我們一定要把這種組織當作是一個君主政體，將父母視為專制君主，那麼君主專制政體擁有的權力會是極其短暫且動搖的。因為根據之前的言論，我們很清楚，在一定的時間和範圍內，一家之主對於家庭中的成員具有有限的權力，這種權力十分明確，但彼此存在很大差異，這一點不言而喻。他只對奴隸（不管家庭中是否存在奴隸，家庭都不會因此而改變，家長的權力也不會因此改變）具有決定其生命的立法權，其他成員的生死是他無權決定的，至於他擁有的其他權力，家庭中的女主人也同樣擁有。對於家庭中的各個成員，他享有的權力都是有限的，所以他對全體家人享有的權力也並非絕對的。但是，一個家庭組成的社會或者說人類任何其他的社會和政治社會到底有什麼區別呢？這一點我們在討論政治社會本身的構成時會明確談及。

87. 在之前我們已經論述過，人們從出生開始便具有完全自由的權利，同時，他和世界上所有人或者大多數人一樣，享受自然法賦予的所有權利和利益，這一點沒有人能夠掌控，所以，他自然也享有一種權力，這種權力不僅保證了他的自我生命、自由和財產不受他人干擾，同時使他可以根據自己的意識對那些應當受到懲戒的違法行為進行審判和懲戒，如果他認為罪刑相當嚴重，甚至可以判

處死刑。但是，如果政治社會無權保護所有物，且可以任意懲戒社會中的所有犯罪行為，那麼，我們就不能說它是政治社會，且這個社會無法繼續存在。真正意義上的政治社會是，社會中的每個人都放棄了對這一自然權力的所有權，把一切不抵觸他可以向社會法律請求保護的事情全部交給社會解決，這也是政治社會的唯一標準。所以社會不允許任何一個人進行私人判決，仲裁人由社會擔任，選擇條文明確的法規對所有的當事人一視同仁，公平對待；而社會成員之間因為權利問題引發的所有爭執全部交給法律授權的法規執行者解決，同時，根據法律規定的刑罰懲戒那些在社會中犯罪的人，透過這種行為我們就可以判斷哪些人不處於同一政治社會中。由多數人結合組成一個團體，他們共同制定法律，且共同建立司法機關，判決人們申訴的彼此之間的糾紛，並對相應的罪行進行處罰，這便構成了公民社會；但是如果在人世間不具備這種共同申訴的人們，就依然處於自然狀態中，因為在其他裁判者出現之前，他們自己就是自己的裁判者和執行者，對於這種狀態，我在之前就討論過，這是一種純粹的自然狀態。

88.因此，國家有權規定處罰社會成員之間犯下的不同罪行（這屬於制定法律的權力），也有權處罰那些這個社會之外的人對這個社會成員造成的傷害（這屬於戰爭與和平的權力）；這些都是為了盡其所能保護社會中全部成員的財產。當他加入政治社會成為國家成員中的一部分時，他放棄了自己執行其私人判決和懲戒違反自然法行為的權力，他把自己向長官申訴所有案件的犯罪判決權交給了立法機關，這也就意味著他把一種權力交給了國家，國家需要他的時候，可以利用他的力量執行國家的決定；這其實就是他對自己的判決，做出判決的是他自己或者代表他的人。這就是公民社會立法

權和執行權的開端，在長期有效的法律基礎上，這種權力可以決定如何懲戒那些國家內部的犯罪行為，同時可以根據現實情況的臨時判斷決定如何懲戒外來傷害；如果這兩方面有所需要，我們可以利用所有成員的所有力量。

89. 所以，無論何地，無論多少人組成了社會，使得人們把自然法賦予的執行權交給公眾，但只有在這種地方才足以形成一個政治的或者公民的社會。其最終的狀況是：那些處在自然狀態下的人們不管有多少，都會加入社會形成一個民族或者一個國家，並處於一個擁有最高統治權的政府下；或者就是任意一個人自己進入和參加一個早已建立的政府。這樣，他就使得社會有權，或者社會的立法機關（這種性質和授權給社會很相似）有權以社會公共福利為標準為其制定法律，同時，他也有義務盡力使這些法律得以執行（就像是這些判決就是他們自己的判決）。處於人世間的裁判者完全可以對所有的爭執做出判決，同時可以對那些受到傷害的任何國家成員給予幫助，一般來說，立法機關或者立法機關委託的官長擔任裁判者，因為裁判者的出現，人們進入了一個有國家的狀態中，擺脫了自然狀態。至於那些沒有可以供人們申訴的裁判權力的地方，不管由多少人以什麼形式組成，他們還是處於自然狀態。

90. 因此，即便有人認為君主專制政體是世界上唯一的政體，但是它和公民社會是格格不如的，所以它不屬於公民政府形式的一種，這一點顯而易見。公民社會的目的是希望能夠彌補自然狀態中種種不恰當的存在，在自然狀態下，每個人都是自我案件的裁判者，這必然會導致一些不恰當現象的出現，所以需要設立一個確定的權威，一旦社會中的某個成員受到傷害或者成員彼此之間發生矛

盾，他們可以有申訴的地方，且社會中的任何人都應當對此絕對服從。[10]如果社會中沒有可以供人們申訴的權威，沒有什麼可以為他們之間的衝突做出決定時，人們就依然處於自然狀態中。所以，對於被統治的人們來說，專制君主其實是處在自然狀態中的。

注 10「所有社會的公共權力全部高於處於這個社會中的每一個人，最終的目的在於為全部被權力掌控的人制定法律，對於這類法律我們除了順從別無選擇，但有一種狀況例外，那就是我們有足夠的證據證明理智或者上帝的法律中包含一些與此完全相對的法規。」出自胡克爾的《宗教政治》，第一卷，第十六節。──作者注

91. 只要在人們看來有人獨掌大權，掌握著所有的立法和執行權，那麼裁判者就無從談起；因為君主或者其命令引發的損失或者災難，根本無法向公平正義和有權裁判的人提出申訴，更別說透過他的裁判幫助解決問題了。所以，不管我們把這個人叫做什麼，無論是沙皇、大君還是其他的什麼，都可以，他和他統治的所有人，都和其他人類一樣，全部處於自然狀態中。如果任意兩個人處於這樣的環境中，且沒有長期有效的法律，沒有可以讓他們申訴的共同裁判人來判斷他們之間有關權利的衝突，那麼，他們就是處於自然狀態[11]中的人，同時也會遇到自然狀態帶來的種種弊端。從一個專制君主的臣民的角度來講，與其說他們是臣民，不如說他們是奴隸更恰當，其區別只有一點，且非常可悲，在一般的自然狀態中，他有權利進行自我判斷，並且有自由盡其所能維護權利；但是現在，如果其君主的意志和命令侵害了他的財產，他卻沒有申訴的權利了，這本應當是社會中所有人員享有的權利，他似乎已經被從理性動物的共同狀態中剔除了一樣，他已經沒有自由裁判或者保護自身

權利了，他隨時有可能遭遇災難和不幸，而帶來這種災難和不幸的往往都是一個處於自然狀態中不被約束的人，且此人很有可能因為眾人的阿諛奉承而道德淪喪，但同時又握有重權。

92. 有人認為絕對的權力可以幫助人們提升氣質，改正人性中的醜陋面，但是只要我們拜讀當代歷史或者任何時代的歷史，就會發現，事實並非如此。在美洲森林中作惡多端的人，如果登上王位恐怕也不會改變什麼；當他登上王位後，會費盡心思找出可以為他對百姓實施的惡行辯護的學說或者宗教，至於那些想要批判他的人在武力的威脅下也會保持沉默。如果任由這種君主政體發展完善，君主專制的保護會發展成什麼樣子呢？這種保護又會使君主在國家中成長為什麼樣的家長呢？公民社會的幸福和安全會發展到何種境地呢？對於這些問題我們在錫蘭的狀況中可以找到答案。

注 11「想要脫離生活在自然狀態中的人們經常發生的矛盾、傷害和損害，只能讓他們之間彼此調節，簽訂協定，形成公共政府，使他們處於他們給予統治權的人們的統治之下，這樣他們才能夠得到和平、安靜和所有美好的生活環境，除此之外，沒有什麼其他的辦法。人們都很清楚，如果他們面臨著強制和傷害，他們完全可以自衛。他們明白，雖然他們可以為自己謀利，但一旦這種做法損害他人的利益，人們就不會再包容了，此時，人們只能發動全部的力量想盡各種辦法對此加以制止。最終，所有人都很清楚他們不可能自己決定自己的權利，這不合理，他們更無法依據自己的決定加以維護，因為所有人在面對自己和自己愛的人的時候都會有些私心。所以，矛盾和爭執是不可能消失的，唯一的辦法就是他們授權一些人來統治所有人，如果沒有得到眾人的認可，那麼誰也無權成為另一個人的主人，更無權裁判他。」出自胡克爾《宗教政治》第一卷，

第十節。──作者注

93. 的確，在專制君主國或者世界上其他的政府統治下，百姓可以向法律和法官們申訴，請求他們對於臣民之間的所有衝突進行裁判，同時禁止一切暴力行為。人們堅信這一點，對此也十分認可，那些想要剝奪人們這種權利的人，都會被視為人類和社會共同的敵人。但是從真正熱愛社會和人類的角度出發，從人性本善的角度出發，我們完全有理由懷疑這一點。這所有的一切其實都是因為他對權力、利益和強者的喜愛，這是他理所當然的選擇，其目的不過是禁止那些透過勞動和苦工帶給他愉悅和利益的牲畜們彼此傷害，甚至殘殺；他們之所以能夠得到照顧，並非是因為主人的愛心，而是因為他對自己的珍愛以及對它們帶來的利益的喜愛。如果在這種狀況中，有人問什麼樣的安全和保障能夠禁止專制統治者採取暴力行徑和壓迫呢？這一問題本身就不可理喻。人們會在一秒鐘之內告訴你答案，只要你問到了安全，你就應該死亡。他們無法否認，在百姓之間需要措施、法律和法官，這是為了保護他們的安全和平靜；但是，對於統治者來說，他理應是絕對的，在所有的狀況之上；因為他有權做更多危害人類的事情和壞事，他的這種做法符合法律的規定。如果你詢問，我們怎麼做才能夠防止那些最有力的強者可能出現的暴力行徑和對人們造成的損害，那麼你就會被認為是在呼籲造反和叛亂。似乎在人們脫離自然狀態，加入社會之後，便認可了一點，只有一個人可以保留在自然狀態中，享有全部的自由，剩餘的所有人都應當受到法律的限制，但是這個人的自由會因為其權力的擴張而不斷增加，同時，他不需要接受懲罰，所以面對所有的一切會更加肆意妄為。這就是人們的愚昧之處，他們對狸貓和狐狸造成的騷擾百般防範，卻心甘情願成為獅子的食物，並且自認為這種

方式十分安全。

94. 不過，儘管有人能利用甜言蜜語迷惑人們的理性，但卻無法隱藏他們的感覺。一旦他們發現在這個社會中有人已經不被所屬的公民社會限制了，且他們在人世間已經找不到可以申訴此人造成傷害的地方，那麼，不管這個人擁有什麼樣的地位，人們都會意識到，面對這個人，他們都生活在自由狀態中，因為這個人就生活在自由狀態中。只要他們發現自己有能力，就會想盡一切辦法在公民社會中尋求安全和保障，這不正是他們開始建立公民社會的目標嗎？也是他們加入公民社會的目的。因此，也許在開始時（在之後的論述中我們會詳細討論這一點）有一個德才兼備的人在眾人中威望很高，他的善良和美德得到了大家的尊重，似乎他自然而然便具有一種權威，所以人們認可他具有裁判他們之間矛盾衝突的權力，同意他享有主要的統治權，這是基於人們對他公平和智慧的認可，除此之外，毫無其他。但是，隨著時間的發展，因為初民不經意形成了習俗，因為他們單純，對未來一無所知，導致很多習慣早已形成，這種習慣已經帶有權威和（某些人希望我們認可的）神聖的色彩，同時另一種方式的繼承者也出現了；此時，人們發現他們把財產置於這個政府之下已經沒有了保障（其實政府的唯一目的就是保護財產）[12]

注 12 「開始，人們在選擇好一種統治方式之後，也許並沒有深入思考這種統治方式，但最終在經驗的驅使下，他們發現如果任憑統治者按照自身的智力和自由判斷控制一切，會造成各種各樣的不便，他們開始想辦法挽救，但是卻發現這進一步加重了傷害。他們發現所有人痛苦的根源都在於社會被一個人的意志控制著。所以，他們急切地要求制定法律，讓所有人通過法律率先明白自身的

義務，明白違背法律需要受到怎樣的懲罰。」出自胡克爾《宗教政治》第一卷，第十節。——作者注

　　所以在不得不把立法權交給人們的集合體（即參議院、議會等）時，他們就會感到心慌和危險，他們不認為自己依然處於公民社會中。這種辦法使得個人和所有身份低微的人都以平等的身份被立法機關制定的法律限制著，且他們都是立法機關的一部分。只要制定了法律，那麼所有人都無權避免法律的裁判；無論其擁有多麼強大的權威，無論其地位有多高，都不能允許自己和下屬任意妄為且逃脫法律的裁判。處於公民社會中的所有人都必須接受法律的制裁。[13] 因為如果有人可以任意妄為，但是人們對於他所有的有害行為在人世間卻沒有可申訴或者申請賠償的地方，那麼，這個人依然生活在自然狀態中，他不應該成為公民社會的一份子。除非有人告訴我自然狀態和公民社會毫無差別，但是到現在為止我還沒有遇見過敢得出這個結論的人，敢這樣膽大妄為擾亂社會的人。

　　注 13 「民法作為國家的整體行為，控制著組成這個整體的各個部分。」出自胡克爾的《宗教政治》。——作者注

第八章　試述政治社會的根源

　　95. 就像上面所說的那樣，人類從出生起便擁有自由、平等和獨立，在沒有征得本人同意的情況下，所有人都不存在例外，人們都處於這一狀態中，不會被另一個人的政治權力掌控。不管是誰，自願放棄自然自由而選擇受到公民社會的限制，只有一個辦法，那就是和他人達成協議，聯合在一起，形成一個共同體，以此探尋適

合彼此的最舒服、安全和平靜的生活，保證穩定地享有財產，盡力防止他人侵犯公共體。不管多少人，這件事情都可以實施，因為這種做法並不涉及他人的自由，他人依然可以像處在自然狀態中一樣自由。當一部分人必須認同建立一個共同體或者政府時，他們就馬上就聯合在一起形成了一個國家，在這個國家中，大部分人都有權利替他人行動或者做出判斷。

96. 因為在部分人認可的基礎上建立起來的共同體，在他們的努力下成為了一個整體，完全有權力作為一個整體行動，但這必須經過多數人的認可和決定才可以實現。我們必須清楚，無論是什麼共同體都必須根據成員的認可採取行動，但同時它必須作為一個整體，作為一個共同體採取一致行動，所以整體的行動就只能以比較強大的力量的意思為根據，而這種強大的力量就是大部分人的認可。若非如此，它就無法以一個整體或者一個共同體的身份採取行動或持續留存，根據成員的個人認可，這是它本來應該存在的整體狀態，因此每個人都需要對大多數人的認可表示服從。所以，我們觀察那些明文法授權的議會中，明文法對於具體行為的法定人數並沒有做出明確的規定，但是在這種狀況下，自然和理性的法規早已規定過，大部分人即享有全體的權力，所以大部分人的行為就是全體的行為，自然享有決定權。

97. 所以，當各個成員和他人贊成建立一個由一個政府管轄的國家時，他便使這個社會中的每個成員具有一種義務，即服從多數人決定和決定於多數人的義務；不然他和他人建立社會時簽訂的原始契約便是一張廢紙，如果他依然保持這自然狀態中的自由，只受自然狀態的限制，對於其他任何限制都毫不在意，那麼契約就徒有

虛名了。因為，如果那樣做事，契約根本就不像契約了。如果他只遵守自己認為恰當的法律，只執行自己認可的法律，對於社會上的其他法律一概不理，那麼承擔新的義務又從何說起呢？如果這樣做，他享有的自由就和契約簽訂之前一般無二，也就是說他和自然狀態中的所有人一樣享有同等的自由，因為他完全可以在他認為恰當的時間內才認可社會的行為並表示服從。

98. 如果我們從理智出發思考問題，認為不爭取全體人員同意的大多數人的認可並不能稱之為全體行為，無法限制每一個人的行為，只有所有成員的認可才算是全體行為，那這怎麼可能實現呢？在出席公共集會時，必然會有人因為疾病，或者重要的事情無法出席，但這些成員的數量遠遠低於一個國家成員的總人數。同時，不管是怎樣的集合體，意見衝突和利益矛盾在成員之間都是無法避免的。如果這是人們加入社會的前提，那麼所有人都只能和伽圖一樣，剛剛踏入戲院就立刻出去。這樣的組織恐怕壽命極其短暫，甚至會使強大的利維坦[14]比最弱小的生物的壽命還要短，在剛剛出生便夭折；除非我們相信智慧的生物希望建立社會的目的就是讓它解體，這是難以想像的。因為如果大多數人的行為無法決定整體的行動，這個組織就只能馬上解體。

注 14 利維坦（Leviathan）本指一種巨型海獸，這裡指國家。——譯者注

99. 所以，只要是擺脫了自然狀態建立共同體的人們，都應當同意把實現聯合組成的共同體的目標需要的所有權力交給其中的大多數成員，或者他們明確規定由一定的人數享有這種權力，但其人數必須大於大多數人。只要大家贊成結合在一起形成一個政治社

會，做到這一點便不是什麼難事，至於這種認可，則應當成為進入或者組建一個國家的各個成員之間存在的或者應當存在的合約。所以，最初聯合組成建立政治社會的，其實都得到了一些能夠服從大多數人的人聯合建立這種社會的自由人的認可。只有這種方式才能夠建立起世界上任何符合法律的政府。

100. 對此，有人表示反對，並提出了兩條建議。

首先，在歷史上從未出現過，一群相互獨立，彼此平等的人聯合在一起，並透過這種方式組建一個政府。

其次，從權利的角度出發，這不具備可行性，因為所有人從出生開始便處在政府的統治下，他們受到了政府的限制，不可能自由地建立一個新的政府。

101. 對於第一種建議，其實很簡單，歷史上記載的關於人們在自然狀態下群居的狀況很少，所以找不到屬於正常。自然狀態給人們帶來了各種不方便，人類是一種渴望群居的物種，但是他們又不具備合群的條件，所以只要把任意數量的人類聚集在一起，只要他們希望繼續共同生活，就會馬上聯合在一起組建一個社會。如果我們因為很少聽聞人們生活在自然狀態中，就否認他們曾經這樣生活過，那我們是否也會因為極少聽見薩爾曼那賽爾或者塞克西斯的軍隊在成人或者參軍之前的狀況，就認為他們從未經歷過兒童時期呢？記載通常都是在政府出現之後，至於文字的使用更不必多說，一個民族在公民社會中長期生活後，具備那些能夠保障其安全、方便和豐富生活的必要技能之後，才會開始使用文字。此時，他們才開始記載自己親手創造的歷史，當人們對歷史的印象已經模糊不清時，才開始探尋問題的根源。國家和個人是極為相似的，人們對於

自己剛剛出生或者年齡還小的時候的狀況記憶很模糊。他們一般都會透過參考他人無意間的記錄得知自己起源的狀況。世界上除了猶太民族是由上帝直接統轄的以外（他們對父親的統轄權堅決反對），所有國家的起源都和我說的相符，或者起碼明顯地帶有這類痕跡。

102. 如果有人否認是那些自由獨立的，沒有自然的尊卑和臣屬之分的人們建立了羅馬和威尼斯，那麼他就是在歪曲事實，且這種假設和事實之間存在明顯的差別，這種想法真的太奇怪了。如果我們相信阿科斯塔[15]的言論，我們就會得知，美洲的很多地方以前是沒有政府存在的。根據他的言論：「在強有力的證據之上，我們可以推斷，這些人，即秘魯的土著在長時間內，不存在國王和國家的說法，他們以軍隊的方式生活著，就像現在的佛羅裡達人、巴西的吉裡誇納人等多數民族，他們沒有確定的國王，如果遇到了戰爭或者和平的緊要時刻，他們會隨便選一個人擔任領袖。」（參見第一卷，第二十五章）。如果說，出生在那裡的每一個人從出生起就屬於他的父親或者父母，那麼之前我們已經說過，孩子雖然隸屬於父親，但這並不妨礙他加入一個自認為恰當的政治社會，這是他的自由。不管怎麼說，有一點很明確，這些人享有自由。雖然部分政治家希望他們當中的某些人能夠享受到優越的地位，但是這並非這些人自己的要求；而是在他們要求人人平等的基礎上，直到在同樣得到他們認可的基礎上選出統治者為止。因此，他們心甘情願地組合在一起，人們自由地選舉統治者和政府的形式，並在彼此之間達成協議，政治社會才產生。

注15 阿科斯塔（Josephus Acosta，1539？—1600），西班牙人，代表作《印第安人的自然和道德歷史》，其主要內容為南美洲的自

然界和南美洲印第安人的生活與習俗。——譯者注

103. 對於查士丁[16]的言論，我希望大家能夠認可，他認為那些和巴蘭杜斯一起離開斯巴達的人曾經相互獨立，他們都是自由人，他們建立政府是自我認同的結果，他們服從政府的統治。現在，我們已經在歷史上找到了一些案例，他們就是自由和處於自然狀態中的民族，結合在一起建立一個國家。如果我們能以缺少這種案例為理由，認為政府並非這樣建立的，或者不可能這樣建立，那在我看來，支持父權帝國的人們還是不要以此反對自然的自由，這才是明智之舉。因為，如果他們可以從歷史中發現很多案例，就像我找到的那些案例一樣，證明父權是政府產生的根源（雖然利用曾經發生過的事情證明這些事情應當發生的做法，並不會讓人們心服口服），那麼，對於這一問題，不和他們爭強好勝不會帶來什麼致命的威脅。可是，假如能讓我就這一點給他們提議，那麼他們還是不要去過度尋求他們其實已經開始搜尋的政府的源頭為妙，以免他們發現在大多數政府下，有些東西對於他們所提議的方案和權力是非常不好的。

注 16 查士丁（Justin），羅馬的史學家。——譯者注

104. 我們可以下一個這樣的論斷：很顯然，我們的論證是說得通的，人類生而自由。歷史上的例子又告訴我們，只要一個政府是基於和平創建起來的，其開端都是以上基礎，而且其建立是經過人民同意了的。所以，對於一開始是基於什麼權利建立政府，或者當時人類有什麼意見，又是如何實踐的，都極少受到質疑。

105. 我承認，假如我們以歷史的提示為依據，盡可能去對國家的起源進行追根求源，我們通常會看到它們往往在接受一個人的統治，我也能夠相信，當一個家族擁有足夠多的成員，可以自力更生，並持續群居而不和他人混居（這樣的情況通常會出現在地域廣闊、人煙稀少的地方）的時候，父親往往是政府的源頭。原因是，在自然法的基礎上，既然父親和其他所有人享有的權力是相同的，也就是說他覺得當時機成熟時，對於不遵守自然法的所有罪行，他都有處罰權，所以，如果他自己的兒子犯了錯，他也同樣有權利處罰，哪怕他們已經是成年人，已經不再需要他們監護，他們通常也會心甘情願接受他的處罰，而且會和他一致聲討犯罪者，這就讓他有權處罰任何犯罪，進而讓他實際上可以統治那些依然和他的家族結合在一起的人們。最適合被信任的人非他莫屬；他們的財產和利益因為父親的慈祥得以在他的照顧下得到保證；因為他們在孩童時期養成了服從他的習慣，所以他們更容易服從他。既然在群居的人們中間，不可避免會有政府，那麼假如他們需要一個人的統治，除非大意、殘暴或其他任何的身心不足使他難以適應這個位置，最合適的莫過於他們的共同父親了。可是，或許父親離世了，留下年幼的孩子，不管是智慧、勇氣還是其他什麼品質都不適合統治，或者幾個家族願意在一個地方群居，這時他們便讓他們的自然自由發揮作用，把他們心目中最厲害和也許最擅長統治他們的人為統治者選擇出來，這是不容置疑的。符合這一情況的，我們看到那秘魯和墨西哥兩大帝國的武力侵略都對其產生不了影響的美洲人，還可以繼承享受自然自由。儘管從另一個角度來說，他們往往會把支持票投給他們逝去的王的嗣子。可是，假如他們發現他是一個扶不起的阿斗的話，他們就會另外選擇堅強果敢的人來統治他們。

106. 從這裡可以看出，儘管從查考中，我們能找到的最早的有關聚居的材料和各民族的發展史的記錄，從中會發現政府往往由一個人統治，可是這依然不能把我所認同的意見駁倒，那就是：政治社會創立的依據是那些要成立和加入一個社會的個人許可，當他們由此形成一個整體時，他們所建立的政府形式就是他們心目中理想的形式。可是，既然某些人會對這一情況產生誤會，以為政府原本天生就屬於父親，是君主制，我們可以考慮在這裡進行一下分析，為什麼一開始，人們通常會對這種政府形式比較熱衷。有些國家在成立之初，可能因為父親高人一等的地位，一開始會由某一個人掌握權力，可是顯而易見的是，這種由一個人掌握權力的政府形式之所以可以繼續往下發展，並不是因為敬重父權，因為所有小君主國，也就是差不多所有君主國，在追根溯源接近尾聲時，一般——最起碼有時——是選任的。

107. 首先，起初，在子女年齡尚小時，父親對其行使的支配權，既然讓他們習慣了有人統治他們，又讓他們清楚這種支配權的行使包含著關心、敦敦教導和友善，它就足以得到和保障人們想從社會中找到的所有政治幸福。難怪這種政府形式會變成他們自然而然的選擇，因為他們從小就已經見怪不怪，而且從經驗出發，覺得它不僅方便，而且有安全保障。除此以外，我們還可以說在人們的理解中，君主制是再簡單不過的，因為當時的經驗無法啟迪他們建立什麼樣的政府形式，也沒有被帝國侵犯的教訓，讓他們清楚要小心特權的侵犯或專制力的打擾。這些特權和專制力都是從君主政體傳承下來的，而且極易提議並由人民來承受。所以我們現在一點都不覺得奇怪了，當時他們毫不費力去找一些方法去對那些被他們賦予了權力和統治他們的人的蠻橫加以限制，還讓政府權力分攤在人的身

上，借此對政府的權力進行平衡。他們沒有遭受過暴君的欺凌，而當時的時代背景和他們的心理狀態所產生的財產或生活方式，又讓他們沒有理由擔心或防範，所以這也就不足為怪。像我所說的那樣，他們會身處於這種最簡單而且又和他們當時的狀態最吻合的政體，因為就當時的情況來說，相比法律的豐富性，他們更需要抵抗外敵。因為生活方式的簡單和困窘，他們對財產的欲望沒有那麼強烈，因此出現紛爭的情況就很少，所以對法律的多樣性的要求就沒有那麼高，而且因為犯罪的人不多，所以在法律的監督和執行方面，也不需要太多的官吏。既然他們心甘情願地加入到社會中，就只能被看作是互相之間擁有一定的交情，而且彼此信任，相比外人，他們之間少了些猜忌，因此他們腦海裡的第一個念頭就是抵禦外來的侵犯，保護自己。他們在最可以實現這一目的政體下生活，選舉最智勇雙全的人來作他們戰爭時的領袖人物，領導他們去和敵人對抗，而統治者最重要的任務就表現在這個方向上，也就不足為奇了。

108. 所以，我們看到美洲——它呈現出來的樣子依然是亞洲和歐洲最初的樣子，那裡疆域面積廣闊、人煙稀少，人們很難產生想要擴大疆域的想法，也不會因為想要擴充自己的領土而發動戰爭——的印第安人的國王充其量只是領導他們的軍隊。儘管在戰爭中，他們的指揮權不容置疑，可是在和平時期，他們的管轄權卻非常有限，只擁有極少的主權。人民或會議往往決定著和戰，而戰爭本身不允許出現多個領導，所以指揮權自然就只屬於國王一個人。

109. 拿以色列民族本身來舉例，他們的士師和初期國王的主要職責好像就是在戰爭時期充當統帥（這一點可以從不管是出發去打

仗，還是戰爭結束以後回來，他們都走在隊伍最前面可以看出來），在耶弗他的故事中，這一點也闡述得非常清楚。亞捫人發兵對以色列發動進攻，基列族心生恐懼，派人去把耶弗他請回來。原本耶弗他是基列族的私生子，是被他們逐出去的。這時他們和他達成契約，假如他願意協助他們和亞捫人對抗，他們就擁護他做他們的領袖。在《聖經》時，這件事情是這樣被記錄下來的：「百姓就擁戴他做將帥」（《舊約》士師記，第十一章，第十一節），我們覺得這就相當於讓他做士師。因此《聖經》又說，「他成為以色列的士師」（《舊約》士師記，第十二章，第七節），即他做了他們長達六年時間的統帥。又打比方說當約坦斥責示劍人如何背叛他們曾經的士師和統治者的基甸時，他跟他們說：「之前我父冒著生命危險幫你們打仗，把你們從米甸人的手中救過來」（《舊約》士師記，第九章，第十七節）。他只是提到了他曾經做過將帥，事實上，不管是在他的歷史中，還是在其他任何士師的歷史中，這就是可以看到的所有。亞比米勒專門冠以國王的稱號，可是他頂多只能算示劍人的將領。以色列的百姓因為對撒母耳的兒子的惡行痛恨至極，需要立一個國王，「像列國一樣，他們有一個王的統領和管轄，在戰爭時期充當統帥」（《舊約》撒母耳記上，第八章，第二十節），這時上帝對他們的要求表示應允，對撒母耳說：「你這裡會來一個人，你要膏他成為以色列人的君主，他會讓我們免遭非利士人的侵犯」（前書，第九章，第十六節），好像國王僅有的一個職責就是統領他們的軍隊，抵禦外敵的入侵。所以，在掃羅即位時，撒母耳在他頭上倒了瓶油膏，告訴他：「耶和華膏他做他產業的君」（前書，第十章，第一節）。因此當掃羅被色列各族在米斯巴鄭重地選舉為他們的君主，並熱烈歡呼時，那些對此存有異議的人也只能這樣不痛不癢地來反對：「這人能救我們嗎？」（前書，第十章，第

二十七節）好像他們原本想表達的意思是：「這人做我們的王不合適，他並沒有足夠的戰爭謀略來給我們提供保護。」直到上帝已經決定由大衛來統治這個國家時，還有人說：「如今你的王位一定坐不長，耶和華已經找到了一個稱心如意的人，讓他做百姓的王」（前書，第十三章，第十四節）。好像國王的所有威權也只是做他們的統帥，所以，那些仍對掃羅家族忠心耿耿和對大衛登基予以反對的以色列各族帶著順從的條件去了希伯崙那，先拋開別的理由不說，他們還說，他們服從他，就必須像順從他們的國王一樣，因為在掃羅即位時，其實他就是他們的國王，因此他們現在也必須把他當作國王。他們說：「之前掃羅做我們的王時，是你帶領以色列人出征，耶和華也曾經答應你說，你一定要做我以色列的君，帶領我的以色列人民」（《舊約》撒母耳記下，第五章，第二節。）。

110. 所以，一個家族慢慢發展壯大，變成一個國家，長子繼承父親的權威，所有在這個環境下成長起來的人都會自然而然地服從他，而這種統治的平等和順遂並不會對任何人造成妨礙，所有人都規規矩矩地表示同意，直到後來隨著歲月的流逝，它好像被確定下來了，而且透過法律的形式對繼承的權利進行了確立。因為偶然的因素、居住地的毗鄰或事務上的關聯等，幾個家族的後代開始聚居到一塊，形成社會──不管是基於哪種情況，因為在戰爭時期，當敵人入侵時，他們需要一位元得力的將領，而且在這個充滿道德感的環境下，人們互相之間因為誠懇非常信任對方（世界上得以保存下來的政府在建立之初差不多情況都是這樣的），這就使得國家在建立之初，往往由一個人來掌握統治權，沒有其他任何清楚的制約，除了事情的本來面目和政府的目的所需以外。不管是因為上面的哪種情況，才讓統治權開始集於一人之手，毫無疑問，它只是考

慮到公眾的利益和安全；而在國家成立的年代還不久時，擁有統治權的人在行使統治權時，都是基於這些目的。他們只有這樣做，年輕的社會才得以存續下去。只有在這種事無巨細的父親式的關愛和謹慎佈置公共福利下，所有政府才能挺過它們的幼年時期得以保存下來，君主和人民也才能好好活下來。

111. 即便這輝煌時期（在虛榮的企圖心、令人不恥的佔有欲和不良之風侵入人的心靈，讓榮譽和權力的本質意義被錯誤解讀以前）擁有的美德不少，所以統治者和臣民都還不錯，而且當時不僅沒有肆意擴張的特權來對人民進行壓迫，也沒有在權力上也沒有出現任何糾紛，以對官長的權力進行打壓或約束，所以在首領和人民之間，不會出現統治者或政府問題的紛爭。可是隨著時間的推移，因為企圖心的驅使，再加上奢侈的誘惑，統治者想要對自己的權力進行擴充，不想再去理會當初人們在他們身上賦予的職責。加上其他人對自己的討好，君主覺得自己的利益和其人民的利益完全不一樣，於是人們發現需要對政權的源頭和權利進行更加謹慎地研究，並找出一些辦法來對專斷權進行約束。他們起初由另一個人來掌握這種權力，想要因此從中獲利，可是後來卻發現這個人也在對他們的利益造成損害。

112. 從這裡可以看出，具有極大可能性的是，生性自由的人們從他們自己的意願出發，對他們父親的統治表示服從，或由幾個家族共同組成一個政府，通常會由一人被他們賦予統治權。他們甘願接受這個人的管理，覺得在他誠信而富有智慧的統治下，權力會非常有保障，就沒有透過明文規定加以約束，儘管他們壓根沒有想過君主政體是神授之權。因為近代神學還沒有把這種觀點的啟迪帶給

我們，人們是不可能有所耳聞的。他們不從來不答應父權可以把所有管轄權都牢牢握在手中，或者所有政權都要以此為基礎，他們也是不答應的。由此可見，已經有了不少的證據可以驗證。從歷史的角度來說，我們完全可以肯定地說，政權的所有和平的源頭都是以人民的同意為基礎的。在下文中，我會說到征服，而在某些人看來，征服可以用來創造政府，所以我才在這裡說是和平的。

我覺得我所表述的反對政府起源的另一種意見應該是這樣的：

113. 既然所有人天生都置身於這個或那個政府下，任何人想要創建一個新政府，或成立一個合法的政府，都不可能僅憑自身的意志。假如這個觀點沒錯的話，那為什麼世界上還會有那麼多合法的君主存在呢？那是因為，假如有人以這個假設為依據，可以向我證實有任何一個人可以隨意在任何時間創立一個合法的君主政體，那麼，我就必須告訴他，有十個其他的自由人也憑著自己的意志共同創建了一個君主政體或任何其他形式的新政府。顯而易見，假如一個人天生被他人統治，卻依然可以如此自由，進而有權成立一個新的王國，去對別人進行統治。那麼，所有天生被他人統治的人就都可以這麼自由，而可以統治另一個政府，或臣服於另一個政府了。所以，按照他們本身的這個原則來講，抑或是，不管人們在何種情況下出生，都是擁有自由的，抑或是，全世界只存在一個合法的君主和政府，那麼，他們就不用再大費周章，只需要把兩者中正確的那一個告訴我們就行了。當他們明確說出來以後，我相信所有人類都會異口同聲地表示認可。

114. 儘管這已經可以對他們質疑的論點進行回復了，證明正是因為這個論點，他們才遭受了和他們反對的那些人一樣的囹圄，可

是我依然將盡力揭示這一論點的不足之處。

他們說：「所有人天生就置身於一個政府中，所以他們不能自由開創另一個新政府。所有人天生就被他的父親或君主統治，所以他一直要保持順從。」不難看出，人類從來沒有對他們天生的這種自然的順從狀態加以考慮過或認可，在沒有得到他們許可的情況下，他們要接受這個或那個人的統治，臣服於這些人和他們的後嗣。

115. 原因是，不管是在聖史上，還是在俗史中，比這更常見的事物根本找不到，那就是

人們退出並不再服從他們天生就受的統領權和成長的家族或社會，而在其他地方成立新政府。一開始成立的若干小國就是在這種情況下產生的，而且那時只要地方夠多，還會不斷出現這樣的國家，直到更弱的國家被更強大的國家所征服，而那些大國又會分成不少小國家。這一切都反過來證明瞭父權統治權，清晰地驗證了一開始並不是由父親的自然權利的世代傳承才組成政府。因為，在這種觀點下，根本不會出現那麼多小國。假如人們當時沒有自由從他們的家族和政府中退出，並根據他們自己的心意創建不同的國家和其他政府，那麼就一定只會有一個對全世界進行統治的君主國。

116. 有史以來，現實都是這樣的。對於那些天生就被困圍在已有法律和政體的歷史悠久的國家中的人們來說，相比那些在原始森林中，和絲毫不受限制的野人們居住在一起人們相比，如今人類的自由所受到的限制不會更多。原因是，那些要我們從一開始就相信既然我們天生就被任何政府所統治，所以就當然隸屬於它，無權或理由享受自然自由狀態下的的人們，找不到其他理由（拋開我們已

經回復過的父權的理由不說），而可以論點的證明材料，只是由於我們的父親或祖先把他們的自然自由捨棄了，進而使得他們的後代一直被他們所臣服的政府所控制。當然，不管是誰，都有義務履行自己的承諾，可是不能對其兒女或後代加以約束。這是因為，兒子長大成人以後所擁有的自由和他的父親一般無二，父親不能將兒子的自由葬送在自己手裡，就好像它不能把任何其他人的自由葬送掉一樣。當然，在他作為一個國家的臣民所擁有的土地上，他可以附加一些條件在上面，進而讓他的兒子必須身為那個國家的一份子，假如他想要沾他父親的財產的光的話，因為那種地產既然屬於他父親，父親就有權進行處置或設置前提條件。

117. 這一點往往會讓人們誤會這個問題：因為國家既然只能由他本國人民所有，那麼兒子就只有和他父親處在同樣的條件下，也就是變成這個社會的一份子，才有資格享有父親的財產。如此一來，他就像那個國家的所有臣民一樣，馬上就讓自己變成那個已經成立的政府的一員。從這裡可以看出，自由人天生就置身於政府中，在經過他們的同意以後，成為國家的一份子，而每個人只有等到成年以後才分別表示這種同意，而不是大家共同表示的，因此人們就忽略了這一事實，並且覺得根本沒有表示過，或者完全沒必要表示這種同意，就一致認定他們當然是臣民，就好像他們自然就是人一樣。

118. 可是，顯而易見，政府本身並不是這樣理解這一問題的。政府並不覺得對父親享有權力，就想當然認為對兒子也享有權利。一樣的道理，它們並不覺得因為父親是它們的一份子，而覺得兒子也是它們的一份子。打比方說英國的一個臣民和一個英國婦女在法

國生育了一個小孩，這個小孩屬於哪個國家呢？他不屬於英國，因為他必須得到多方認可以後，才有權利被叫作英國的臣民，他不屬於法國，因為假如他屬於法國的話，他的父親想要帶走他和培養他就不可能了。不管何人，假如他從一個國家離開，或者向一個國家開戰，就可以僅憑他在這個國家出生時，他的父母不屬於本國臣民，而被宣判是背叛者或逃亡者嗎？顯而易見，不管是從亞當理性的法則出發，還是以政府本身的實踐為基礎，一個孩子並不是天生就屬於哪個國家或政府。在還處於未成年時期，他置身於父親的培育和權威下，成年以後，他就擁有了自由，可以憑著自己的心意，置身於任何一個國家或政府。原因是，假如一個出生於法國的英國人的兒子可以擁有自由，這樣做是被允許的。那麼很明顯，對於他來說，他的父親是英國的臣民對他沒有限制，他也可以擺脫他的祖先所確立的任何契約的制約。那麼，即便他的兒子在任何其他的地方出生，以同樣的理由為依據，他就應該享有一樣的自由啊！原因是，不管兒女在哪出生，父親一樣地自然享有對他們進行支配的權力，而自然的義務關係是不會被王國和國家的具體領域範圍約束的。

119. 就像前面所講的，既然所有人生來自由，只有經過他自己同意以後，他才會受到任何世俗的權力的制約，那麼我們就可以猜想，說一個人同意被任何政府法律所制約的法律的表達形式到底是什麼呢？往往有這樣這種，一種是清楚地表示同意，一種是默認的同意，這和我們所研究的問題息息相關。毋庸置疑的一點是，一個人只有清楚地表示同意加入任何社會，他才能正式成為該社會的一員、該政府的臣民。現在一個棘手的問題是，什麼行為才能被認為是默認的同意，它到底有多大的約束力——也就是說，當一個人

沒有作出任何舉動時，到底要如何才能認定他已經同意，進而被任何政府所控制。我可以這樣來闡述這個問題，一個人只要享有任何土地或政府的領地的任意一部分，就可以認定他默認同意了，進而和那個政府以下的任何人一樣，對那個政府的法律表示遵從。這裡無論他所佔有的土地是歸他和他的後代享有，還是只是臨時住所，或者只是在公路上隨便溜達。實際上，只要他在那個政府的領地以內，就形成了一定程度上的默認。

120. 為了對這一點有更深入的理解，我們可以先這樣認為，任何人一開始成為一個國家的臣民時，透過讓自己成為這個國家的一份子的行為，他也將他所掌握的或快要掌握的而沒有歸屬於其他政府的財產都歸入到這個共同體中。理由是，既然任何人為了對財產權加以保障和規定，和其他人一起成為這個社會的臣民，卻又覺得其財產權本來應該處於社會法律的約束下的土地，可以讓他免遭作為土地所有者而成為其臣民的政府治理權的制約，這種衝突實在太明顯了。所以，任何人自身只要歸入到某一國家，他的這一行為也就將他原本自由的財產也歸入到這個國家中，而這個國家只要持續存在，就會一直統治他本身和他的財產。因此，任何人以後無論採取什麼方式享用屬於這個國家管轄的土地的任何部分，就必須對管轄該土地的條件予以接受，才能享用，也就是對該土地有治理權的那個國家的政府予以服從，就好像它的其他臣民一樣。

121. 可是，既然政府只直接治理土地，而且只有當它的擁有者（在他實際上加入這個社會以前）在這塊土地上居住並享受它時，才落到他本人頭上，那麼所有人對於這種享受而要履行的被政府控制的義務，就和這種享受共存亡。所以，當土地所有者只是對政府

表示默認同意，採取轉讓、贈送或其他方法把以上土地脫手時，就可以自由地加入到其他任何國家或和其他人簽訂合約，在「空曠之處」，在他們可以找到的還沒有所有者的，且空曠的地方建立新的國家。而只要是明確表示同意屬於哪個國家的人，他就必須一直屬於這個國家，不能改變，不可能再回到自然狀態的自由中去，只有在以下兩種情況下除外，一種是他所隸屬的政府交了厄運而分崩離析，另一種是因為一些公共行為的影響，他無法再作為這個國家的一份子。

122. 可是，對一個國家的法律表示服從，享受在法律下的美好生活，還達不到讓一個人變成那個社會的一員的條件。這只是對於那些處於和平狀態下的人們，在他們身處於政府的管轄範圍內，來到其法律可以產生效力的範圍內，地方應該給他們提供的保護，他們對政府也應該保持這樣的尊重。可是，儘管他持續在那裡，他也不能因此就屬於那個國家，而且他還得對那裡的法律和政府表示遵從，就好像一個人方便起見，臨時性在另一個人的家裡居住，他卻不能因此就成為那個人的附庸。因此我們看到，那些一生都在其他國家生活，並受到它的保護的外國人，雖然他們必須像本國公民一樣對他的管理表示遵從，卻不會成為該國的一份子。任何人要想真正成為某個國家的一員，只有透過明文規定和正式的允諾和契約才行，別無其他。在我看來，有關政治社會的起源，還有讓任何人變成某個國家的成員的同意，就是這樣。

第九章　試述政治社會和政府的目的

123. 假如像前面所講的那樣，人在自然狀態下是非常自由的，假如他完全可以給自己作主，對自己的財產有絕對的主導權，和最高貴的人處於同一地位，不被任何人主導，他願意把他的自由捨棄是出於什麼原因呢？他願意把這個王國捨棄，而讓自己被其他權力來掌控又是因為什麼呢？很明顯，我們可以這樣回答這個問題：儘管在自然狀態中，他享有那種權利，可是這種享有隨時會發生變化，很有可能遭到別人的侵犯。既然所有人都和他處在同一地位，都和他一樣有君主氣質，而大部分人又對公平和正義置若罔聞，那麼在這種狀態下，他的財產就難以得到保障，隨時可能遇到威脅。正是因為如此，他才願意把這種雖然自由，卻滿是驚恐的狀態捨棄掉，所以他有充分的理由和已經或想要結合在一起的人們共同加入社會，以讓他們的生命、地產和特權得到保障，也就是我通常命名為財產的東西。

124. 所以，人們是為了給他們的財產提供保護，才結合成為國家和處於政府的管控下。自然狀態在這方面有很多不足之處。

首先，在自然狀態中，我們無法找到一種規定了的、眾人皆知的法律，可以作為一致認可和確定為對錯的杠桿和對他們之間的所有矛盾進行評判的標準。原因是，雖然在所有有理智的動物眼裡，自然法不僅是顯而易見的，而且是可以被接受的，可是有些人因為利益的驅使而有失公允，再加上不夠瞭解自然法而手足無措，難以認可這樣的法律是可以起到約束他們的作用的，可以在所有情況下都適用。

125. 其次，在自然狀態中，我們無法找到一個以現有的法律為依據，而對所有糾紛進行公正判決的裁判者。原因是，在自然狀態中，既然每一個人都可以判決和執行自然法，而人們又是有私心的，所以他們極易因為個人情感和報復之心越界，過分關注自己的事情，而且，他們又會因為漠視和怠慢的態度而不夠關注別人的事情。

126. 再次，在自然狀態中，我們往往找不到正確的判決能夠得到支持的權力，讓它能真正落實到實處。所有受到了不公平待遇的人，只要他們具備相應的能力，總會採取強制性辦法不讓他們的利益受損。這種反抗通常會讓處罰行為帶有危險性，而且那些想要執行處罰的人往往會受到損害。

127. 如此一來，雖然人們在自然狀態中擁有各種權利，可是處在其中的狀態令人堪憂，不久以後，他們就不得不加入社會。因此，能長久在這樣的環境下生活的人並不多。在這種狀態中，因為每個人都有權力處罰他人的侵權行為，而這種權力的行使不僅不合乎常規，而且不穩妥，他們經常會因此受到損害，這就使得他們要以政府既定的法律為依靠，渴望因此保障他們的財產。正是基於這樣的情況，他們心甘情願把他們個人行使的處罰權力捨棄掉，將這種權力交給專人來行使，而且在行使時，要以社會所一致認可的或他們因為這個目的而授權的代表的一致認可的規定為依據。立法和行政權力的原始權力和這兩者為什麼會產生，原因就是這個。這也是政府和社會本身的源頭。

128. 原因是，在自然狀態中，個人不僅有享受單純快樂的自

由，還有另外兩種權力。

　　第一種就是在不超出自然法的允許範圍內，為了給自己和他人提供保護，可以做在他看來正確的所有事情。以這個適用於整體自然法為基礎，他和其他的人類共同屬於一個整體，組成一個社會，和其他所有生物都劃清了界限。假如所有人都清正廉潔，人們就沒有必要再組成社會，也不需要離開這個龐大和自然的社會，採用明文協商的方式組成更小和其他的組合。

　　對違背自然法的罪行有處罰的權力，是身處自然狀態中的人所具有的另外一種權力。當他成為一個個人的（假如我這樣稱呼沒有問題的話）或專門的政治社會中的一員，組合成和其他人類區別開的任何國家的時候，他便放棄了這兩種權力。

　　129. 為了給自己和其他人類提供保護，他有權做任何他覺得合適的事情，這是他的第一種權力。他把這種權力轉讓給社會，由它制定出來的法律，約束他自己和這個社會其他的人所需要的保護程度。在很多情況下，這些法律都對他以自然法為基礎所享有的權利進行著約束。

　　130. 其次，他徹底放棄了處罰的權力，而且以社會的法律所需要的程度為依據，把他的自然力量派上用場（之前，他可以以他獨享的權利為基礎，在他覺得合適的時候，用它來對自然法進行執行），來幫助社會對執行權進行執行。因為這時，既然他身處於新的狀態，同一社會的其他人的勞動和交際可以給他提供不少便利，而且社會的整體力量都可以給他提供保護，所以他考虑到自我防護，也應該為了滿足社會的繁榮和穩定，盡可能把他的自然權利捨棄掉。這是必不可少的，也是公平合理的，因為不止他一人，其他

社會成員也是如此。

131. 可是，儘管人們在加入社會時，把他們在自然狀態中享有的各項特權都捨棄掉了，而由社會來享有這些權利，立法機關根據社會利益所需給予適當的處理，可是各人之所以這樣做，只是讓自己的財產和自由得到更好的保護（因為無法想像，任何有理智的動物會懷著讓情況越來越糟的目的來對他的現狀進行改變），社會或由他們組成的立法機關的權力不可能比公眾福利的需求還要大，而且一定要給所有人的財產給予最大程度的保障，以避免出現以上三種讓自然狀態極不安全、不便捷的不足之處。因此，如果國家的立法權或最高權力掌握在一個人手裡，那個人在實行統治時，就應該以現有的、全國人民都知道的、時常有效的法律為依據，而不是依照暫時性的指令；在對爭議進行裁決時，公平公正的法官應該以這些法律為依據，而且要想讓社會力量派上用場，必須對內只是對這些法律進行執行，對外只是為了對外國所帶來的危害進行預防或索賠，和為了對社會的安全進行保障。而這所有都只有一個目的，那就是為了人民的安定和幸福而考慮。

第十章　試述國家的形式

132. 就像前面所講的，當人們一開始形成社會時，既然這一共同體的所有權利大部分人都享有，這樣一來，他們就能夠倚仗這些權力，來制定社會的法律，而執行人就是他們自己推選出來的官員，所以這種政府形式就相當於徹頭徹尾的民主政制；或者，假如

極少數人和他們的後代有權力制定法律，那麼就叫寡頭政制；或者，假如由一個人掌握這種權力，那麼就叫君主政制；假如由他和他的嗣子掌握這種權力，那麼就叫世襲君主制；假如由他一輩子掌握這種權力，在他離世以後，依然由大部分人擁有選定繼任者的權力，就叫做選任君主制。所以，他們可以依據他們心中的理想，把共同體建設成混雜的政府形式。假如從一開始，由一人或幾人在大部分人的授權下，在其終身期內或一定範圍內行使這種立法權，之後依然把最高權力收回去，那麼，在他們重新擁有權力時，在共同體的授意下，它就可以再次回到他們理想中的人選身上，進而組成一個新的政府形式。政府的形式取決於最高權力，也就是立法權的隸屬關係，上級接受下級權力是不現實的，只有最高權力才有權制定法律。因此，誰有權力制定法律取決於國家的形式。

133. 在本文中，「commonwealth」一字的意思應該被統一理解成任何不依附於他國的社會，而不是指民主制或任何政府形式。拉丁語「civitas」是指的這種社會，而「commonwealth」一字是我們的語言中與之意思最接近的。它將那樣一種社會用最精准的語言表達出來了，而英語的「community」（共同體）或「city」（城市）都不太準確。原因是，可以有各種共同體依附於一個政府，而對於我們來說，城市的概念和「commonwealth」截然不同，所以為了規避出現意義模糊的情況，我希望讀者能答應我用「commonwealth」來表達。我發現基於這個意義，詹姆士一世也用過這字，我覺得這個字本質上的意義就在於此。假如有誰對這個字沒有好感，他想用一個更好的字來取代，我也是沒有意見的。

第十一章　試述立法權的範圍

134. 既然人們之所以加入社會，一個最重要的目的是在有保障的前提下，好好地享受他們的各種財產，而那個社會所制定的法律是用來實現這個目的的最主要的工具和方式，所以所有國家建立立法權就是其一開始的和最根本的明文法，其要實現的目標就是對社會和（符合公眾福利的範圍內）其中的所有臣民進行保護。這個立法權不但是國家的最高權力，而且如果由某些人來掌握共同體，它就是神聖不可侵犯的。假如公眾所推定和授權的立法機關沒有批示，也沒有接收到任何人的指令，那麼不管依靠權力、採取什麼形式來支撐，法律效應和強制性都不存在。因為假如這個最高權力不存在，法律難以變成法律，也就是社會的認可。只有得到他們的認可和以他們所賦予的權威為基礎，人們才有權對社會制定法律[17]。所以，任何人必須完全服從於最苛刻的約束，最後都會歸納到這個最高權力上，而且它所制定的法律還會對它予以指導。不管是對任何外國權力所發的誓，還是對任何國內下級權力所發的誓，任何社會成員都不能因此不再服從於以他們的委託為依據而行使權力的立法機關，也不能強迫他服從與它所制定的法律相悖離或不屬於法律範圍內的事情。假如設想一個人最後能夠迫於無奈對社會中的任何權力，並不是最高權力表示服從，那是極其荒謬的。

注 17「制定法律來對人們所有的政治社會進行控制的合法權力，原本歸屬於相同的整個社會，因此世界上不管哪種君主或統治者，假如以自己的意願出發，來對這種權力進行行使，而不是以親自得到上帝的委託為基礎，也不是以被這些法律所約束的人們的最開始的認可所給予的權威為基礎，這就相當於完完全全的暴政。所以，沒有得到公眾認可制定的法律就不是法律」——胡克爾（《宗

教政治》）第一卷，第十節）。「所以，有關這一點，我們要指出，
既然人們以自然為基礎，並不具有合理和完全的權力來對所有政治
群眾下指令，因此，假如根本沒有得到我們的同意，我們就不會受
到任何人的統治，假如我們所屬的社會曾經表示過我們同意被其統
治，其後又沒有採取相同的整體協定的方式把這一同意撤銷，那就
是我們的確是同意處於被統治地位的。

「所以不管是哪一種人類的法律，其生效的基礎都是同
意。」——胡克爾（同上書）。

135. 立法權作為所有國家中的最高權力，不管是由一個人掌
握，還是由多個人掌握，不管是經常存在，還是時不時存在，可是，

首先，它不可能完全獨斷人民的生命和財產，原因是，既然
它只是立法者從社會的各個成員手中接過來的那個個人或議會的聯
合權力，那麼，相比那些加入社會以前生活在自然狀態中的人們曾
享有的和捨棄給社會的權力，它就只能少，不能多。理由是，如
果一個人不具備某項權力，他就不可能將它轉給別人；也沒有人有
權完全決定自己或其他人，用來摧毀自己的生命或將另一個人的生
命或財產奪走。就好像之前已經驗證過的，一個人不能讓自己被他
人的專斷權所控制，而既然在自然狀態中沒有權利對另一個人的生
命、自由或財產進行支配，他所享有的權力只是自然法所賦予他的
那種對自己和人類進行保護，這就是他轉讓給國家的所有權力，再
由立法機關把這種權力接過去，因此立法機關的的權力只能在這個
限度以內。他們的最大權力不能超過社會的公眾福利。[18]這項權力
只能提供保護，因此沒有權力摧毀、奴役或有意讓臣民生活在貧乏
中。自然法所規定的責任會一直在社會中存在，在很多情況下，還
會更加清晰地表示出來，人類還會透過清楚的刑罰來強迫人們服

從。從這裡可以看出，自然法會永久地規範所有人、立法者以及其他人。他們所制定的用來對其他人的行為進行規範的法則，還有他們自己和其他人的行為，都必須和自然法，也就是上帝的旨意相吻合。而自然法就是宣告了上帝的旨意，而且，既然基本的自然法的宗旨是為了給人類提供保護，只要是違背它的人類的處罰都無效或不科學。

注18「公共社會有這樣兩個支撐：一是人們都對社會生活和合群的自然傾向提出要求，二是他們對和他們集團生活方式相關的秩序予以清楚地認可或默認地認可。我們把後者叫做共同福利的法律，它是一個國家的靈魂，法律讓這國家的各個部分擁有生命，團結起來，並以公共福利的要求為依據展開行動。考慮到人們中間外在的秩序和統治而制定的國家的法律，並不是像應該有的樣子那樣制定的，只有當假設人的意志私底下是非常執拗的、反抗的和一定不會對他的天性的神聖法則予以服從的。總而言之，只有當假設人的不足之處和野獸可以相提並論時，並對這種情況進行規定，以對人的外部行動進行規範，讓它們不對要組成社會的公共福利造成阻礙，法律只有做到這種地步，它們才是十全十美的。」——胡克爾（《宗教政治》，第一卷，第十節）

136. 其次，立法或最高權力機關在利用手中的權力進行統治時，不能採用暫時性的命令的方式，而是必須採用公佈過的一直有效的法律，而且在執行司法和評判臣民時，都要由最有能力的知名法官來進行。原因是，既然自然法不是成文法，只存在於人們的意識中，只有由專職的法官來執行，人們才不會因為情欲或利益的驅使，錯誤地引用或應用而難以坦白自己的錯誤。如此一來，自然法才會發揮它應有的功能，才能對在它之下生活的人們的權利擁有主

導權，並對他們的各項財產加以保護，在所有人都有權審判、解釋
和執行自然法和他自己的案件時，更是如此。而有理的一方往往只
能依靠自己的力量，難以保護自己的利益，對犯罪者進行懲處。為
了不讓這些在自然狀態中對人們的財產造成妨礙的不足之處出現，
人類便共同組成社會，以便用整個社會的力量來對他們的財產進行
保障，並用時常有效的規則來加以約束，進而每個人都可以明確知
道屬於自己的是什麼。人們之所以將他們的所有權力都交給他們所
參加的社會，就是為了實現這個目的，由他們選擇出合適的人選掌
握立法權，進而用成文法來對他們進行管理，要不然他們的和平、
安定和財產就會受到威脅，就像以前在自然狀態中一樣。

137. 不管是採用完全獨斷的權力，還是以不穩定的、不時常
有效的法律來進行統治，都是不符合社會和政府的目的的。人們之
所以願意放棄自然狀態的自由參加社會，並甘願在他的統治下，是
因為想要讓自己的生命、財產和權利更有安全保障，是因為想要用
權利和財產方面時時會發揮作用的規定來對他們的安寧進行保障。
無法想像，假如他們具有這方面的權力，他們還會由一個或更多的
人來對他們的人身和財產行使絕對的專斷權，並讓官長有權力把自
己的意志強加在他們身上，這樣無疑是讓自己的處境比在自然狀態
下更糟糕。人們在自然狀態中還有自由對自己的權利予以保護，並
公平地對自己的權利予以維護，不管侵犯者是一個人還是多個人。
可是，假如由一個立法者獨斷地統治他們，這相當於丟盔棄甲，而
把鎧甲交給立法者，上演人為刀俎我為魚肉的場景。相比處於更多
人的獨斷權力之下，一個人被有權力支配十萬人的官長所統治的情
況要糟糕得多。儘管具有這種支配權的人實力特別強，可是沒有人
可以打包票說，他的意志就要好過別人的意志。所以，不論國家的

統治形式是什麼樣的，統治者在進行統治時，都不應該採用暫時性的決議和指令，而應該用正式公開的和被民眾所認可的法律。原因是，假如由一個人或少數人控制公眾的整體力量，並強制性要求人們必須對這些人一時衝動或直到那時還不為人所知的、沒有受到嚴格約束的意志而公佈的嚴苛的命令予以服從。與此同時，這些人又沒有頒佈可以指導他們行為的任何規定，那麼人類現在的處境就遠遠不如自然狀態下的處境。因為，既然政府所有的權力都只是用來讓社會更幸福安寧，所以在行使時就應該以現有的和公佈的法律為依據，而不應該僅憑一時意氣和獨斷。如此一來，不僅可以讓人民對自己的義務了然於心，並清楚地知道只要不超過法律的範圍，自身的安全和幸福是可以得以保障的，而且統治者也被約束在相應的範圍內，不會沉淪在自身所擁有的權力中，利用他們原本不太瞭解的或不想認可的方式來行使權力，以實現上述目標。

138. 再次，沒有征得本人許可，任何人的財產的任何部分都不能被最高權力奪走。原因是，既然政府的目的是為了保護財產，人們之所以加入這個社會，也是基於這個目的，那麼，這就必須要假設而且要求人民享有財產權，要不然就只能假設他們因為加入到社會中，而把他們當初加入這個社會的初衷的東西給弄丟了。不管是誰，都不會承認這種非常荒謬的事情。所以，對於那些按照社會法律的規定，由他們所有的財產，那些在社會中享有財產權的人們就享有這樣的權利，也就是只有得到他們本人的許可，其他人才有權拿走屬於他們的財產的全部或一部分，要不然他們就根本不享有財產權。原因是，假如別人有權擅自把我的所有物拿走，我對這些所有物就不享有財產權。因此，假如以為任何國家的最高權力或立法權可以隨意作為，對人民的產業可以進行隨意處置，這種想法是極

其荒謬的。假如政府中的立法權的全部或一部分歸可以改選的議會所有，在議會解體時，其成員和其他人一樣，也要受到他們國家的共同法律的約束，這樣的情況就不會發生了。可是，假如在有些政府中，立法權由一個時常存在的議會握在手裡，或者被像專制君主國那樣被一個人掌控，這樣就還存在危險性。他們會覺得自己所具有的利益和其他社會成員不一樣，所以會肆無忌憚地從人民手中掠奪，以讓他們自己更具有財富和權力。原因是，假如對那些臣民有支配權的人有資格把屬於私人財產中的任意一部分他想要的東西拿走，並進行隨意處置，那麼即便對於他和普通臣民之間的產權範圍有公正、公平的法律予以規定，還是難以保障一個人的財產權。

139. 可是，就像上面所說的，不管政府掌握在誰的手裡，既然人們委託其對他們的各種財產予以保障，那麼君主或議會即便有權制定法律，來對臣民各自的財產權進行規定，可是在沒有得到他們認可的同意下，它們也沒有資格把臣民財產的全部或一部分拿走。原因是，這樣就會讓他們的財產權化為虛無了。我們可以看一下，即便在需要時成立的專制權，也不會因為它是絕對的，因此就擁有專斷權，它依然要受到緣何在一些情況下需要完全權力的理由的約束和一定要實現這些目的為前提。只要看看軍隊紀律通常是如何使用的，我們就會明白了。因為對軍隊進行保護，進而對國家提供保護的行動，要求要對每一上級官長的命令進行完全的服從。即便他們的命令是充滿了危險的，或者是非常荒謬的，假如不對它們進行服從或對它們有不同意見，被送上斷頭臺也是理所當然的。可是，我們看到，雖然一個軍曹能夠指揮一個士兵衝向炮口，或一個人在陣地駐守，那時這個士兵差不多就走向了絕路，可是軍曹不能命令士兵把錢給他。一樣的道理，將軍有權把任何一個怠忽職守或不服

從命令的士兵送上斷頭臺，可是卻不能依靠他所擁有的生殺決定權而對這個士兵的產業進行處置，或侵佔他的任何一分財產，雖然他可以對所有下命令，只要稍有人反對就可以即刻處死他。因為對於司令官所擁有的權力要達到的目的來說，也就是為了給其他的人提供保護的角度來考慮，這種一味的服從是不可缺少的，而對士兵的財產進行處置卻無關這個目的。

140.雖然政府必須有強大的經濟後盾才能維持，只要是享受保護的人都應該拿出一部分產業來支持政府，可是這依然要征得他本人的許可，也就是得到他們自己或他們所推選出來的代表所表示的大部分人的許可。因為假如有人依靠自己所掌握的權力，提議可以肆無忌憚地向人民徵稅的那種許可，他就違背了和財產權相關的基本規定，對政府的目的造成了損壞。原因是，如果一個人可以有權肆意把我的東西拿走，那麼我就不奢談什麼財產權了。

141.然後，立法機關被賦予的制定法律的權力不能交由任何他人享有，因為它既然只是被人民委託的一種權力，享有這種權利的人就不能對它進行轉讓。立法權只能透過人民組成立法機關，並推選出執行人來行使，國家的形式也才能因此決定。當人民已經表示願意對規定予以服從，願意受制於那些人所制定的和運用那些形式的法律時，別人就不能提議其他人可以幫他們把法律制定出來。他們只受到他們所選擇的並被他們授權可以給他們制定法律的人們所制定的法律的制約。

142.社會給他們的授權以及對於不同政體下的所有國家的立法機關，上帝和自然法對其進行的約束就是這些。

首先，它們在統治時應該採用正式公開的已有法律來進行，不管是對於窮人，還是富人，地位尊貴之人還是農民，這些法律都不偏不倚，並不因為有什麼特別的情況而出現不同。

　　其次，這些法律只能有給人民造福這一最終目標。

　　再次，在沒有得到人民自己或其代表許可的情況下，不能向人民的財產徵稅。顯然，這一點隻關係到這樣的政府，那裡時常有立法機關，或者最起碼由人民定期推選出來的代表們不享有立法權的任何部分。

　　最後，制定法律這項權力，立法機關不應該也不允許將其轉讓給任何其他人，或者將它放在非人民所委託的其他地方。

第十二章　試述國家的立法權、執行權和對外權

　　143. 所謂立法權，就是用來指導國家力量如何被運用從而達到保護社會以及社會成員的目的的權力。由於制定法律本身並不需要很長的時間，法律一經制定就可以持續運用並且具有延續性的效力，所以，立法機關也不需要時時處在工作狀態，也就沒有了持續存在的必要。如果擁有制定法律權力的一群人同時具有了執行法律的權力，必然因此而受到誘惑，從而基於人性的弱點從中攫取權力，使他們儘量逃脫法律的限制，並且制定出有利於他們自己的法律條款來獲得個人利益，從而使他們的利益有別於社會中其他成員，這就違反了社會和政府存在的根本目的。所以，在一個擁有完善組織的國家政府中，社會全體的利益總是最為重要的，擁有立法權的那些人，他們只是在某些固定的集會或組織中，擁有與其他人

聯合制定法律的權力，一旦法律制定完成，他們就會分散，回到社會中去，同時也受到他們自己制定的法律的公平的約束，這樣就能夠保證他們在制定法律的時候是從社會全體利益的角度來思考的。

144. 然而，那些在短期之內就可以制定完成的法律，具有持續的效應，在社會日常運轉中需要被持續執行，所以就需要存在這樣的一種權力，負責按照既定的持續有效的法律來執行，因此執法權和立法權往往都是分開的。

145. 任何一個國家，除了立法權和執行權之外，還擁有另外一種自然的權利，這種權力如同人們在進入公民社會之前所擁有的的自然權利一樣。在任何一個國家中，社會成員彼此之前，都是獨立的個人，並且他們的地位和利益受到國家法律保護和制約。然而，他們與這個國家以外的其他人的關係，則成為了一個整體，這個整體如同成員結合成一個社會以前一樣，與其他人一樣共同處在自然狀態中。所以，社會中任何一個人與社會外其他人之前的爭執和矛盾，都應當由社會來解決，任何一個社會成員受到的傷害，都應當要求社會全體來賠償。從這個角度上來說，整個社會與社會之外的其他所有國家或個人，都是作為一個整體處在自然狀態之中。

146. 所以，這種與社會之外的國家和個人處理相關事務的權力，諸如戰爭與和平、聯盟或解約等等，我們可以將其稱之為對外權。事實上，也可以給予其他的名稱，只要對其中的含義有明確理解即可。

147. 儘管執行權和對外權這兩種權力本身有明顯的區別，前者

主要包含的是社會對於內部成員執行國內法律的權力，後者則是處理與社會之外的團體或個人之間的事務的權力，包括所有可以從中獲得利益或者避免傷害的行為。然而，這兩種權利通常狀況下都是結合在一起的。對外權力，儘管對於國家來說也有著至關重要的影響，但是與執行權比起來，並不能夠憑藉對未來的洞悉而預先制定出有效的明文法，所以往往需要這種權力的擁有者運用他們自己的智慧，以社會公共利益為目標來行使權力，進而做出更好的決定。而執行權所運用的處理社會內部成員之間關係的法律，因為是為了更好的指導人民的行為，則是可以預先制定的。而對於國家之外的人或團體的做法，很大程度上要考慮對方的目的以及動機的變化，所以其中的絕大部分要由擁有這種權利的人運用智慧來做出更好的決定，憑藉他們的才智和能力來為國家和公眾謀取福祉。

148. 所以，就像我在前面所說的，儘管執行權和對外權有明顯的區別，但是二者是很難完全分離開來由不同人掌握的。由於這兩種權力的行使都需要運用社會的力量，那麼這種力量被不同且不互相隸屬的人民分別掌握，這是不可能的。如果真的完全分開，執行權和對外權掌握在不同人的手中，就會讓社會力量陷入兩種支配之中，由此必然帶來動盪和災禍。

第十三章　試述國家權力的統屬

149. 一個國家，基於自己的性質，為了保護社會和人民，能夠具有的最高權力只有一個，那就是立法權，其他任何權力都只能

是立法權的從屬。但是立法權是人民基於某種目的而委託的一種權力，所以一旦人民意識到擁有立法權的人做出的行為違背了賦予立法權的目的，就有權力罷免或者更換立法機關或成員。立法權是因為某種目的才被委託授予，因此只能為了這一確定目的來行使。一旦這一目的被忽略甚至違背，委託就會隨之取消，這樣權力又會回到授權之人的手中，他們可以將這種權力重新授予他們認為能夠忠實執行這一目的保障他們利益和安全的人。所以，在社會中，一直都存在一種最高權利，以保障自己不會被任何團體和個人所傷害，即使立法者因為一時的惡意或愚蠢對人民的權益或財產發動攻擊。因為任何人或社會都無權將自己的自由和保障以及保護的手段交給他人，完全聽憑他人的管轄和奴役。當任何人想要奴役他們的時候，他們都有權利來保護自己這種無法放棄的東西，並將妄圖帶來奴役的人們驅逐消滅，因為人們本身就是為了得到更好的保護才加入社會的。於是我們可以說，在這方面共同體總是具有最高權力，但這並不是在任何政體下都是絕對的，因為這種最高權力往往只能在政府被解體時才能體現。

150. 在所有情況下，只要政府存在，最高權力一定是立法權。因為，要制定他人遵從的法律，就必須要位於他人之上。並且，立法權作為社會的立法權，他有權為社會的部分或整體，以及其中的每個成員制定法律，限制和保障他們的行為，並在他們違反法律時授權依照法律來執行，它就必然是最高權力，所有社會成員擁有的其他所有權利，都是從立法權中得來的，並且隸屬於立法權。

151. 在一些國家，立法機構並不是常設機關，並且有一個人完全掌握執行權，同時他也參與立法活動。這種情況下，他可以被

稱之為廣義上的、至高無上的權力者。之所以會如此，不是因為他掌握了所有法律的制定權，而是因為他擁有法律的最高執行權，所有的其餘官員所得到的都是從他那裡獲取的部分從屬權，在他之上再無其他立法機關，所以任何不經他同意的法律必然無法制定，我們也無法奢望他會透過那些制約自己的法律，所以從這個角度上來說，毫無疑問，他是至高無上者。但是，必須要指出的是，儘管他得到了官員的宣誓效忠，但效忠的並非是他作為立法者的一部分，而是他作為他聯合部分人一起共同制定的法律的最高執行者。效忠本身來說，也是基於對法律的服從。如果他自身違法，就沒有要求他人服從的權利。並且他之所以得到他人效忠，只是因為他被法律賦予了這種權利，被看作是國家的象徵和代表，可以按照國家法律賦予他的權力來行事。因此就其本身來說，沒有個人意志，自身不擁有權力，擁有的只是法律的意志和權利。然而，一旦他違反法律，偏離了公眾意志而被個人意志支配時，他便降低了自己的地位不能夠被視為國家的代表，僅僅是一個可以要求他人服從但沒有意志、沒有權力的個人，因為社會成員僅僅只有服從社會意志的義務，而沒有服從其他意志的義務。

152. 如果擁有執行權的人完全不參與立法，而執行權屬於其他機構，顯而易見需要對立法機構負責並接受立法機構的統轄。由此可以看出，並非最高執法者就不需要隸屬別人，僅僅只是最高執法者參與立法才會如此。因為他一旦參與立法，除了對本身參與的立法機關以外，它並不隸屬於其他更高的立法機關，也無需對其負責。這種情況下，除非他自己願意隸屬某人，當然這是極少見的情況。除此之外，各個國家所具有的其他一些輔助性的從屬權利，我們沒有深入探討的必要。因為不同國家會由於文化習慣、組織形式

的不同而互有差別，我們不可能將這些一一舉出。我們在本文中只需要明確的是，他們所擁有的權利，都是基於明文特許和委任獲得的，除此之外再無其他，並且都需要對國家的某種權利負責。

153. 立法機構沒有常設的必要，並且常設立法機構也是有弊端的，但是執行機構卻絕對有必要持續存在，因為法律並不需要常常被制定，但卻需要時時被執行。立法機關將他們制定的法律和執行法律的權利賦予他人，他們同樣有權利將這種權力收回並且對於不良行政施以處罰。對外權也是相同的狀況，他與執法權一樣都是立法權的輔助和隸屬，而立法權，如前文所述，在一個有良好運作的政府中，享有最高地位。並且，立法機關應當指定有幾個人（如果是一個人擁有這樣的權利，就變成了經常存在，這樣就會將立法權和最高執行權融為一體）。基於既定的組織法，或在休會期間的某個時間，或者在其他任何沒有特殊規定時間裡，基於他們認為的必要性，集會行使立法權。因為人民授予他們最高權力，這種權利便總是由他們掌握，因此他們有權在他們認為必要的時候行使這一權利，除非既定的組織法規定了他們行使權利的時間，或者經由這種最高權力決定了在某一時間到來之後他們才有權進行集會和行使權利。

154. 如果立法機關的成員或其部分人員是由人民選出的代表組成的，他們在一段時期內作為人民的代表享有立法權，在期滿之後依然只是普通公民的身份，除非再次當選否則不再參與立法。這種選舉活動本身要麼由人民指定時間來舉行，要麼被召集參加這種活動。在後一種情況下，通常是執行機構享有召集立法機構的權力，並且在具體的時間上受到至少兩項約束：或者立法機構的原定組織

法做出了明確規定間隔一段時間立法，機構需要被召集並且行使職權，在這種情況下，執行機構僅僅是依照立法機構的要求發出指令，從而實現立法機構集會和選舉；或者執行機構根據實際情況或人民的要求需要修改或制定法律，用於防止或消除某種對人民的威脅，從而審慎決定舉行選舉召集立法機關。

155. 或許有人會這樣問：執行權，掌控著國家實力，一旦它運用這樣的力量來阻止立法機關根據原有組織法或公眾要求集合並行使權力，又該如何？對此我認為，違反人民委託權力的目的而濫用職權，就會成為人民的敵人，人民有權透過恢復立法機關而重新行使權利委託。因為，社會之所以要有立法機構，就是為了讓立法機構在某個時間或有必要時行使立法的權力，一旦這種權力被強力所阻，以致對人民的安全和保護如此重要的權利都無法行使，人民就有權強力清除所有障礙。在任何情況下，對抗濫用職權的強力最有效的辦法，就是以最強力。濫用職權使用強力，往往會讓自己陷於戰爭狀態，處於侵略者的地位，因此人民有權按照對待侵略者的方式來對待他們。

156. 儘管執行機關有權召集和解散立法機關，但這並不意味著立法機關處於執行機關之下，只是因為人類事務並非一成不變，不可能有一種確定的規定來完全保障人民的安全和利益。政府最初的創建者也無法有某種先見之明，將未來可能發生的所有事情都全部看清，確定未來立法機關所有最適合的召集時間以及期限，從而滿足未來國家所有的需要。所以，對於這樣一個潛在的問題，最好的辦法就是將這件事情的決定權交給一個負責時刻關心社會利益的常設機關，由他們來慎重地做出最合適的決定。立法機關的頻繁集

會和長時間集會，對人民來說也是一個不必要的負擔，甚至還會因為帶來某些隱患。但是，有時候的一些突發情況又需要他們的出現來解決問題。錯過了合適的集會時間，有時也會讓公眾利益遭到損害，或許會因為他們要處理的事務過多而難以完成，或者失去了應有的慎重思考，進而損失了公眾利益。這種情況下，立法機關由於召集和行使權力具有一定的期限性，除了委託那些熟悉國家狀況的常設機關利用這種特權來做出審慎的決定，為人民謀福祉，使人民免於遭受一些突發危險的傷害，還有其他任何好的辦法嗎？所以，如果立法機關的原有組織法並沒有就立法機關的召集時間和集會期限有明確的規定，執法機關自然就需要擁有這樣的權利，但這並不意味著這種權力不加控制可以為所欲為地運用，而是一旦擔負了這樣的責任，便需要根據實際狀況的發展，從為社會公眾謀福祉的角度來行使這一權力。到底是立法機關透過原始組織法明確召集時間和期限好，還是授權者根據實際狀況來決定立法機關的召集和集會好，或者二者混合使用更好，我在這裡不做深入闡述。我只想明確一點，即使執行權能夠決定立法機關的召集和集會，也不意味著執行權高於立法權。

157. 世事變化無常，世界上沒有任何事物能夠保持一成不變的狀態，所以人民、權力、財富、貿易等都一直處在不斷變化中。繁華的都市經過時間的推移，最終可能會變成杳無人煙的廢墟，人跡罕至之地也會隨著歷史的發展而變成富庶繁華的地區。但是，這種變化並不是有規律的的平均變遷，一些權利和習慣或許已經失去了存在的理由，但是基於個人利害或其他因素卻一直延續了下來。所以這樣的事情常常發生，在政府的立法機關中，成員是由人民選舉的代表組成，隨著時間的推移，這種代表的分配數量變得極不合

理，早已與當初代表的分配原則相違背。我們能夠發現有些地方儘管有城市的名分，但是除了個別羊欄和牧羊人之外，早已經淪為廢墟，到那時依然如同他曾經繁華時那樣擁有相同的代表人數來參與立法會議，我們就能意識到，那些早已失去存在理由的習慣帶給我們的是怎樣的謬誤。甚至外人都覺得不可思議，認為是必須要改變的，但是大多數人卻想不出能夠解決問題的辦法，因為立法機關的組織法是社會的原始最高準則，這種最高準則高於社會中所有的明文法，任何下級的權力都無法做出改變。所以，立法機關組織法一旦確立，只要政府持續存在，這種組織法就無法改變，其障礙是無法消除的。

158.Salus populi suprema lex[人民的福利就是最高的法律]，這是世界上最公平的根本法則。只要對其真誠地遵守，絕不會因此而犯嚴重錯誤。所以，執行機關行使其召集立法機關的管理，如果其真正遵照的是立法機構的原則而不是形式，是真正的理性而不是習慣，就有權力改變各個不同選區代表的數量。這種改變不以選區自身為依據，而是按照其做出貢獻的比率。這並不是建立了一個新的立法機關的行為，而是真正地恢復了固有的立法機關，從不知不覺中走偏的路線上回歸正常。因為，人民的利益和意志需要由公正公平的代表制來表達，所以任何實施有效接近這一目的的措施的人，都是政府的擁護者，總不會缺乏社會的支持和贊同。而所謂的特權，僅僅是授予君主某種權力，在面對一些無法預知的突發狀況時，根據確定的既有法律無法有效地解決問題時，君主可以運用這種特權來為公眾謀取福利。那些被用來為公眾謀取福利的權利，以及在此基礎上政府的所有行為，都應當將其看作是正當的特權。我們所說的建立新的選區，重新分配代表人數是處在這樣一個前提下

的，代表的分配原則早晚會發生變化，曾經不具備選舉代表資格的
地方可能會擁有這種資格，同樣曾經擁有的這種資格也會改變或者
失去，並且不會影響任何事情。真正讓政府受到傷害的，並不是因
為某種現狀的變更，而是政府具有了壓迫和剝削人民的趨勢，以及
透過對某些人或團體的扶持使他們具有不同於他人的利益，而導致
的不平等。不管任何行為，只要是用公正的態度和方法來保護社會
和人們的利益，都是不容置疑的。所以人民用真正公正公平的方法
來推舉他們的代表，並且與政府形式相符合，這是理所應當的社會
意志和行為。

第十四章　試述特權

159. 在立法權和執法權分別由不同的人掌握的情況下（所有克
制性良好的君主國家和組織完善的政府中都是這樣），考慮到社會
的福利，由手握執行權的人來判決幾項事情比較合適。原因是，既
然立法者無法提前預知，並用法律的形式把所有對社會有利的事情
都規定下來，那麼手握執行權的法律執行者，在法律還沒有對很多
情況作出具體規定時，便以一般的自然法為依據，有權把自然法派
上用場，給社會謀福利，直到立法機關可以明確規定集會。法律並
非可以對所有事情都進行明確的規定，必須由手握執行權的人來對
這部分無法明確規定的事情進行自由裁決，由他從公眾福利和利益
的角度出發，來進行處理。事實上，在某些情況下，法律本身應該
給執行權讓路，或者給這一自然和政府的基本法讓路，也就是應該
盡力給所有社會成員提供保護。因為世間發生偶然性事情的概率很

高，當碰到這些情況時，如果採用刻板和嚴肅的處理來進行處理，反倒會適得其反（打比方說，鄰居家著火了，不拆掉一家無辜的人的房屋來不讓火勢愈演愈烈），而因為法律模糊不清，一個人本來做了一件值得誇耀和原諒的事情卻反倒會受到法律的懲處，所以在某些情況下，統治者應該有權力對法律的嚴酷性進行減弱，對某些罪犯予以寬恕。因為政府既然是以盡最大程度保護所有人為目標，那麼只要可以對清白無辜進行證明，即便一個人真的有罪，也可以被原諒。

160. 這種在法律上沒有明文規定，有時甚至和法律唱反調而依照自由裁量來給公眾造福的行動權，就被冠以特權的稱號。因為在有些政府中，不一定會經常出現制定法律的權力，而且執行要求高效快捷，它的成員太多了，以至於行動起來速度明顯跟不上。此外，我們無法預見所有有關公眾的意外和重要事情，所以法律也不可能將所有事情都寫進規定裡。而且，假如所有和規定相符的事情或人都一絲不苟地執行制定出來的法律，也一定會帶來危害。因此，對於沒有寫進法律規定的很多例外情況，要給執行權保持一定的自由裁判權。

161. 當這種權力被運用於政府的委託方面時，而且是考慮到社會的福利時，那麼它就是名副其實的特權，不可能會遭到質疑。原因是，假如特權在很大程度上是為了實現它的初衷，也就是運用於給人民謀福利，而不是直接和這一初衷唱反調時，人民幾乎不會在細節上過於較真，他們就不會考察特權。可是，假如對於被提議的特權的權力，執行權和人民觀點不同，行使這種特權的傾向到底是對人民有利，還是對人民有害，就可以輕而易舉地對這一問題進行

決定。

162. 可以想像，在政府剛剛建立時，從人數和法律的數量上來說，國家和家族幾乎一樣。既然統治者就像他們的父親一樣，為了他們的幸福考慮，而給他們提供保護，政府的統治者基本上就是依靠特權來實施的。現有的不多的法律已經足夠使用了，其他的都交給統治者的自由裁量。可是，當意志不夠堅定的君主因為失誤或者被諂媚所蠱惑，在使用這種權力是從私人的目的出發，而不是考慮到公共福利，那麼人們就必須透過明文法的形式規定對他們不利的各個方面。所以，人們覺得應該明文限制一些情況，他們和他們的祖先曾經將這些特權交由君主，透過發揮他的聰明才智，在合理的方面加以運用，也就是為公眾造福方面。

163. 所以，假如有人持這樣的觀點，人民採用明文法的形式限制特權的任何部分，就是對特權的侵犯，這種說法錯誤地理解了政府。因為，人民這樣做，並沒有將君主所有應該享有的權利奪走，而只是向世人宣稱，他們對曾經交給他和他的祖先的權力沒有加以任何限制，目的是為了他們的福利，當他在其他方面加以運用時，就違背了他們的初衷。原因是，既然政府是以給社會造福為目的，那麼因為這個目的而進行的變革，就不能叫作是侵犯任何人，因為政府中的任何人都沒有權利和這個目的背道而馳。那麼持反方向觀點的人們好像覺得，君主的利益和社會的福利是各成一體的，君主設立的目的不是這個，君主制政府中之所以會產生危害和混亂，源頭就在於此。如果確實如此的話，在他統治下的人民就不是一群理性動物，他們加入社會的目的就不是為了彼此間的福利。他們推選一位統治者來對他們進行統治，不是為了對這種福利進行保護，而

會被視為一群被主人號令的低級動物，他們的存在，完全是為了主人自己的利益。假如人類是那麼不理智，不識時務，竟然在加入社會時，是以這種條件為前提的，那麼確實就會像某些人所認為的那樣，特權就會變成一種對人民造成毒害的專斷權了。

164. 可是，既然我們無法想像一個充滿理智的動物，當他擁有自由時，會讓自己被另一個人（當然，當這個人是一個仁慈賢達的統治者時，他可能覺得不需要在所有場合都明令限制他的行為）掌控，從而對自己造成損害。特權就只能是人民賦予他們的統治者的，在沒有明文規定的情況下，從他們的個人意願出發，來對一些事情進行處理，甚至有時和明文法是背道而馳的，進而來給公眾造福，以及這種得到人民默認的做法。因為，一個賢達的君主想要好好完成人民交給他的重任，又對人民的福利非常重視，對於太多的特權，也就是給人民謀福利的權力，就不會表示厭惡。相反，一個昏庸的君主，對於前人曾經運用過卻沒有經過法律規定的特權，他覺得自己憑藉現在的職位可以享有，就想要肆無忌憚地行使，以得到或形成和公眾福利不一樣的利益。如此一來，人民就必須對他們的權利加以限制或者重申，而行使這種權力假如是為了對他們的福利起到推動作用，他們原本是不會有異議的。

165. 所以，去翻閱一下英國的歷史，我們就會發現，我們最賢達的君主擁有最大的特權，這是因為人們發現他們的行為是為了整個公眾的利益著想的，所以對於他沒有法律作為依據的，可是其行動宗旨卻是這一目的行為，他們不會太較真的。即使因為人類的任何不足之處（因為君主也是人，和其他人一樣），導致和這個目的存在一定的偏差，只要他們的行為的主要目的是為了對公眾表示關

心,而不是其他什麼目的,就是如此。因此,既然人們堅信對於君主在沒有明文規定的情況下,或者和明文規定背道而馳的情況下的所作所為應該表示歡迎,他們就會默認君主的所有行為,而且心甘情願地讓他們肆意把自己的特權擴大。他們有充分的理由相信,君主所做的所有事情都不會對他們的法律造成損害,因為他們的行動是符合所有法律的基礎和初衷的,也就是符合公共福利的。

166. 固然,從專制君主制的角度出發,這種賢明的君主是最好的政體的觀點,應該享有專斷權,就好像上帝利用專斷權來對宇宙進行統治一樣,因為上帝的智慧和美德,這種君主也具備。以這一論點為依據,就出現了這樣的觀點:對於他的人民的權利來說,賢君的統治所帶來的危險會是最大的。原因是,假如他們的繼任者在管理政府時,所秉承的思想是不同的,那麼他們就會效仿之前賢君的行為,把他們的特權當作他們行為的標杆,似乎之前只考慮到民眾福利而做的所有事情,到了他們這裡,就變成了他們肆無忌憚對人民進行傷害的標杆,紛爭自然就在所難免了,有時甚至會對公共秩序帶來損害,直到人民可以對他們之前的權利進行恢復,並公開宣稱一直以來,這都不是什麼真正的特權。因為在這個社會的所有人,都沒有權利去荼毒人民,儘管有極大的可能性,而且具有合理性的是,對於沒有超出公共福利界限的君主或統治者的特權,人們沒有加以約束。那是因為特權只是在沒有明文規定的情況下,對公共福利加以爭取的權力罷了。

167. 雖然,在英國,國王有特權召集議會,包括對議會召開的具體日期、地點和期限進行確認,可是依然要履行這樣的責任,那就是一定要從時代要求和不同情況下的需要出發,在行使這一權力

時考慮到國家的利益。原因是，既然難以提前預料到什麼時間、什麼地點最適合召集議會，就由執行權來做決定，以便有可能達到和公共福利最吻合，以及和議會最相符的目的。

168.時不時會冒出這樣一個有關特權的老生常談的問題，那就是：這個權力是否得到了最合適的運用，由誰來評判呢？我要給出這樣的答案：在擁有特權的時常存在的執行權和一個取決於執行權的立法機關之間，世界上不會出現裁決者。一樣的道理，假如執行機關或立法機關手握重權以後，想要對人民進行奴役或迫害，也不會有裁決者出現在立法機關和人民之間。在這樣的情況下，就好像世界上沒有裁決者的其他所有情況一樣，人民找不到其他的彌補辦法，只能求老天幫助。因為，統治者在進行這樣的圖謀時，行使的權力是從未得到人民委託的（無法想像人民會同意任何人在統治他們時，是想要迫害他們），去做他們權力範圍以外的事情。假如人民的集體或任何個人的權利被剝奪了，或者權力在行使時，沒有以權利為依據，而在人世間又沒有可以申冤的地方，那麼他們就有權力請求老天來處理非常關鍵性的案件。所以，在這樣的情況下，儘管人民不能作為裁判員，而以社會的組織法為依據擁有更高的權力來審判案件和宣判案件，可是，在人世間沒有地方申冤的情況下，他們以一種比人類所有明文法都要高一等而存在的法律，讓自己擁有屬於所有人類的最後決定權：對是不是有合適的理由向老天求助進行決定。他們不能捨棄這種決定權，因為讓自己臣服於另一個人，讓對方有權摧毀自己，這種權力是不屬於人類範圍內的，而且上帝和自然也不會允許一個人這樣破罐子破摔，導致忘記了保護自己。既然他不能置自己的生命於不顧，他就不能把另外一個人有權力剝奪他的生命。人們不要覺得這樣一來，就埋下了罪惡的種子，

因為這種決定權的行使，只要其危害大到大部分人都覺得無法容忍，而且覺得必須加以糾正時。這是執行權或賢達的君主應該一直警惕的事情，在所有事情中危險係數最高的事情，也是所有事情中他們最需要竭力規避的事情。

第十五章　父權、政治權力和專制權力綜論

169. 儘管之前，我曾經對這幾種權力進行過分別探討，可是我覺得最近幾年以來，之所以會出現有關政府理論的極大謬誤，原因就是沒有把這幾種不一樣的權力區分開，因此在這裡，我將它們放在一起探討，可能也是合適的。

170. 首先，父權或親權，就是父母對兒女進行控制的權力，考慮到兒女的幸福，他們會對他們進行管理，直到他們掌握足夠多的知識或者可以把理性派上用場時為止。在那種情況下，我們可以假設他們可以對那種應該用來對自己的行為進行規範的準則進行理解，不管是自然法，還是國家的國內法——我所說的「可以理解」，也就是說和那些生活在法律下的自由人一樣，對這個法律有深刻的理解。上帝讓父母天生愛憐兒女，由此可見，他原本並不是想讓這種管理變成嚴苛的獨裁的統治，而只是為了給他們的後代提供保護、撫育。可是無論如何，就像前文已經證實過的，我們找不到原因下這樣的結論：這種權力可以無限延伸，大到不論在什麼情況下，父母對兒女都有生殺予奪的大權，就好像他們不能在別人身上使用這種權力一樣，也沒有理由來證明。當兒童成年以後，這個父權還

應該讓他被父母的意志所掌控，遠比兒女因為受到父母的生養教育而要履行的尊敬和贍養父母的終身責任要大。從這裡可以看出，儘管父權是一種自然的統治，可是延伸到政治方面的目的和統治範圍是堅決不行的。父權不能延伸到兒女的財產方面，兒女的財產的處置權只有他們自己所有。

171. 其次，每個人把他在自然狀態中所享有的、交給社會的權力就是政治權力，再由社會把它交給統治者，並賦予明示或默認的委託，也就是規定這種應該用來對他們的財產提供保護和給他們造福。既然每個人在自然狀態中都擁有這種權力，並在社會可以提供給他的所有保障方面，由他交給社會，並採取他覺得合適的和自然默認的那些手段，來對他的財產提供保護，並對違反自然的他人進行處罰，以便（由他的理性出發所作出的判斷）對自己和其他人類提供最大程度的保護。所以，當每個人在自然狀態下都擁有這一權力時，既然它是為了給社會所有成員（也就是整體人類）提供保護，當官吏擁有這項權力時，它就只能為社會成員的生命、權利和財產提供保護，不能再有其他的宗旨，因此它不能是一種對他們的生命和財產進行支配的獨斷權，原因是我們應該盡可能保護生命和財產。它只是讓他們有權制定法律時，可以加一些刑罰進去，以對整體提供保護，而除掉的那些部分只是一些特別腐化的東西，會對整體的生命和安全造成威脅，要不然不管多麼嚴苛的刑罰都是不合法的。而且這個權力的源頭只是契約和協議，以及組成社會的人們的彼此認可。

172. 再次，一個人對另一個人的完全的獨斷的權力，就是專制權，可以對另一個人的生命進行肆意踐踏。這種權力不是自然授

予的，因為自然並沒有讓人們相互之間有這樣的分別。 這種權力也不是契約可以給予的，因為人們沒有這種專斷權來對待自己的生命，自然也就不能把這種權力賦予他人，進而讓他人對自己的生命進行操控。這種結果只會出現在侵略者讓自己和他人敵對時，把自己的生命權放棄時。既然他把上帝賦予人類作為人們之間準則的理性給放棄了，不再受限於人類結合成為一個共同體的制約，對於理性所帶來的康莊大道，他也放棄了，粗魯地試圖採用武力的方式來對另一個人不義，違背人類而變成了野獸，用野獸的蠻力當作自己的權利指向，這樣受到侵犯的人和會與受到侵犯的人一起執行法律的其他人類就會消滅他，就好像消滅其他任何野獸或毒物一樣。因為人類不能和它們共存，而且一起生活時安全也難以得到保障。所以只有在正義的戰爭中淪為俘虜的人才會被這種專制權控制，這種權力既不是以契約為源頭，也不能簽訂什麼協定，它只是延續了戰爭狀態。因為和一個連自己的生命都作不了主的人能簽署什麼協定呢？他可以完成什麼責任呢？假如他一旦被允許對自己的生命擁有主導權，他的主人的專制的權力就會消失。只要是可以掌控自己和自己生命的人也有權保護生命，因此，協定一旦簽署，奴役就馬上結束。一個人只要和他的俘虜對條件進行商議，就是把他的專制權放棄了，同時也開啟了和平狀態。

173. 父權是自然賜予父母的首項權力，讓他為年幼的兒女贏取謀取利益，以彌補他們在財產管理方面的不足（不得不說明的一點是，我所說的財產，無論是在這裡，還是在其他地方，都包括人們的身心和物質財產）。統治者因為自願協議的簽署而擁有第二種權力，也就是政治權力，來讓他們的臣民獲利，進而對他們主導他們的財產提供保障。主人們因為人權的淪陷而擁有第三種權力，也

就是專制權力，來讓他們自己獲利，而對那些沒有財產的人進行奴役。

174. 人們只要對這幾種權力的不同的起源、範圍和目的進行考察，就會明顯發現，統治者的權力要超過父權，而專制權力又凌駕於統治權之上。而不管由誰掌控絕對統轄權，都不成其為公民社會，它和公民社會完全不搭調，就如同奴役地位和財產制完全不搭調一樣。父權只會存在於兒童年幼時期，不能對自己的財產進行管理的情況下；政治權力只會存在於人們擁有由自己處置的財產時，而專制權力有權對那些根本沒有財產的人進行支配。

第十六章　試述征服

175. 儘管除了前文中描述的以外，政府再沒有其他起源，社會的建立也只能基於人民的同意這一前提，然而世人的野心勃勃，讓人們總是過多地關注歷史中的各場喧囂的戰爭，而將這種同意忽視了。所以，很多人誤以為武力的征服也意味著人民同意，誤以為征服也是政府的一種起源。然而，征服並不意味著建立政府，就好像拆毀房屋並不意味著在該處重建新屋一樣。儘管要創造一個新的政府結構，需要先將舊的毀滅，但是，如果沒有人民同意這一前提，新的結構是無從建立的。

176. 一個侵略者因為自己的侵略行為而與他人處於敵對的戰爭狀態，對他人的權利無理地侵犯，所以透過這樣的不義戰爭，他不能獲得任何對被征服者的支配權力，人們對於這一點能夠達成廣泛

共識，因為幾乎每個人都並不認為山賊和海盜對於他們用強力征服的人擁有支配權，或者人們必須受到他們被非法強力要脅下做出的承諾的約束。假如一個強盜闖入我家，用利刃對著我的咽喉，強迫我立下將財產轉移給他的契約，這種契約能成為他取得我財產的依據嗎？這僅僅只是一個不義的征服者脅迫我獲得的權力依據。不管是一個王者還是一個卑賤者，他們帶來的損害和犯下的罪行都是完全相同的。犯罪之人自身的地位以及依附他的黨羽的多少，並不改變罪行本身，只是決定了其罪行的輕重。而其唯一的不同點就是，大盜可以透過對小盜的懲罰從而獲得對小盜的支配權，而大盜之因為具有過於強大的實力，以至於人世間這些軟弱的司法機關無法將其懲辦，於是就獲得了勝利的榮譽和酬勞，因此也擁有了懲罰罪犯的權利。一個強盜公然闖入我家，對此我能做什麼呢？我只能訴諸於法律並希望能夠還我公道，讓我獲得補償。然而，或許我並不能獲得相符的公正判決，或者我因為自身殘疾而無法訴諸法律，或者缺乏財力支持的我訴諸於法律。在這些情況下，上帝剝奪了我尋求救濟的方式，於是我只能保持忍耐。然而，一旦我的子女具有這樣的能力，他可以幫我尋求法律的幫助，他和他的兒子依然可以向法律申訴，直到他應當享有的權利被收回。然而，如果被征服者以及他們的後代，找不到在人世間可以接受他們申訴的法庭，也不存在這樣的裁判者，那麼，他們可以將這種遭遇訴諸上帝，如同耶弗他那樣，重複不斷地申訴，直到他們祖先原來擁有的權利重新回到他們身上，這樣的權力需要由一個被大多數人接受並服從的公正的立法機關來支配。或許有人會對此反對，認為這樣的申訴會導致無窮無盡的紛爭，對此我想說的是，如果司法能夠受理所有申訴的話，這樣引起的紛爭就不會太多。一個人毫無緣由地騷擾損害他的鄰人，鄰人訴諸法庭他必然會受到懲罰。向上天申訴之人確信要有充

足理由，並且這些理由值得付出相關的精力和財富，因為能夠為他仲裁的是一個不會受到任何蒙蔽的法庭，這個法庭會根據一個人對社會中其他成員，也就是對人類中的其他部分造成的損失而給予懲罰。由此可以看出，不義的征服者，並不擁有對被征服者支配的權利，也並不擁有被征服者服從的權力。

177. 然而，如果最終的勝利是正義的一方，對於這樣的合法的、正義的征服者，能夠因此擁有怎樣的權利，對誰擁有這樣的權利呢？

第一，顯而易見，他不能因為這樣的征服行為而獲得支配與他並肩戰鬥的人的權力。那些與他站在同一條戰線的人，絕不能因為征服而損害自己的權益，至少也應當與征服之前一樣享有完全的自由。一般情況下，他們以一定的條件為依據效力，也就是說，他們擁有同領袖一起分享戰利品或分享因為征服得來的某種利益的權利，或者最起碼可以得到被征服國家的一部分。我衷心地希望征服的人民不會因為征服行為而淪為奴隸，並只是為了炫耀他們領袖的勝利而披紅掛綠。那些透過武力的方式建立君主專制的人們，將國家的創始者看作自己的英雄，甚至讓他變成了德洛坎賽 [19] 之流的肆意妄為者，卻忽視了在戰爭的過程中還有成百上千的普通將士，甚至就在當下還有很多人正在幫助他們鎮壓佔領國。有人說，英國君主制的建立是因為諾曼人的征服，這也是我們的君主統治全國的權力依據。就算這是事實（歷史告訴我們並非如此）並且威廉王 [20] 征服英倫島有正義的理由，那麼他因為征服而獲得的統轄權也只能用在當時就在英倫島居住的薩克遜人和不列顛人。不管這種征服行為所帶來的統轄權是什麼樣的，威廉絕不會因為諾曼人對他支持和幫助而獲得對他們以及他們的後代子孫的支配統轄權，他們應當全

是自由者。如果我或者他人因為是他們的後代而要求獲得自由,那很難進行反向證明。顯而易見,既然法律沒有就這些民族做出差異規定,各個民族擁有的自由和權益就是完全相同的。

注 19 德洛坎賽(Drawcansir)是十七世紀因果韋勒爾創作的戲劇《預演》中的角色,他性格暴虐,戰爭中分不清敵我而亂砍亂殺。——譯者注

注 20 威廉王(William the conqueror,1027-1087),1066 年率領諾曼人政府征服了英格蘭,並即位英國國王,稱之為威廉一世。

178. 如果我們假設(事實上這樣的狀況很少發生)征服者與被征服者沒有完全結合成一個國家並受到同樣的法律的約束,擁有同樣的權利和自由。我們來深入討論合法的征服者,對被征服者擁有怎樣的權利。在我看來,這種權力完全是專制的。他完全享有支配那些因為不義戰爭而放棄生命權的人的絕對權力,然而對於那些未曾參與戰爭之人的生命和財產以及參與戰爭之人的財產,並不擁有相關權力。

179. 第二,我要說的是正義的征服者擁有的絕對支配權只限於那些曾經同意、擁護或幫助不義戰爭的人。因為統治者所做的不義之事,並不來自於人民授權,比如不義戰爭的發動(事實上人民本身也不具有這種權利),除非在戰爭過程中有實際的煽動或支持行為,否則對於這樣的不義戰爭的行為和後果他們不應當承擔任何責任,就如同統治者壓迫或傷害人民中的一部分,這種罪責也不應當由人民來承擔一樣,因為他們從未授權統治者去這樣做。但事實上,對於這樣的區別,征服者很少會認真對待,更多的時候則是借著戰爭的混亂而將所有事物全部混同。但這並不能改變正義,被征

政府論：下編

服者的生命權受到征服者的絕對支配，唯一的原因就是他們用強力支持或進行了不義之事，因此征服者也只對他們有支配統轄權，而其餘之人不能因此而無辜受害。對於那個國家沒有參與不義戰爭的人，他們不曾給征服者帶來傷害，也就是說不曾放棄自己的生命權，因此征服者無權統轄他們，就如同他無權統轄那些對他絕無挑釁而和平共處的人一樣。

180. 第三，征服者可以獲得對被他打敗的人的統轄權，並且這是一種絕對的專制權。因為進行不義戰爭，放棄了自己的生命權，因此征服者對他們的生命擁有絕對權力，但是不能因此而享有對他們的財產的權利。毫無疑問，這樣的說法猛然之間聽上去好像顯得頗為奇怪，因為似乎與通行世界的慣例是背道而馳的。我們在提到征服時，常常會說到因為征服而獲得大量土地，好像僅僅依靠征服就可以對佔有的權利進行轉移。可是，如果我們慎重深入地思考就會明白，無論強力的做法怎樣普遍存在，也不會因為這種存在而成為真理，雖然這種佔有成為了被征服者順從的一部分，但這僅僅是因為他們受到了征服者的威脅而無法就他們的境遇展開辯解而已。

181. 儘管在所有戰爭中，強力和損害往往都是融為一體的，當侵略者用強力來攻擊與他發生戰爭的人的時候，幾乎都會對他們的財產造成損害，然而，一個人進入戰爭狀態只是因為使用了強力。因為，不管這種損害是因為強力造成的，還是因為欺騙造成的，最終都會演變為用強力維持這種損害（這和一開始運用強力造成的損害是相同的）免受賠償。比如，一個人手持利刃闖入我家，用暴力將我驅逐出門，或者是態度友好地進入我家，將我騙出家門並用強力將我拒之門外，這兩種事情的結果沒有任何差別。我現在要討論

的事，假如戰爭的雙方在這個世界上沒有共同認可的裁判者的狀況。因此一個人因為不正當的使用強力而與他人陷入戰爭狀態，犯下這項罪行的人就自然而然放棄了其生命權。因為，人與人之間不運用理性的準則，而選擇了如野獸一樣的強力，必然就有可能被他人強力毀滅，如同野蠻的野獸會威脅到人的生命一樣。

182. 然而，父親犯下的罪行並不應當由兒女們來承擔，一個兇殘暴虐的父親，其兒女依然可能是理性的、和平的；所以父親犯下的罪行只能放棄自己的生命權，而不會讓他的子女因為他的罪行而喪失他們自己的權利。在自然法則下，出於對人類的保護和延續這一目的，他的財產被賦予他的兒女使得他們免於死亡，所以他的財產應當繼續被他的兒女擁有。因為，無論是因為他們過於年幼，或出於自己的決定，甚至是某些其他原因，不曾參與那場戰爭，那麼他們就不曾放棄自己的生命權和財產權，征服者也就不能夠因為征服了那個妄圖毀滅他的人而享有其所有權力。儘管征服者對於財產也有一定的主張權利，但這僅僅只有主張獲得財產來彌補自己在戰爭或自衛中受到的損失，至於此外涉及的跟被征服者的財產程度的關係，我們在以後再做詳細闡述。一個征服者有權支配被征服者的人身，甚至可以隨意消滅他，但是對他的產業和財富卻不具有支配權，不管是用來佔有還是用來享用。因為征服者之所以能夠如同殺死一頭野獸一樣隨意毀滅侵略者的原因，是因為侵略者使用了非法的強力，但是讓征服者獲得對被征服者財產的權利的原因，只是在戰爭中受到的損害。例如，對於一個攔路搶劫我的人，我可以將其殺死，但是我不能（這好像也不多見）將他的財產掠奪並讓他離開，這樣似乎搶劫者變成了我一樣。強盜使用了非法的暴力讓自己進入了戰爭狀態，由此他放棄了自己的生命權，但是這並不能以此

為依據佔有他的財產。所以說，征服者獲得的權力僅限於參加戰爭者的生命，只有在要求賠償戰爭的損失的時候，才能夠涉及他們的財產，但就算是在這樣的狀況下，也依然要維護他們無辜的家人的權利。

183. 即使一個征服者，在他的角度擁有所有能想到的最充分的正義的理由，他也沒有權力獲得比戰敗者失去的更多的東西。征服者可以完全擁有戰敗者的生命，可以佔有他的勞役和獲得他的財產以賠償自己的損失，但對於他的妻子兒女所擁有的財產，戰勝者不能掠奪。對於他的財產，妻子兒女們一樣擁有權利，對於他的產業，妻子兒女們同樣擁有其中一份。比如在自然狀態下（所有國家之間都處在自然狀態下），我損害了他人，並且因為我不願意賠償而進入戰爭狀態，此時因為我對不義之財實施了強力保護，我就成了侵略者。隨著我的戰敗，我被征服了，我的生命權因此喪失而被人隨意處置，但我的妻子兒女的生命權並不會因為我的行為受到任何影響。他們沒有支持我的戰爭。我不能把他們的生命權放棄，我本身也不具備這樣的權利。我也不具備讓我妻子放棄分配我的產業的權利，同樣我的子女擁有的依靠我的勞動和財物來生活的權利我同樣無權讓他們放棄。由此，就出現了這樣的問題：對於被征服者的財產，征服者擁有要求賠償的權利，兒女有依靠父親的財產獲得生存的權利，妻子同樣擁有分享這份財產的權利，無論是基於她自己的勞動所得還是契約給予她這樣的權利，對於她所擁有的東西，丈夫當然無權放棄。這種情況下，應當怎樣處理呢？我對此的答覆是：原始的自然法則要求給予所有人類盡可能的保護，所以如果不能夠滿足各方面的所有需求，也就是不能夠同時滿足對征服者的賠償和兒女的生活所需的時候，生活富足的人應當降低他的需求，而讓那

些不如此就無法生存的人獲得優先權。

184. 但是，如果被征服者需要將其全部財富用來賠償征服者的損失，而他的子女一旦失去父親的財產只會死亡，那麼，即使在這種情況下，征服者對賠償的正當要求，也不足以支持他對被征服的國家的土地有任何主張。因為世界上任何大塊土地，如果那塊土地中沒有荒地，全部被人們有效運用，相對於其具有的價值，戰爭的損失都是微不足道的。被征服者沒有佔據征服者的土地（作為被征服者，也不可能佔據征服者土地），因為戰爭帶給征服者的損失相對於土地的價值是很小的，即使是遭到被征服者蹂躪的土地，由此帶來的損失最多也就一兩年的收成（很少會影響四五年的收成），這已經是極大的損失了。至於在戰爭中損失的貨幣或財帛珍寶，本身就不是自然的財物，並不具有自然賦予的價值，只具有一種虛構價值。按照自然法則的標準，他們不具備任何價值，就好像一個歐洲的君主拿到了美利堅人的貝殼串珠，或以前一個美利堅人得到了歐洲的銀幣一樣。在一塊被合理利用而沒有荒廢的土地上，五年的收成的價值也比不上這塊土地永久繼承權的價值。我們可以想像，拋開貨幣的虛構價值不談，土地的損失量與土地的自身價值的差異將比五與五百之比還要大，儘管也有可能在一些地方，土地的數量遠遠超過人們使用的數量，存在著大量人人可用的荒地，即使是半年的收成也會超過土地繼承權的價值，但是這樣的土地，征服者也不會有太大的佔有興趣。所以，在自然狀態下的人（所有的君主和政府之間都是處在自然狀態下），不會因為彼此間的損害，使被征服者的後代的權益被剝奪並且從他們世代居住的土地上被驅逐。誠然，征服者常常會自詡是主人，而被征服者在這種狀態下也無法提出任何異議。但是，如果這樣的存在就是真理的話，這就表明強者

對於弱者的支配全部來自於暴力的權利依據，在這個理由下，最強有力者便擁有想要什麼就能佔有什麼的權利。

185. 此外，即使征服者是一場絕對正義的戰爭，對於那些曾經與征服者一起並肩戰鬥的人們，以及被征服的國度裡未曾參與戰爭或參與戰爭者的後裔們，也不享有絕對的統轄支配權。他們完全可以不受征服者的制約，如果他們原有的政府被解散，依然享有組建新政府的自由。

186. 誠然，在實際狀況中，征服者常常憑藉自己具有的強力支配他人，用刀劍做威脅，迫使他們屈服於征服者的條件，或接受為他們隨意建立的政府的管理。然而，我們要討論的事，他真的有權如此做嗎？如果他說是基於他們自身的同意而被支配的，這就等於承認了征服者要想統轄他們必須獲得他們的同意。那麼，接下來我們要討論的，就是這種不是基於權力而是被暴力威脅所做出的承諾是否應當被看作是同意，以及這樣的承諾的約束力有多強。對此，我毫不猶豫地說，這樣的承諾不具備任何約束力。因為即使他人使用暴力奪取了我的東西，對那件東西我依然保有權利，他也依然有將它歸還給我的義務。同樣的理由，一個人以暴力脅迫我做出承諾，應當具有解除我的承諾的義務，否則對於這種承諾我也擁有自行恢復的權利，也就是我可以自由選擇是否遵循這種承諾。因為自然法則告訴我，我只對它的規則負有義務，而不能違反它的規則比如暴力脅迫等方式迫使我承擔其他義務。一個強盜用利刃對準我的咽喉，要求我將所有財物全部給他，我只能將自己口袋中的錢包親手遞給他，在這種情形下，我做出的任何承諾，既不能改變案件本身的性質，也不意味著我對強力的寬恕而將權利轉移給他。

187. 透過上面的論述，我們可以得出結論，儘管征服者用強力使被征服者的政府屈服，但是因為被征服者的政府不能對被征服者對戰，或者就算有權但未介入戰爭，所以被征服者政府沒有承擔任何義務的理由。

188. 然而，我們暫且假設，既然那個社會中的所有人都作為國家的一員，參加了那場與征服者之間的不義戰爭並最終戰敗，因此他們失去了生命權，他們的生命可以由征服者任意處置。

189. 在我看來，至少被征服者的未成年子女依然與這一切無關。因為，既然父親並沒有權力完全支配其子女的自由和生命，自然也不會因為父親的任何行為讓子女失去自由和生命的權利。所以，不管父親遇到什麼情況，子女依然享有自由的權利，征服者所有的絕對權力只能限於被征服者自身，一旦他們死亡，這種權利也自然消失。征服者可以讓被征服者成為奴隸，享有對他們的絕對專制權，但是對他們的子女不享有這樣的支配權。除非得到了他們自己的同意，縱然透過威脅、強迫等手段讓他們做出某種承諾，對他們也依然不享有任何權力。只要不是他們自己真正的選擇，任何的強力脅迫都不會帶來合法的權威。

190. 每個人，從一生下來就具有雙重權利：一方面，他們擁有完全自由的權利，他人無權支配，只有自己能夠為自己做決定；另一方面，他們與他們的兄弟一樣具有繼承父親財產的權利。

191. 因為人們享有的第一種權利，一個人天生並不被任何政府所控制，雖然他出生的地方或許受到某個政府的管轄。但是，如果

他對於這個地區的合法政府不予承認，同時也就放棄了法律賦予他的權利，以及在這個地方祖先留給他的財產，當然前提是這個政府的建立是經過他的祖先們的同意的。

192. 因為人們享有的第二種權利，每個國家的公民，如果他們是被征服者的後代並且有被征服者的產業的繼承權，而被征服者當時所處的政府是未經他們自由同意而強加給他們的，這樣他們的後代依然保留對祖先的財產的權利，儘管他們並不能對這樣的政府表達自由的同意，而政府透過脅迫這個國家的土地所有者來實施某些苛刻條件。因為征服者無權佔有被征服者國家的土地，那些被迫接受並受制於一個政府的人的後代根據自然法則擁有擺脫這個政府的權力，從而將自己從這個被用武力強迫接受的暴政中解放出來，直到建立一個他們可以自由選擇加入的政治機構。沒有人會懷疑希臘的基督教徒——古代希臘的土地擁有者的後裔——只要有合適的時機，就可以正義地擺脫那些對他們壓迫已久的土耳其人的統治。任何政府，對於那些並未對其同意的人都無權要求其服從。這種服從我們不能給予假定，除非他們能夠自由選擇他們的政府或統治者；或者他們具有他們自己或代表認可的有效的法律，以及正當地擁有財富，成為他們的財產真正的所有人，並且未經他們許可任何人不能剝奪。如果不具備這些條件，不管處在怎樣的政府形式下，都不是自由狀態，其處境只能是戰爭狀態下的奴隸。

193. 然而，即使在正義的戰爭中獲勝的征服者，不僅有權支配被征服者的生命，還有權支配被征服者的產業——事實上他不具備這樣的權利——然而，在他的統治過程中，也不會因此而產生絕對權力，因為被征服者的後代子孫依然是自由者，如果征服者賜給他

們產業和財富，並且讓他們在這個國家居住（一個沒有人居住的國家也就失去了意義），那麼授予他們的東西，他們就擁有那些東西的財產權，並且具備一切財產權的性質：未經本人同意，他人無權剝奪。

194. 基於自然權利，他們的人生是自由的，他們所擁有的財產，無論多寡也應當由他們自己完全處置，而不屬於征服者，否則就不能稱其為他們的財產了。征服者如果賜予一人一千畝的土地，又以五十或五百英鎊的年租租給另一人一千畝土地，租期為終身，那麼前者是否就擁有對這一千畝土地的永久支配權呢？後者只要完全支付地租的情況下是否享有其終身權利呢？對於超過土地地租的所有收入，終身的佃戶是否可以享有完全的支配權呢？國王或者征服者，能否在賜給某人財產之後，憑藉自身擁有的權利，從前者的子孫手中或完全支付地租的後者手中，剝奪全部或部分土地呢？或者剝奪這些土地所得的糧食或財富呢？如果說他真的擁有這種權利的話，世間所有自願的契約全部都會失效。任何契約在足夠的權力下，不需要其他任何方式就可以解除。這也就意味著，所有擁有權力者的承諾都會淪為欺騙。因為，今天我鄭重地告訴你：「這件東西我永遠地賜予你和你的子孫」——這是我能做出的最確定的、最嚴肅的財產轉移方式的表達——在明天，因為我有權力隨時可以從你手中收回。難道這個世界上還有比這更可笑的事嗎？

195. 君主們是否應當接受本國法律的制約，我並不想在這裡討論，但我卻十分肯定一點，他們應當受到上帝和自然的法律的約束。不管是任何人，不管擁有任何權力都無法逃脫這個永恆法的約束。對永恆法則來說，諾言的意義極為重大，甚至可以約束全能的

上帝。上帝受到的唯一約束就來自於承諾、許可和誓言。不管那些阿諛奉承者如何恭維世間的君主，就算把他們全部加起來，連帶他們統治的所有臣民，在萬能的上帝面前也只是滄海一粟，什麼都不算。

196. 對於征服，我最後做出這樣的簡要說明：基於正義戰爭的征服者，對所有參與戰爭和贊同支持戰爭的人享有絕對專制的權力，並有權要求他們用勞動或財富賠償自己的損失，但不能因此損害他人的正當權利。對於可能存在的被征服國家裡曾經反對這場不義戰爭的人、戰爭參與者的子孫後代，以及他們的財產，征服者不享有任何權力，不能因為征服而獲得統治支配他們的任何權利依據，甚至將這種權力傳至後代。一旦征服者有侵犯他們財產的企圖，就會淪為侵略者，從而進入與他們敵對的戰爭狀態。征服者及其後代也不會因為征服而獲得君權，就如同丹麥人興加爾或胡巴在英格蘭或斯巴達克——假如他征服了義大利——不擁有君權一樣。只要上帝給予屈服者一定的勇氣和適當的機會，他們就會奮起反抗擺脫壓迫。所以，儘管亞述的國王們用武力的方式對猶大享有各種特權，最終上帝還是幫助希西家獲得了自由、「耶和華和希西家同在，無論他去到哪裡，都會永享榮耀；他用背叛的方式脫離亞述王。」（《舊約》列王紀下，第十八章第七節），由此也可以看出，即使是背叛的行為，為了擺脫一種由暴力而不是正義強加給的權力，在上帝看來這也不是罪惡，反而是他贊同並樂於看到的事情，即使因為暴力許下的諾言有一定的阻礙作用。不管是誰，只要稍微瞭解亞哈斯和希西家的故事，就知道亞述人奮起反抗亞哈斯，並將它廢除，並且在他還在世的時候擁立他的兒子希西家為國王，而希西家在這此後一段時間，也依然按照協議服從並進貢於他。

第十七章　試述篡奪

197. 如果我們將征服看作是從外部而來的篡奪，那麼篡奪就能夠被看作是從國內出現的征服，一個篡奪者，無論從哪個角度來說都不會是正義的一方，因為篡奪是一個人奪取了本屬於他人享有權利的東西．就篡奪來說，並不改變政府的形式和法律規定，僅僅只是行使權力之人發生改變；因為，如果篡奪者將自己得來的權力擴張到超出國家合法君主所應當具有的權力範圍，這就不僅僅只是篡奪，也是暴政。

198. 在任何一個合法政府中，規定行使統治權力的人是誰，是政府最為自然和重要的事情，如同規定政府形式本身一樣。不具備基本的政府形式，或者決定了採用君主制度，但又沒有具體的辦法決定由誰享有統治權來作為君主，這都是一種無政府狀態。所以，所有決定了政府形式的國家，同樣都有決定何人該被授予國家統治權力的辦法，也同樣都有如何授予這種國家統治權力的辦法。因為無論是基本政府形式不具備，還是沒有具體規定來決定何人具有統治權，都是無政府狀態。不管是任何人，其獲得權力的方式不是國家法律規定認可的，即使國家的政府形式依舊，他也並不具備讓人民服從的權利，因為他本身就不是法律指定之人，也就意味著他不是人民認可擁有這種權利的人。因此這樣的篡奪者以及其繼承者，都不具備他們擁有的權力的依據，除非人民自由的表達了自己的意願，同意並承認將這種本是他們透過篡奪而來的權利賦予他們。

第十八章　試述暴政

199. 如果說篡奪是奪取並行使了他人擁有的權利，那麼暴政就是行使了任何人都不具備的權利。通常狀況下，暴政是擁有權力之人運用其權力為自己謀利益，而不是為權力之下的人謀福祉。無論統治者本身具有何種正當的資格，如果其行為超越了法律規定而按照自己的意志行事，如果他的行為和命令是為了滿足自己的野心、貪欲、私憤或其他不正當的情欲而不是以保護臣民為目的，這就是暴政。

200. 如果有人說，這些話只是地位卑微之人的一廂情願，並不認為是正確的，那我希望一位國王就此說出的話能夠讓他接受這樣的論斷。1603 年，詹姆士一世在議會對議員們發表演說：「我將一直秉持為國家和公眾謀福利的原則來重修憲法和法律，並且其中不會摻雜任何我的個人目的和喜好；我將一直秉持一個觀念，我最大的幸福就是看到國家的富足和人民的幸福，這也是一個有道之君和暴君的核心差異。在我看來，一個有道之君和篡位的暴君最大的區別就是，野心勃勃而又傲慢無禮的暴君認為國家以及所有人民的存在只是為了滿足自己的欲望和所有的貪欲；而賢明之君的看法則恰恰相反，他們認為自己的使命就是為人民謀福利，讓人民獲得幸福。」1609 年，他還在議會中還發表過這樣的言論：「國王對於自己王國的法律的遵守是透過雙重誓言來實現的：一種誓言是默認的，這就指作為國王就具有保護國家和人民的義務；另一種就是在加冕之時必須明白無誤做出表達的誓言。所以，在任何一個安寧幸福的國度，任何一個有為之君的所有作為都必須是在法律以及與人民所訂契約的限制下做出的，並以此為基礎，按照洪水之後上帝要

求諾亞的那樣來運行政府：『只要大地尚在，寒暑、冬夏、晝夜、稼穡就永無終止。』所以，在一個安寧幸福的國度，一個違背了法律來實行統治的國王，就只能是一個暴君，甚至都不能稱之為國王。」隨後他還說：「任何一個不違背誓言的國王，都會很樂於將自己限制在法律之中，而不是成為一個暴君。那些誘惑他們違反法律的人，都是不忠於國王也不忠於國家的奸佞小人。」由此可見，在這位智慧且明達的國王看來，國王和暴君的不同之處只在一點：國王以人民的幸福為其統治目標，以法律為其權力和行為準則；暴君以滿足自己的意志和願望為目標，為此不惜一切。

201. 如果有人說只有君主制才會具有這種缺陷，那是十分荒謬的；其他任何一種政府形式，也有這種缺陷。因為無論將權力授予何人，都是用來管理和保護人民的財產和權益的，一旦這種權力被用來實現其他目的，不管是使人陷入貧窮，還是恐嚇騷擾他們讓他們服從於權力擁有者的不當命令或殘暴行為之時，權力擁有者究竟是一個人還是一群人，這都是一種暴政。我們可以看到，雅典歷史上有三十個暴君，希拉克斯也有一個；而在羅馬，十大執政那些讓人難以接受的統治方式，呈現出完全相同的結果。

202. 一旦法律被侵犯而對他人造成傷害，法律的約束作用的停止，就意味著暴政的開始。一個權力擁有者一旦超越了法律賦予其權力的範圍，利用手中的權力迫使人民接受這種非法行為，就不能再視其為一個合法官員；一個人有權反抗那些未經授權的行為，如同反抗外來的強力侵犯一樣。如果這件事發生在下級官員身上，大家普遍也是認可的。一個人或許具有在大街上逮捕我的權力，但如果他妄圖闖入我的私宅來逮捕我，即使我知道他具有合法權力並且

持有對我的逮捕令，我依然有權把它視為盜賊而強力反抗。我很想有人能夠告訴我，為什麼對於下級官員可以如此，而對於最高統治者卻不行呢？如果說因為長兄擁有父親遺產中最大的一部分，就有權佔有其他兄弟擁有的財產，這是合理的嗎？如果說一個地方最大的富人，就有權隨便佔用那些貧苦人家的房屋和庭院，這是合理的嗎？那些人擁有比絕大多數亞當子孫更多的財富和權利，這不僅不能作為藉口，更不能因此而違反自己的職權來攫取他人利益和壓迫他人，然而事實上，這樣的情況卻屢見不鮮。任何官員都不具有超越職權範圍行事的權力，無論是國王還是員警越權行事都是一種罪行。然而，不管是什麼人，因為他受到了人民的委託，就已經擁有了比其他人更多的權力和利益，並且基於他的地位、教育水準和掌握的信息量，對於事態本應該有更加明確的判斷，因此違反職權的行為更加顯得不可原諒。

203. 那麼，我們可以反抗君主的命令嗎？難道一個人只要認為君主不具有某種權利，並且因此傷害了自己就可以任意反抗呢？這樣做只會讓所有的制度陷入無序或被顛覆，由此帶來的並不是有效合理的組織和秩序，而是混亂的無政府狀態。

204. 對此我的答覆是：強力反抗只能針對那些強力的不義和強力的違法法律的行為。除此之外任何情況下，強力反抗都只會招來上帝的懲罰和人類的合理譴責，這樣就不會出現那些人所說的無政府的混亂和危險了。這是因為：

205. 首先，在很多國度，在法律上君主的人身權利都是神聖的，無論君主有任何命令和行為，其人身都是不可侵犯的，都是免

受責罰的，這一點是被法律所保護的。然而對於下級官員以及君主的委任者的任何違反法律的行為，人民依然是享有反抗權利的；除非君主希望透過與人民的對抗來解散他的政府，最終讓人民採取自然狀態下的反抗手段。由此引起的後果是顯而易見的，我們的一個鄰國已經為全世界提供了這樣一個顯著的例子。在其他所有情況下，只要政府存在，君主的人身權利所具有的神聖不可侵犯性讓他可以避免所有傷害，這無疑是明智之舉。因為對一個人的傷害並不是常常都會發生的，而且這種傷害造成的影響也不會太大；因此以一個人單獨的力量即使面對任何一個昏庸軟弱的君主，也不可能有顛覆法律和制度的可能。一個剛愎自用的君主，或許一些特殊的錯誤無可避免，但是這種錯誤導致的君主陷於危險境地的結果，可以透過公眾的安定幸福和政府的穩固運作來達到有效的彌補。對於一個國家來說，比起少數幾個人受到威脅，君主總是被至於危險境地要可怕的多。

206. 其次，這種國王人身權利的神聖不可侵犯性，並不影響人們對於那些奉君主之命執行強力非法行為的人的反對和抗拒。我們舉例說明：一個人持有國王授權的逮捕令去逮捕某個官員，但並不意味著他可以在任何時間在任何地點去逮捕這個官員，儘管逮捕令本身沒有做出這樣的特殊規定，但是法律卻有些相關的限制，不能闖入那個官員的私宅去執行逮捕的命令，一旦違反，縱然擁有國王的授權也不能因此而免於受到懲罰。君主自身的權利是法律授予的，因此他不能授權任何人去違法法律，國王的授權不能夠成為違法行為的合理化理由。任何官員發出的超出其權力範圍之外的命令和委託，如同一個不具備任何權力的人發出的命令和委託一樣，都是沒有任何效用的，二者之間的區別僅僅在於官員擁有被授予可以

用在某些方面的職權，而個人則沒有任何職權。一個人之所以具有某種行為的權力，不是因為委任，而是因為職權本身，一旦違反了法律，則任何職權都會被取消。我們要明白的，儘管這種反抗是可以允許的，但是國王的人身權利和權威依然享有保障，政府和統治者並不會因此而陷入危險。

207. 再次，就算一個政府的統治者的人身並沒有神聖不可侵犯性，然而這種支持對非法行使權力的行為展開合法反抗的學說，也不會讓統治者陷入危險或讓政府變得動盪。因為，如果一個人受到了侵害，他能夠透過法律的途徑獲得補償或救濟，就沒有任何必要訴諸強力，只有在訴諸法律的權利受到阻撓的情況下，強力才有被使用的理由。只有那種對訴諸法律的權力造成阻撓的強力，才會被認為是對自己有害的強力。也只有這種強力才能讓一個人的強力反抗成為合理正當的行為。一個在馬路上手持鋼刀意欲搶劫我的人，儘管此時我身上或許只有十二便士，我也擁有將他殺死的權利；但是如果我在車上將一百英鎊交給另外一個人，讓他在我下車時幫我看管，等到我回到車上的時候，他拒絕將一百英鎊交還給我，並且拔出利刃來強力保護這本不屬於他的錢。儘管對我來說後者對我的損失比前者妄圖給我帶來的損失（在他給我帶來實質性損失之前，我就已經將他殺死）大很多倍，但是我擁有殺死前者的權力，卻不擁有任何傷害後者的權力。其原因很簡單，前者直接威脅到我的生命，那個時候我沒有時間去訴諸法律尋求保護，一旦被他殺死就更不可能了。這樣的損失是無法挽回的，因此為了避免這種損失，我擁有自然法則賦予我的可以與那個以剝奪我生命為威脅的人處於戰爭狀態並且將他消滅。但是，在後面的一種情況下，我的生命沒有受到威脅，我擁有訴諸法律來挽回損失的時間和機會，並且也只能

用這種方式來收回我的一百英鎊。

208. 最後，即使官員利用他們手中的權利，堅持執行這樣的非法行為，並且利用這種權利阻撓人們訴諸法律來獲得保護和救濟，人們對於這種明顯的暴虐行為的反抗，也不會輕易就讓政府陷入混亂。因為一方面，縱然他們有權力去強力反抗讓他們受到損失的行為，但是如果事情本身只是涉及私人事務，他們的自衛並不意味著他們會做殊死鬥爭。另一方面，如果這件事情並不與其他人相關，只有他自己一個或極少數的幾個受壓迫者也沒有能力引起大的政府動盪。對於一個穩固的政府來說，一個狂暴的瘋子或是一個激進的憤憤不平者不會有人隨便跟隨他們的行動。

209. 然而，如果這種非法行為帶來的傷害影響了大多數人，甚至只是一部分人，這樣的情況下，不管是從以前事情的推斷還是對於事態可能的發展都讓人們感到危險在不斷迫近，他們認為無論是他們所堅持的法律，還是他們自己擁有的財產、權利甚至宗教信仰都處在危險的邊緣，或許他們反抗這種非法行為的強力行為就無法阻止了。在我看來，任何政府形式下，只要統治者讓人民陷入這種日日驚恐和疑懼的程度，都會陷入無邊的麻煩之中。對於這種麻煩不值得給予任何憐惜，因為要想避免這種最危險的狀態，其實是非常容易的。一個國家的統治者，只要他是以人民幸福和利益為目標，去保護人民和法律，人民就不可能對於此毫無知覺，就像一個家庭中兒女不會看不到慈愛的父親所付出的關懷和照顧一樣。

210. 然而，如果人民發現，做出的行為和口頭的承諾並不相符，權力被用來作為逃避法律的工具，委任的特權（這些被委任的

特權，都是用來為人民謀福祉而不是傷害人民的）被用來做與委任
目的相反的事情；如果人民發現，大小官員都是因為某些其他目的
而得以獲得那樣的職權，並且根據他們對於那些目的的擁護和反對
來決定升遷或罷黜；如果人民發現，專制權利被屢次使用，宗教也
給予私下的默許（儘管公開場合或許會表示反對），並且對於專制
者給予支持，對非法行為給予許可；即使這樣的行為遇到阻礙，他
們也依然一意孤行；如果所有的跡象都表明政府是這樣的，發生任
何一種情況都是無可避免的。在這種情形下，人們總會尋找別的出
路。就好像人們發現他們的船長駕駛著船意圖將他們運到阿爾及爾
去被奴役，縱然因為惡劣的天氣、糟糕的船體狀況或者食物的缺乏
而暫時被迫改道，一到風平浪靜條件許可之時，又會義無反顧的回
到原始航線。

第十九章　試述政府的解體

211. 要想更加明確地理解政府的解體，首先必須清楚地理解政
府的解體與社會的解體之間具有的不同。每個人透過與其他的人達
成共同的協議，由此結合成一個共同體，從而讓人們從自然社會進
入到政治社會的狀態中，進而成為一個單獨的國家。要想打破這種
結合，一般情況下只有依靠外來武力的征服，這也幾乎是這種結合
解散的唯一方法。在這種情況下（人們已經不能作為一個整體，而
獨立捍衛自己的安全和利益），它們構成的那個整體的結合就被終
止了，每個個體又會回歸到最初的自然狀態，也可以隨意加入其他
政治社會來謀求自己的安全和利益保障。社會解體，則那個社會下
的政府必然不會存在。換句話說，外來征服者用武力將政府毀滅，

並將社會打破，從而使得原有社會下的人不再擁有社會對其不受傷害和侵犯的保障。對於這種讓政府解體的方式，毫無疑問世人都深有體會也絕不予以諒解。社會解體，政府必不復存在，這是顯而易見而無需論證的——就好像颶風刮倒了房屋並吹散了建造房屋的材料或地震讓房屋變成一堆瓦礫，則房屋的骨架必然不復存在。

212. 政府不僅會因為這種外來力量而顛覆，也會因為內部原因而解體：

第一，立法機關的變更導致政府解體。在政治社會下，每個個體之間處於一種和平狀態，因為他們之間的任何爭執和矛盾都可以由立法機關作為仲裁，從而避免了戰爭狀態的出現；所以，一個國家的存在正是基於立法機關將所有個體有效團結並協調在一起的。可以說，立法機關是一個國家形式與實質相統一的靈魂；彼此獨立的社會成員正是因為有立法機關才會相互聯繫、相互影響。因此，立法機關一旦受到損害甚至解散，政府的解體和消亡也必將隨之而來。因為，只有一個統一的意志才能夠將社會的要素結合在一起，立法機關一旦按照大多數人的意願而建立，這樣的統一的意志就得以有效表達，也可以說統一的意志能夠有效保存。一個社會的形成，最基本，最首要的行為就是制定立法機關的組織法，從而決定了立法機關集合並行使權利的時間和期限，沒有人民的委派和授予，任何一個人都無權制定用來約束他人的法律。未受人民委託的一個或部分人擅自制定的法律，是沒有任何作用和權威的，對此人民也無需服從；由此對於該立法機關，人民的隸屬地位也得以擺脫，可以重新自由組建新的立法機構，用來對抗那些擅自越權強迫人們接受非法約束的強力。社會中受到人民委派的人因為任何原因無從表達公眾意志，或者這種權力被他人篡取或剝奪，人民就可以按照

自己的個人意志，自行其是。

213. 這種情況的出現，一般都是因為國內濫用權力者所導致的，我們首先要明確發生這種情況的政府形式，然後才能清楚的找出誰應當對其負責。我們假設，立法權由三種不同的人所有：

第一，立法權掌握在一個世襲的個人手中，同時此人擁有最高執行權，並且有權在一定期限內召集或解散立法機關和執行機關。

第二，立法權掌握在一個世襲貴族的會議團體手中。

第三，立法權掌握在一個民選的代表組成的會議手中，並且代表只在任期內擁有這樣的權利。如果是這樣的政府形式，那麼顯而易見：

214. 第一，如果那個個人或君主放棄了立法機關所表達的社會意志所制定的法律，而依靠個人意志獨斷專行，這就實質上變更了立法機關。因為，立法機關之所以是立法機關，其制定的法律就必然要以此來施行並使人民加以服從；如果實施的內容變成了個人意志的獨斷專行，而不是由公眾意志制定的法律，這樣顯然改變了立法機關。未經授權而推翻既有法律，制定新的法律，就意味著制定法律的權力不被認可，由此也就出現了一個新的立法機關。

215. 第二，如果君主設置了重重障礙，使得立法機關不能聚集或無法有效行使他們為了達成組織設定時的目的而擁有的合法職權，也就改變了立法機關。因為立法機關之所以是立法機關，與他本身具有的人數多少，聚集的頻率都沒有直接關係，其關鍵在於擁有透過組織和集會，為社會牟取利益的權利和自由。一旦這樣的權力和自由被限制或剝奪，社會無法使他們正當行使權利，這樣實際

上就改變了立法機關。政府的成立，正是因為立法機關按照事先規定授予其權力的運用和行使，而非其他；所以立法機關的自由和職權被剝奪，就意味著立法機關被取消，政府被終止。

216. 第三，如果君主運用其手中的權力，在未獲得人民認可的情況下，變更了選舉的方式或選民的權利，並且違背了人民的共同利益，也就實際上改變了立法機關。因為如果參與選舉之人未經人民授權，或選舉方式違背了社會規定，由當選之人構成的也必然不是人民選擇出的立法機關。

217. 第四，如果君主或立法機關屈從於外部勢力，也實際上變更了立法機關，進而使得政府被終止。因為人們之所以參與社會，接受社會法律的制約，只是希望由這個完整的、獨立的社會更好的保護自己的安全和權益，一旦社會的完整和獨立被放棄，由他國勢力支配，這個目的也就不存在了。

218. 所以顯而易見，在上述這些情況下政府的解體，應當由君主來承擔責任。因為只有君主完全擁有國家的力量、財富和組織，並且基於對自己的自信或因為他人的阿諛奉承認為自己擁有不受制約的權力，從而有理由進行這種改革，並且對於任何反對者可以將其判定為分裂、反叛等罪行，或以國家敵人的名義進行鎮壓和恐嚇。而立法機關中的其他人員以及普通公民，他們不具備變更立法機關的能力和機會，除非透過公然的叛亂來實現，而這種叛亂即使成功，所帶來的結果幾乎等同於外來征服。另外，在那種政府形式下，君主有權解散立法機關的部分權力，從而讓他們為君主的個人意志服務，而立法機關的普通成員卻無法透過一項制約君主或違反

君主意志的法律來變更立法機關，因為他們所制定的法律必須得到君主的批准才能被執行。而且，對於任何妄圖顛覆政府的行為和企圖，立法機關的成員給予任何支持和鼓勵，甚至沒有給予有效的阻止，對他們來說都是犯罪的行為，參與其中更是政治社會中能觸犯的最大罪行。

219. 此外政府的解體還可能因為另外一個原因，就是擁有最高執行權的人怠忽職守，無視自己的職責，使得既定的法律無法被有效執行。這樣的顯然就變成了無政府狀態，也就讓政府事實上處於解散的狀態。任何法律的制定，不是為了其本身，而是希望透過法律的執行來約束社會中人們的行為，讓國家的各部分各行其責。一旦法律的執行被停止，政府顯而易見也就陷入癱瘓，人與人之間就失去了應有的聯繫和秩序，從而成為雜亂的個人。在任何一個地方，如果沒有保障人民權利的司法行為，也沒有權利機關提供社會的必需品，必然就不存在政府。法律如果沒有得到有效執行，那就與沒有法律完全相同；一個政府沒有法律，這在政治社會中是匪夷所思的，在人類社會中也是不可能存在的。

220. 在上述各種類似的情形下，一旦政府解散，人民就擁有建立一個新的立法機關的自由和權利，他們會根據最有利於自己安全和利益的原則，來決定建立一種無論是人選還是形式都有所改變的新的立法機關。因為任何一個人的過失，都不能讓社會失去保護自己的固有的原始權利，而只有一個確定的有效的立法機關才能透過制定公正無私的法律並確保其被執行，實現社會的自保。但這並不是說只有讓人們陷入這種絕境，等到別無選擇時才會採取這一辦法，人類不會總讓自己陷入這種悲慘的境地。直到舊的立法機關受

到壓制、迫害或被交給外來勢力而完全消失之後，才跟人民說，可
以重新建立一個服務於人民的新的立法機關，這就相當於讓一個人
病入膏肓的人已經到了生命的最後關頭才跟他們說有某種良藥可以
藥到病除。這樣的做法也就意味著，先讓他們淪為奴隸，再鼓勵他
們爭取自由；先給他們戴上枷鎖，再告訴他們可以自由行動。如果
是這樣的話，那就僅僅是一種愚弄而不是幫助。如果人們在面對可
能的暴政的威脅時，沒有採取有效的應對措施，那麼遭受暴政的迫
害也就是難以避免的了，所以說他們不僅有反抗暴政的權利，還擁
有預防暴政的權利。

221. 因此，第一，還有另外一種方法可以導致政府解體，就是
立法機關和君主中的任意一方出現了違背委託目的的行為。

第二，一旦立法機關妄圖損害人民的利益，或者讓他們自己或
某特定部分的人成為人民的利益、財富和自由的主宰時，他們就違
背了最初的委託目的。

222. 保護自己的財產是人們參與社會的基本理由；而他們建
立立法機關並授予相關權力，就是希望立法機關能夠運用這種權力
制定法律限制社會各成員和各部分的權力，實現相互制約，從而保
護社會成員的財產和利益。如果說人民賦予立法機關權力為了去破
壞人們參加社會的主要目標，或者說人民賦予立法機關權力從而讓
自己受到制約，這都是難以想像的；因此，一旦立法者試圖損害人
民的利益，或妄圖使人民臣服於專制權力之下而受到奴役，必然讓
自己處於人民的敵對狀態，對於這樣的立法機關以及他們制定的法
律，人民也就無需服從，轉而尋求上帝給予人類的對抗暴力的庇
護。所以，一旦立法機關違背了這一根本原則，因為恐懼、愚蠢、

貪婪或腐敗妄圖使自己或特定的某人獲得一種支配人民的生命財產的絕對權力，他們就會因為違背了委託而失去人民基於與此完全不同的目的給予他們的權利。由此，這一權力被人民收回，可以透過組建新的立法機關並賦予這些權力來獲得自己的安全和利益保障，這也是他們之所以加入社會的原因。在這裡，我所說的與立法機關相關的話對於最高執行者也同樣適用，因為人民賦予了他雙重委託，一方面參與立法機關公平公正的制定法律另一方面又作為法律的最高執行者，因此一旦他的個人意志取代了社會法律，也就違反了其雙重委託。如果他運用自己的權力、國家的力量、政府行為或財富來收買選舉代表，讓他們為自己的個人意志服務，或者限定選民們只能從他規定的那些人中來選舉代表，那些人早已被他或以利益吸引，或以強權威脅等各種方式加以收買，進而為他制定符合個人意志的法律，這也是違背委託的行為。無論是操控候選者，還是隨意變更選舉方式都從根源上破壞了政府，危害了公共安全。因為，人民之所以擁有選舉代表的權利，僅僅是因為可以透過他們自由選擇的代表，經過審慎詳細的討論和審查，自由的做出最合理的決定和建議。而那些在討論之前早已做出決定的人，是不可能實現這一目的的。透過召集這樣的議會，用自己意志的公然附和者來代替人民的真正代表，這是最大的背棄承諾之舉，也意味著對政府的最大危害。如果再加上事先用各種方式利誘或威脅，並用各種歪曲法律的詭計排除任何妨礙個人意志的障礙，摧毀所有不願同流合污出賣權力的人，用心何其險惡，是毋庸置疑的。這些人這樣的權利運用方式，是對最初委託的最大辜負和違背，他們應當具有什麼樣的權利，是十分清楚的；而且大家都明白，曾經有過這樣行為的人將不會再得到公眾的信任。

223. 或許有人會這樣說，人民都是那麼的愚昧無知並且總是心懷怨恨，那麼將政府的基礎置於如此不穩定的人民意見和情緒之上，將是何其危險，這樣的政府天生就受到了破壞；只要人民對於立法機關存在不滿情緒，就會尋求建立新的立法機關，進而讓任何一個政府都無法長期存在。對此我的答覆是，並不像很多人認為的那樣，人民總是輕易就能擺脫舊有組織形式的束縛。對於他們業已習慣的機構，很難被說服承認其中存在著某種缺陷。即使一個機構存在著某種天生的缺陷，或者隨著時間的推移產生某種公認缺陷，人民也很難客觀的承認並且加以改善，哪怕改善辦法近在眼前。人民總是慣於抱殘守缺，對舊有制度習慣性的堅持，我國雖然歷史上經歷了多次革命，但無論是現代還是過去，我們的立法機關依然是由國王、上議院和下議院共同組成的，儘管也曾經歷過數次改革的嘗試但直到如今依然回到這種一貫的制度上來。雖然面對人民的義憤情緒，有些君主被迫退位，但即使是這些一些情緒，也沒有使得君主改換到別的家族。

224. 然而，還有人認為，這種假設學說會成為叛亂的引線。我絕不這麼認為。

第一，我並不認為這一假設比其他任何假設更可能引起叛亂。因為，一旦人民進入悲慘情況之中，認為自己被專制權力所傷害，就算你告訴他們統治者是朱匹忒神的兒子，就算你再怎麼強調他神聖不可侵犯，再怎麼強調君權神授，再怎麼美化他，該發生的依然不會避免。只要人民受到了普遍的壓制和迫害並且無法得到公平的伸張，他們就會抓住一切機會來使自己脫離這樣的困境。他們總是在積極尋求這樣的機會，無論是王位更替，或是政府弱點的暴露甚至是某種機緣巧合，這種機會總會出現。除了涉世未深者，人們大

多見過類似的例子；一個知識淵博的人，總能從歷史上各個政府中發現很多這樣的事例。

225. 第二，我並不認為政府稍有不慎的失政行為就能夠導致這種革命或叛亂的發生。對於統治者犯下的一般的過錯，錯誤的運用了法律，以及因為人性缺陷導致的過失，人民通常都會給予一定的包容，並不會總是反抗或者口出不遜。然而，一旦這樣的失政行為接二連三，濫用權利、瀆職腐敗或者陰謀詭計從而導致其危害人民利益的企圖被人們察覺——人民總是能夠逐漸發現自己所處的境地，並且一定程度上預見到自己未來的前途——他們必然會奮起反抗，從而將統治權交到那些能夠保障他們的安全和和利益，能夠保障政府建立的目的的人的手中。一旦脫離了這樣的基本目的，無論是莊嚴的名稱還是絢爛的外表，都絲毫不會好於自然狀態或者無政府狀態，反而會帶來更壞的結果，所有的障礙都讓人感到岌岌可危，但解決之道卻遠在天邊。

226. 第三，在我看來，每當人民看到立法者損害了人民的利益，違背了立法者所受之委託，就會去建立新的立法機構，從而為自己尋求安全和利益的保障的這一學說，是能夠從根本上保障和防止叛亂的最好的手段。因為叛亂並不是針對某個人，而是針對政府制定的憲法和法律；不管是什麼人，只要使用強力違法了法律並且用強力來維持這種非法行為，就是確定無疑的反叛者。這是因為，人們在參加公民社會的時候，已經達成了一致協議透過法律來協調社會成員之間的爭執和矛盾，實現成員之間的和平，保護自己的財產，這就意味著他們結成公民社會就將強力排斥在外，所以那些違反法律並且選擇強力的人，就是 rebellare[造反]——也就是讓戰爭

狀態再次出現——而成為反叛者。對於那些大權在握的人（他們因為握有權力而具有條件，並且具有各種誘惑和周圍人員的奉承）往往更加有可能犯下這樣的錯誤，所以，要想有效的消除這個隱患，最直接的方法就是告訴那些易於犯此類錯誤的人，這樣做是及其危險的並且是違法正義的。

227. 無論是立法機關被變更，還是立法者違反了委任目的，這兩種情況下犯下錯誤的人，都可以被視為政府的叛亂者。因為無論任何人，只要使用強力手段廢除了人民所建立的立法機關，推翻了由人民委託立法機關制定的法律，也就意味著推翻了人民一致決議來解決社會成員之間所有爭執和矛盾的仲裁者，意味著廢除了在社會成員中發生戰爭的阻礙。任何廢除或變更立法機關的行為，除了人民委託並同意之外都是非法的而且是對這種只有人民才擁有的權力的最大破壞；因為他們的這種行為未經人民授權，所以也就導致出現了實際狀況下的戰爭狀態，也就是一種沒有任何權力依據的強力狀態。因此，人民建立的立法機關被廢除（人民透過立法機關表達自己的意志，同意並遵守立法機關的決議並以此為紐帶將社會成員聯繫起來），人與人之間的紐帶被打破，人民便進入了戰爭狀態。如果我們將使用強力廢除立法機關的人看作是叛亂者，那麼那些為了保護人民的安全和財產而被委託的立法者，一旦採取強力侵害了人民的利益和財產，如同前一種情況一樣也同樣被視之為叛亂者。由此可見，他們與推舉他們成為保護者的人民處於敵對狀態，不僅僅只是普通叛亂，而且應當罪加一等。

228. 然而，那些認為我的假設學說容易引發叛亂的人可能會這樣認為：如果總是告訴人們，任何非法行為侵害了他們的權益和

財產，他們可以不必服從而選擇抗爭，即使是他們的官員損害了他們的利益，違背了他們給予的委託，對於這種非法的暴力，這樣會很容易導致國內出現內戰或陷入紛爭，因此這種學說容易導致社會動盪，危害社會和平，所以應當是被禁止的學說。在我看來，如果他們持有這樣的觀點，那我也可以基於同樣的道理說：一個愛好和平的人即使在面對海盜和竊賊時也不應當奮起反抗，因為這一樣會導致流血和暴力。事實上，在這些情況下發生的任何危害，絕不應當由捍衛自己權利的人來承擔責任，而應當歸咎於施加暴力侵犯他人的人。如果說愛好和平的人基於和平的理想面對任何的殘暴和侵害就應當將自己的所有拱手相讓，我希望人們思考一下，那種由殘暴和掠奪構成的世界和平，那種只是用來維護強盜和壓迫者的世界和平，究竟是什麼樣子的？面對窮凶極惡的豺狼，羔羊應該放棄抵抗任由自己的喉嚨被咬斷，這真的是一種強弱之間應當得到鼓勵的和平方式嗎？在波里斐謨斯山洞，出現過這樣一種和平和這樣一種政府形態的典型例子；那時的尤利西斯和他的同伴們除了乖乖成為他人口中之食之外束手無策。毫無疑問，尤利西斯是個心機很深的人，他竭力勸服人們採用消極服從的方式，宣揚和平對於人類的巨大影響，並且告訴人們反抗當時的權力者波里斐謨斯會有多大的災難，進而說服人們屈服於這種權力。

229. 建立政府的唯一目的就是保護人民的利益。那麼我們設想一下，哪種方式最有利於保護人民的利益呢？是面對暴政默默忍受，被暴政的無限意志肆意支配，還是面對損害而不是保護人民利益的君主，面對濫用職權的統治者奮起反抗呢？

230. 當然，也不能有這樣的看法，社會中只要有那些雄心勃勃

者或肆意妄為之徒改變了政府，就馬上會導致可怕的災禍。儘管這些人的存在確實存在騷亂的隱患，但大多數情況下只是自取滅亡。因為，除非這種災禍已經在社會中具有一定的普遍性，讓統治者的不法企圖大白天下或者被大多數人民所洞悉。人們總是會選擇忍受而不是奮起反抗來為自己尋求公平和正義。偶發的不平事件或者只是個別人所受的傷害，是不會激起人民的普遍奮起的。然而，如果他們覺得這種企圖顯而易見，認為對他們的傷害行為正在迫近，而事態的發展和演變又不得不讓他們懷疑統治者的不法企圖正在實施，這樣造成的後果只能自作自受，難道還能埋怨別人嗎？人民的這些懷疑可以很輕易就避免，但統治者還是造成了這種懷疑，這又能怪得了誰呢？人類作為有理性的動物，依據他們的所見所聞來思考，最終得出的認識能怪得了他們嗎？這難道不是那些導致事態如此發展而又意圖蒙蔽人民大眾的人的錯誤嗎？我不得不承認，個人的驕傲自滿、野心勃勃和隨心所欲有時卻會給國家帶來災難，國內的派系鬥爭也讓很多國家遭到了沉重打擊，但出現這種災難的根源，究竟是因為人民的肆意妄為意圖挑戰統治者的權威，還是因為統治者的橫徵暴斂和對人民的壓榨所導致的，動盪究竟產生於抗命還是壓迫，我想歷史會做出公正的判斷。在我看來，不管是統治者強力侵害了人民的權力和利益，還是臣民冒犯了君主的權威侵害了君主的利益，並最終導致政府的結構和組織被顛覆和改變，這都是一個人所能犯下的最大罪行，對於因此而導致的任何流血、掠奪和毀滅等一切後果都應當由他來負責。犯下這樣罪行的人，應當被視為人類公敵，給予其應有的懲罰。

231. 人們都有這樣的共識，當個人的權益或財產被其他臣民或外國人強力侵犯，必須奮起反抗。但是人們卻認為，反抗那些同樣

強力侵犯了個人權益和財產的統治者，卻是不應當的；就好像那些人民透過法律授予最大權利的人就擁有了破壞法律的理由和權利一樣；殊不知正是因為法律讓他們具有了比他人優越的地位，所以他們破壞法律應當更加不可饒恕，是更大的罪行，他們不僅違反了法律授予的權利，也違反了人民給予的委託。

232. 任何一個人在社會中應用強力，都是一種肆意妄為的行為，他也因此就與他使用強力對待的人處於戰爭狀態；一旦進入這樣的戰爭狀態，社會中所有的制約全部被解除，社會中所有的權力全部失去效果，每個人都只剩下在自然狀態中天然具有的自衛和反抗侵略的權力。這是如此顯而易見的事實，就連那位君權神授學說和君主神聖不可侵犯學說最堅定的支持者巴爾克萊也不得不承認，在有些時候，人民反抗君主依然是合法的，並且他說這樣的話恰恰是在他證明上帝禁止人民各種反叛行為的章節。由此可見，就算是他自己的這種學說也能告訴大家，人民在某些情況下對君主的反抗是允許的，那也就是說反抗君主的行為並不總是叛亂行為。他對此的原話是這樣的：

（原文）

原文翻譯過來就是如下的言論：

233. 如果有人問：面對暴政的兇殘虐待人民是否只能選擇默默忍受呢？即使看到城市被洗劫掠奪甚至毀滅，看到他們的妻子兒女被暴君肆意欺辱蹂躪，看到他們的君主讓自己家破人亡，看到自己日趨走向貧困，看到自己被人奴役，也只能束手待斃嗎？大自然中的芸芸眾生都有權利用強力來反抗傷害自己的強力從而保護自己不受侵害，難道人就不擁有這樣的權利嗎？我對此的答覆是：自衛權

是自然法則中的一部分，社會當然擁有自衛權力，即使這種自衛的物件是君主。但是對於君主只能自衛而不可報復，否則就違背了自然法則。所以說，如果君主不僅僅只是對某個人的敵對，而是與他作為元首的整個國家敵對，並用殘酷暴虐的手段壓榨全體或部分人民，這種情況下人民有權奮起反抗使自己免遭損害。然而，需要注意的是，人民只能保護自己，而不能攻擊君主。他們可以反抗使自己免遭損害，但依然要對君主保持必要的尊敬和尊重，不可因為激憤而超越這樣的範圍。對於他們正面臨的侵害，可以實施反抗，但對於君主過去的暴行不能加以報復。因為保護個人的身體和生命，是自然法則賦予我們的權利，但是下級冒犯懲罰上級，則是自然法則不允許的。人民在遭受君主危害之前有權加以預防，一旦危害變成現實，即使罪魁禍首就是君主，也不能因此懲罰報復他。所以說，這就是社會大眾相比私人個體所具有的更大權力；這是連我們的論敵（布肯南除外）也不得不認可的觀點，面對暴君的暴政，私人個體只能忍受，而人民大眾則在尊重的前提下可以奮起反抗；並且，在暴政尚未達到不堪忍受的時候，也只能夠給予包容和忍耐。

234. 這樣程度的反抗就是君權擁護者所能夠允許的。

235. 當然，他不厭其煩的在為反抗增加了兩個毫無意義的限制。

第一，他認為，反抗是可以的，但是依然必須保持應該的尊重和敬意。

第二，他認為，反抗當前是可以的，但不能加以報復和懲罰；對此，他所持的理由是，下級不能懲罰上級。

第一，如何做到反抗強力卻不冒犯尊重，或者說如何報以尊重

的反抗，大概這是一件十分具有技巧的事情。如果一個人在反抗攻擊的時候，只能用盾牌來抵擋刀劍，或者用更謙卑的方式根本不用刀劍，以弱化攻擊的方式來表達尊重，他很快就會發現這樣的抵抗毫無意義，只會招致更為深重的傷害。這種反抗方式就像朱溫拿爾描繪的戰鬥方式一樣讓人發笑：ubi tu pulsas,cgo vapulo tantum[你要打我，我就任憑你動手]。由此而帶來的結果也如同他所描述的那樣：

236.（原文）

[這就是窮人擁有的自由：

別人對他惡語相向——他只能默默忍受；對他拳腳相加——他只能苦苦哀求，

讓他滾開，他倒是還能因此而保留幾顆牙齒。]

採用這種無法進行有效還擊的反抗，只能帶來這樣的結果。所以，有權反抗的人就必須做出有效的還擊方式。或許只有我們的作者才能夠在當頭一棒或迎面一刀和必要的尊重之間找到統一的平衡吧。能夠將挨打和尊重完美調和的人，或許才是最有資格享受別人懷著滿滿的敬意給予的當頭一棒吧，如果有這樣的機會的話。

第二，作者說到的第二點，下級不能懲罰上級，當然這是沒有錯誤的。然而，在強力反抗強力的過程中，雙方已經處於平等的戰爭狀態，原有的尊敬已經消失，也就不存在上級和下級的關係了。雙方的關係就變為反抗侵略的一方和侵略者的關係，他們之間的唯一差別就是，反抗侵略者比侵略者擁有更高的地位——當反抗侵略獲得勝利之後，對於侵略者有權施加懲罰，不僅對他們破壞和平的行為施加懲罰，也對他們的行為導致的所有災害施加懲罰。所以，巴爾克萊在別處文字中對自己的主張又重新給予堅定的支持，認為

反抗國王的行為在任何情況下都是非法的。然而他又特別指出了兩種特殊情況，國王可以自己放棄擁有的國王地位。他的原文如下：

（原文）

翻譯如下：

237. 那麼，是不是這樣的情況就一定不會發生，人民可以根據自己的權利自發武裝，去反抗和攻擊殘暴的壓榨臣民的國王呢？當然，當國王還擁有國王的權利和地位的時候，這樣的攻擊絕對不可以。「尊敬國王」和「反抗君主就是反抗上帝」，這是萬能的上帝對我們的啟示。所以，人民是絕對沒有權利來支配國王的，除非國王自己放棄了國王的地位，或者說他做了一些事情使得自己國王的地位被自己放棄；因為一旦國王自己放棄了王冠和地位，他就也處在個人狀態之下，於是，人民就成為了完全自由的，在國王自己放棄自己的地位之後新國王被確立之前，這中間的權力空缺期間，人民重新擁有了這樣的權利。但是，只有很少的一些失政行為才能導致這樣的情況產生。我思慮再三，也只能找到兩種可能。我的意思是說，只有兩種情況下，國王事實上已經放棄了其國王的地位，從而不具備支配和統治人民的權力，我的這種看法與溫遮魯斯的看法是相同的。

第一種情況是，國王企圖顛覆政府——也就是如果他企圖讓國家毀滅。比如歷史上的尼祿王，他企圖將羅馬元老院和人們一起消滅，讓羅馬城變成一座廢墟，從而可以前往別的地方重新開始他的統治。又比如歷史上的加利古拉，他公開宣佈放棄自己作為人民和元老院領袖的地位，並且妄圖將其中最優秀的人全部消滅，那時的他恨不得所有人加起來只有一個腦袋，從而一刀就可以解決所有問題。任何一個國王，只要心存這樣的想法並且促使其變成現實，他

就是失去了對於國家和人們的保護和關心，由此也就沒有了對於國家的統治權力，就好像一個奴隸主如果放棄了他的奴隸，他自然也就沒有了對這些奴隸的管轄權一樣。

238. 第二種情況是，一個國王自己臣服於其他國王之下，將自己繼承下來的，人民賦予他的統治權拱手讓給其他國家，讓自己的王國受制於他國的統轄。儘管在這種情況下他並沒有傷害他的臣民的企圖，但是國王作為一個國家中上帝之下所有人之上的至高無上的地位卻因為這樣的行為而失去，這也是對人民的背叛並且強迫人民服從於外來力量的統治，而並不是將權利轉交給本應該轉交的人；因此他這樣做的後果，就是讓人民重獲自由，讓他們去尋找其他的選擇。這樣的例子在蘇格蘭的歷史上比比皆是。

239. 在巴爾克萊先生這位君權神授和絕對君主制的堅定擁護者看來，在上面的這兩種情況下，君主因為失去了君主的地位，所以人民可以反抗君主。事實上，我們不需要對其有太多分析，一句話就可以總結，一旦國王失去了其權威，他就失去了其國王的地位，他就是可以反抗的；因為失去了權威，國王就不再是國王，就如同其他所有沒有權威的人一樣。只是，他提出的兩種情況與我們前文中說到的各種失政破壞政府的行為並沒有太大的差別，僅僅只是作者沒有更加深入的闡明他這種說法所秉持的原則。這個原則就是：國王違背了人民的委託，違背了政府保護人民權益和財產的目的，破壞了人民共同建立的政府形式。一個國王自己放棄了自己的地位和權威，並且將自己與人民放在了戰爭的敵對狀態之中，人民有什麼理由不對他展開控訴，有什麼理由不像對待其他戰爭狀態中的人一樣來對待他呢？巴爾克萊以及他的忠實擁躉們可以給我們做出解

釋。另外，巴爾克萊的言論中，我們還需要指出的是另外一點，他說在暴政尚未實施，危害尚未出現之前，人民有權加以預防。這無疑是告訴人民，只要這種暴政計畫一出現，人民就有權反抗。一旦（作者所說）這種企圖國王已經了然於胸並且開始計畫實施，事實上他就放棄了對於國家和人民的保護和關心；因此，從他的學說我們可以認為，對於公眾利益的無視就是證明瞭這種企圖，就能夠作為人民反抗的理由。他是這樣來概括他的這種理由的：國王違背了人民利益或者壓迫了人民，而人民的自由本應該是國王給予保障和維護的。此外他又指出的「受制於外國力量和統轄」，在我看來沒有太大價值，因為錯誤的本身是讓人民失去了國王本應保護的自由，並不在於人民自由的保護者的不同。不管是被本國力量壓迫還是被外國力量壓迫，人民的權益同樣遭到侵犯，自由同樣遭到剝奪；對於他們受到的這樣的傷害，當然擁有反抗這種傷害的權利。從人類歷史上很多國家都能找出這樣的事例來證明，人民受到壓榨和凌辱不是因為統治者民族的變化，而是因為政府的變化。教會的一個主教比爾遜，也是君主權力和特權的堅定擁躉，在他的論文《基督教徒的服從》中，也承認國王的權利可能喪失並且由此失去臣民對他的服從。如果這樣顯而易見的事實人們還想得到更權威的看法，我建議讀者可以看一看勃拉克敦、福特斯庫、《鏡子》的作者等等他們的著作，這些作家對我們的政府都有深入的瞭解，並且立場並不與政府相對。其實在我看來只要仔細閱讀胡克爾的理論，就能夠讓那些以胡克爾理論為基礎主張教會政體的人心服口服，因為他們用一種奇怪的思維模式，竟然將胡克爾的理論的基本原則完全顛覆，就如同一群狡猾而又愚蠢的工人，將自己的建築根基全部拆掉。這樣做的結果我十分確定，他們所宣導的社會政策新奇而又荒謬，對於統治者和人民都有著嚴重的危害性，這種學說在過去從

未被提倡，在未來擺脫了埃及奴隸監工的遺毒之後，人們想起這些奴相十足的諂媚者只能給予鄙夷的態度，儘管看起來他們的學說有一定作用，實質上卻讓所有政體都淪為絕對暴政，讓所有的人從一生下來就處在奴役狀態之中，這倒是與他們自己的下賤靈魂頗相符合。

240. 還有一個常常被大家提及的問題：君主或立法機關是否違背了他們所受委託，誰應該成為這件事的裁判者？有時候君主只是在正當行使其特權，而只是心懷不軌有所圖謀者散佈的謠言。對於這個問題，我的答覆是，這個裁判者只能是人民，因為受委託者或代表的行為是否符合委託，沒有任何人比委託人更加適合作為裁判。一旦受委託者違背這種委託，委託人有權撤銷，如同當初給予委託一樣。如果說這種狀況在個人事務中合情合理，那麼在具有重大影響的場合，在事關千萬人福祉的情形下，任其發展會帶來更大災禍並且未來需要的救濟將更加困難、危險，難道不應該如此嗎？

241. 還要特別指出的是，誰是合適的裁判者絕不意味著沒有裁判者的含義。因為，對於人與人之間的糾紛，一旦世界沒有司法機關來解決，上帝就是最終裁判者。當然，也只有他才是公平正義的裁判者；但是這種情況如同所有情況一樣，一個人是否與自己處在戰爭狀態，是否應當將這種戰爭申訴到最高裁判者，只有自己才能做出合理判斷。

242. 如果君主和人民發生了爭議和糾紛，又沒有法律明確的規定，並且又是影響重大的事情，在我看來此時最適合的仲裁者就是人民集體。因為君主受人民委託，而又在普通法律沒有明確約束的

情況下，一旦有人認為自己受到了傷害，認為君主的行為違背了人民的委託或超出了委託範圍，這種情況下，只有人民集體（正是他們給予了君主委託）才能最適當的判斷這種行為是否在委託範圍以內。然而，如果君主拒絕了這種仲裁爭議的方式，那就只有訴諸上帝來解決。一旦強力的爭議雙方沒有公認的裁判者，或者某種情況下不允許向世間裁判者申訴，就會進入戰爭狀態，就只能靠上帝來解決。在此情形下，受到傷害的一方需要自己判斷是否需要採用此種方式向上帝申訴。

243. 對此我的結論是：個人在進入社會時，將權力交給社會，只要社會永續，這種權利就會一直由社會所有，而不會交還個人；因為若非如此，社會和國家就不復存在，也違背了社會結合時的契約。因此，同樣的道理，社會將立法權賦予若干立法者組成的立法機關，由他們來行使這種權利，並且由立法機關決定後續接任者的職權與範圍，只要政府永續，立法權就只存在於立法機關中，而不會交還個人；因為他們已經將這種權力永遠的賦予立法機關，自己的政治權利就被放棄，不能隨意收回。然而，如果在最初他們確定了立法機關的期限，使得立法機關及其成員對這種權力的擁有只是暫時的，或者因為立法者濫用職權違背委託而喪失這種權利，一旦這種權利到期或喪失，權力就會重歸社會，人民就重新擁有這種最高權力，進而再透過這種權利的行使，建立一個新的政府形式，或者在舊有政府形式下將立法權交給他們認為更合適的新的立法機關。

(END)

\

國家圖書館出版品預行編目 (CIP) 資料

政府論 / 約翰.洛克 (John Locke) 原著 . -- 初版 . -- 臺北市
: 華志文化事業有限公司 , 2021.08 面 ; 公分 .
-- (世界名家名譯 ; 7)
譯自: The second treatise of civil government and A letter
concerning toleration
ISBN 978-986-06437-2-5(平裝)

1. 洛克 (Locke, John, 1632-1704) 2. 學術思想 3. 政治思想
570.9406   110009453

華志文化事業有限公司

系列／世界名家名譯 7

書名／政府論（The Second Treatise of Government and A Letter Concerning Toleration）

原著　　約翰·洛克(John Locke)英

執行編輯　簡煜哲

美術編輯　楊雅婷

封面設計　王志強

文字校對　陳欣欣

企劃執行　張淑琴

社長　黃志中

總編輯　楊凱翔

出版者　華志文化事業有限公司

電子信箱　huachihbook@yahoo.com.tw

地址　116 台北市文山區興隆路 4 段 96 巷 3 弄 6 號 4 樓

電話　0937075060

印製排版　辰皓國際出版製作有限公司

總經銷商　旭昇圖書有限公司

地址　235 新北市中和區中山路二段三五二號二樓

電話　02-22451480

傳真　02-22451479

郵政劃撥　戶名：旭昇圖書有限公司（帳號：12935041）

出版日期　西元二○二一年八月初版第一刷

書號　C407

版權所有　禁止翻印

Printed In Taiwan

華志文化